共感的傾聴術

精神分析的に"聴く"力を高める

Komiya Noboru
古宮 昇 著

Psychoanalytic & Empathic Listening

誠信書房

はじめに

共感だけじゃ来談者は良くならない?!

臨床心理士やプロカウンセラーなど、こころのケアの専門家の間で、「共感だけじゃダメだ」と言われることがよくあります。そう主張する専門家たちの多くは、共感はラポールを作るために大切だが、ラポールができたら「アドバイスや教育も必要だ」とか、「行動に働きかけないと変化が遅い」「認知を修正しないとダメだ」などと主張します。なかには、共感そのものが不要だと考える人たちもいます。

また、共感を目指したことのあるカウンセラーのほとんどが、「共感しているのにカウンセリングがうまくいかない」と悩んだことがあるでしょう。何を隠そう、わたしもその一人です！ どれほど悩んだことか！

わたしのカウンセラー歴

わたしはアメリカで、認知行動療法、行動療法、構造派家族療法、問題解決志向ブリーフ療法、ゲシュタルト療法、精神力動理論、来談者中心療法の開業カウンセリングを、プロの指導のもとで実践しました。その貴重な経験を経て、精神分析的心理療法・来談者中心療法とつながろうと求めてくれる人たち（医師など）になって15年がたちました。わたしは来談者を紹介してくれる人たち（医師など）とつながろうと求めてきたわけではありませんが、カウンセリングの依頼はわたしが対応できる数を超えており、新規申し込みの方々には長い間、お待ちいただかなければお会いできない状態です。

わたしが、「受容と共感だけじゃダメだ」とか、「受容と共感をしているのにカウンセリングがうまくいかない」と言う専門家から来談者の事例について教えてもらうと、ほぼ毎回思うことがあります。それは……。

共感できていないからうまくいかない

「共感しているけど来談者が良くならない」のではなく、「共感できていないから来談者が良くなっていない」ということです。共感という言葉には、いかにも温かく優しそうで、ふんわりした、あいまいな語感があります。しかし、一部の専門家がしているつもりの共感と、わたしが思う共感は、質と深さの点でかなり違っているように思います。

共感とは、単に「大変ですね」「お辛いでしょう」と優しい言葉をかけることではありません。それはまた、来談者の言った言葉を繰り返すことでもないし、「内容の要約」や「感情の反射」などのテクニックを上手に使うことでもありません。来談者の苦しみを深く理解することなく、「大変ですね」「お辛いでしょう」など、いかにも"共感的"な応答をすると、かえって来談者を傷つけることすらあるのです。

プロレベルの共感とは？

来談者の癒しと変容をうながすプロの共感とは、理論の助けを得て、来談者が言葉だけでは表現できない思いをくみ取ることです。そんな共感にもとづく傾聴をするためには来談者の語りをどう聴き、どう見立てて、どう応答すればいいのか。それが、本書から得られる学びです。

第Ⅰ章は理論編です。来談者中心療法と精神分析理論は、その本質において、通常考えられるほど異なった理論ではないことを明らかにします。そして、それらの理論から、カウンセラーの援助的なあり方を導き出します。さらに、共感する際にもとづく傾聴をするためには来談者の語りをどう聴き、どう見立てて、どう応答すればいいのか。

第Ⅱ章では、精神分析理論に関する最新の脳科学の知見もお伝えします。ここでは、一部の講座や本などにありがちな"人間"不在の理論ではなく、生きている"人間"の気持ちをなるべくその人の身になってひしひしと

iv

ありありと共感するための、実践に役立つ学びをお伝えします。精神分析理論の見方によって、深く細やかな共感をするための学びです。

第Ⅲ章は事例編です。これまでの書物では理論が抽象的なレベルで止まっていて、それを使ってどう見立て、カウンセリングを実践すればよいかについては分かりづらいものでした。本書では、カウンセリング対話を詳しく検討[*1]することを通して、理論をどう共感的な見立てと応答に活かせばよいかを具体的に学びます。

援助能力をさらに高めるために

本書を通してあなたはプロの共感を深く、具体的に学びます。それによって、来談者のことを共感的、かつ受容的に理解する力を伸ばすことができるでしょう。それが援助能力アップにつながります。

では、より深く細やかな共感への扉を開き、一緒に歩んでいきましょう。

二〇一四年五月

古宮　昇（こみや のぼる）

---

*1　本書のカウンセリング対話は、わたしのカウンセラーおよび指導者としての経験をもとにしたフィクションです。

目次

はじめに　*iii*

第Ⅰ章　精神分析的カウンセリングにおける共感

第1節　共感は来談者中心療法で、精神分析は冷たい鏡の態度？ …… 3

1　来談者中心療法と精神分析　3
2　自由連想法　9
3　精神分析理論におけるこころの自己治癒力　10
4　無条件の受容（尊重）について　12
5　精神分析における共感のとらえられ方　18
6　感情の量ではなく、質を味わう　23
7　共感についてのコフートの考え　26

第2節　共感に関する脳科学の知見 …… 28

1　ミラーニューロン　28
2　共感と身体感覚　29

第Ⅱ章　精神分析概念のおさらい

3 カウンセリングにおける共感とミラーニューロン *31*
4 訓練と経験による脳の変化 *33*
5 共感への二つの道 *37*

第1節　フロイトの性心理発達段階 …………… *39*

1 5段階にわたる性心理的発達について *39*
2 整理整頓と清潔さを求める価値観 *45*
3 親への抑圧された攻撃心が表れるとき *49*

第2節　エディプス・コンプレックス ………… *50*

1 エディプス・コンプレックスとは *50*
2 幼少期からの愛情飢餓がもたらす心理的苦悩 *52*
3 性衝動と強迫観念 *56*

第3節　抵抗 …………………………………… *59*

1 抵抗とは何か *59*
2 抵抗の表れ方 *61*
3 何を避けるために抵抗しているのか *62*
4 来談者とカウンセラーの関係において表れる抵抗 *64*

第4節 転移について……65

1 共感的に理解しづらい来談者 65
2 人間関係における苦しみの源 67
3 転移反応を特に引き出しやすい人間関係 71
4 転移を正しく理解することの大切さ 74

第5節 転移反応の五つの特徴……74

1 転移反応の特徴（1）——さまざまな意味で不適切な反応 75
2 転移反応の特徴（2）——感情の強さが非現実的で不適切 76
3 転移反応の特徴（3）——両価的 84
4 転移反応の特徴（4）——急変することがある 86
5 転移反応の特徴（5）——非現実的にかたくななことがある 87

第6節 転移抵抗……88

1 陰性転移による抵抗 88
2 陽性転移による抵抗 89
3 洞察めいた語りをする転移抵抗 89
4 来談者が自由に話せる関係の構築 90
5 わたしの転移抵抗の経験 91

第7節 転移治癒……92

1 転移治癒とは 92

第8節 転移から癒しと変容へ……99

1 来談者は独自の特徴的な転移反応を繰り返す 99
2 転移感情の扱い方 99
3 陰性転移の扱い方 102
4 逆転移 104
5 受容的で共感的な介入の例 106

第9節 転移の理解による来談者の苦しみへの共感……109

1 共感的に理解できない原因 109
2 非合理的・非現実的な反応を示す来談者の転移反応 111
3 自分自身の転移反応を共感的に理解する 116

第10節 カウンセラーは何をするのか……117

1 カウンセラーが行うこと 117
2 来談者中心療法についての誤解 118
3 理論は共感のためにある 119
4 援助的な見立てとは何か 121

2 転移治癒を生む理想化転移 94
3 カウンセリングにおける理想化転移 96
4 転移治癒も無意味とは限らない 98

ix 目 次

第Ⅲ章　精神分析的傾聴カウンセリングの実際 ── 123

- 事例1　カウンセラーに不信感を抱く男子大学生 ……………………… 123
- 事例2　エディプス葛藤に苦悩する男子高校生 ………………………… 167
- 事例3　親との同一化に苦しむ男性高校教師 …………………………… 189
- 事例4　カウンセラーへの転移反応を起こす女子大学生 ……………… 212
- 事例5　子どもに対する抑圧された怒りに悩む男子小学生の母親 …… 225
- 事例6　息子を性的に求める思いに苦しむ男子小学生の母親 ………… 235
- 事例7　恋愛が続かないと悩む女性会社員 ……………………………… 247
- 事例8　"良い来談者"を演じようとする女性会社員 …………………… 259
- 事例9　前カウンセラーからの転移反応を現カウンセラーに示す女性公務員 …… 275

文献　285

あとがき ── カウンセリングは幸せのためではなく成長のため　295

共感的傾聴術――精神分析的に"聴く"力を高める

第Ⅰ章 精神分析的カウンセリングにおける共感

第1節 共感は来談者中心療法で、精神分析は冷たい鏡の態度？

本書でわたしがお伝えしたいことは、精神分析的カウンセリングにおける共感の大切さと、プロレベルの深く正確な共感をするにはどうすればよいか、についてです。

これまでは、「共感は来談者中心療法」と「精神分析は鏡の態度と解釈」という分け方がされ、精神分析療法および精神分析的カウンセリングでは、共感が重視されないことが多かったと思います。しかし、わたしはそもそも、「精神分析の理論と来談者中心療法の理論はまったく異なるものだ」という見方は正しくないと思っています。そのことについて説明します。

1　来談者中心療法と精神分析

臨床心理学の教科書には、たいてい次のように書かれています。

精神分析は、19世紀にオーストリアの精神科医だったジグムント・フロイトが創始したものである。フロイトは、人間というものは本質的に破壊的で、自分の衝動を即時に満たそうとする自己中心的なものであり、根本的な悪の部分を理性や道徳によってコントロールしている存在である、という性悪説の立場を取った。彼はまた、過去と無意識の影響を重視し、治療における精神分析家の役割は、中立的な鏡のような態度を保ち、患者の過去と無意識を掘り起こし、知的な理解を与えることだとした。

一方、来談者中心療法は、20世紀にアメリカの心理学者カール・ロジャーズが創始したものである。彼の理論は、心理学の「第三の波」と呼ばれる人間性心理学において中心的な位置を占めるものである。*1 ロジャースはフロイトと違い、人間の本質は成長と調和を求め建設的なものだとする性善説を信じた。彼はまた、過去よりも「いま－ここ」を重要視し、心理療法家の役割は、来談者を受容し共感しながら傾聴することだとした。また、知的な理解は来談者の変化には役立たないと考え、来談者がセッション内で経験する情緒的な体験に価値を置いた。

わたしはこのような、精神分析と来談者中心療法がまったく異なるものだとする見方は、あまりに表層的で単純化されすぎたものだと思っています。もちろん、フロイトの理論とロジャースの理論は同じものではありません。ロジャース自身、精神分析について批判的な意見を持っていました。たとえば彼は、「フロイト派は、人間を本質的には破壊的だと信じ、来談者中心療法が心理的に健康だと見なす人間像のことを、理性のコントロールを失った精神異常者だと考える」(1)と述べています。

たしかに、精神分析家のなかには、ロジャースが重要視した共感に否定的な見解を持つ人たちがいたことも事実でしょう。しかし、歴史的に見て、すべての精神分析家たちが共感に否定的だったわけではありませんし、特に近年の精神分析家たちの間では、ロジャースが重視した共感と無条件の受容を大切にする見方が主流になっていると

言えるでしょう。また、来談者中心療法の理論は、精神分析理論と重要な部分が共通しています。そのことについて次に見ていきましょう。

●来談者中心療法理論の基本──ロジャーズの発達論 ● ● ●

ロジャーズは、あなたの著書・論文のなかで最も重要だと見なしているのはどれですか、という質問に、「来談者中心療法において発展した、セラピーと人格と対人関係についての理論」[2]という章と、『ロジャーズが語る自己実現の道』[3]だと答えています。[4]そこで、その章と『ロジャーズが語る自己実現の道』をもとに、ロジャーズ理論の基本的な人間観を概観しましょう。まずは「来談者中心療法において発展した、セラピーと人格と対人関係についての理論」の内容を参考に彼の理論をまとめます。

赤ちゃんは、生存することと成長することに役立つ経験を快だと感じ、反対に、生存と成長にマイナスになったり、自分を傷つけたりする経験を不快だと感じます。それが生物としての自然な感じ方です。

その赤ちゃんの世界に、お母さんという存在が現れます。お母さんは特定の価値観を持っており、赤ちゃんがお母さんの価値観に沿う行動をしたときには承認し、価値観に反することをしたときには承認しません。たとえば、お母さんの作った食事を赤ちゃんがおいしそうに食べると喜び、反対にそれを吐き出すと、あわてたり叱ったりするかもしれません。また、初めて見る火に好奇心から手を近づけようとすると、手をパシっと叩いたり、きつく叱ったりするでしょう。

赤ちゃんはお母さんの愛情を強く求めますから、そのような経験をするうちに、行動を選択するときには自分が快と感じるか不快と感じるかということよりも、お母さんの愛情を受けられるかどうかを基準にするようになります。こうして、自分が本来持っている価値観よりもお母さんの価値観を取り入れ、それに従って生きるようになり

*1　ちなみに、「第一の波」は精神分析理論で、「第二の波」はそれと真っ向から対立した行動療法を指します。また「第三の波」の代表的な心理学者には、欲求の階層説で有名なエイブラハム・マズローや、実存主義心理学のロロ・メイなどがいます。

5　第Ⅰ章　精神分析的カウンセリングにおける共感

ます。ロジャースは、お母さんから愛されるかどうかの基準のことを、「価値の条件（conditions of worth）」と呼びました。

そして、お母さんから取り入れた価値観に合わない感情、考え、行動が「意識下で認識される（subceived）」と、それらは"悪いもの"として抑えつけられます。自分でも気づかないよう否定されるのです。たとえば、赤ちゃんがお母さんに腹を立てたとします。お母さんがそれを受け入れられず、怒っている赤ちゃんを叱りつけたり、冷たく無視したりすると、赤ちゃんは怒りの感情を「悪いものだ」と感じるようになります。そして、「怒る自分は悪い子だ」と感じるようになるのです。すると、腹が立っているのに怒りを感じられなくなったり、怒りがゆがめられて罪悪感になったりするようになります。そうなると、たとえば、弟を叩いたことをお母さんから厳しく叱られたとき、「叩いてない！」と主張するかもしれません。その子は、「本当は弟を叩いたけどウソをついている」という認識はなく、「ぼくは叩いていない」と本当に認知を歪めて信じていることもあります。

そのように、自分でも気づかないうちに、意識化することが許されない感情、考え、行動を意識に上らないよう抑えつけることや、自分が行っていると思っていることや、行ったと思っていることと、「自分が本当に感じていること」「自分が行った行動」との間に不一致が生まれます。つまり、本当は怒りを感じているのに、自分では何も感じていないと思っていたり、本当は弟を叩いたのに、叩いていないと信じ込んだりします。ロジャースは「防衛（defense）」と呼びました。防衛によって、「自分が感じていると思っていること」「自分が行っていると思っていること」との間に不一致が生じたり、罪悪感を感じたりします。

わたし（古宮）の経験では、他人に腹を立てたり、他人を嫌ったり、軽蔑したり、悪口を言ったりすることの多い人ほど、自分自身への無条件の愛が乏しいものです。自分のことが嫌いなのです。ありのままの自分のことが受け入れられないため、自分自身に対して、「ああでなければならない」「こうでなければならない」とさまざまな制限を加えています。そして、その狭く固い"べき"に当てはまらない他人に対して、批判的・攻撃的な思いが容易に湧くのです。

6

しかし本当は、その人が他人について怒ったり嫌がったり軽蔑したりしている、まさにその同じ特性、特徴を、その人自身も同じ程度に持っているのです。そういう人ほど、自分で自分のことを縛り制限しているために、人生の豊かさが減り、重荷が増えています。また、人への不信感が強いため人間関係で問題を持ちがちです。その人が他人に対して容易に感じる怒りや攻撃性は、根本的には親に向けられたものです。親がその人のことを無条件に受容し愛してはくれなかったことへの、怒りです。その怒りがこころに抑圧されてたまっているため、何かのきっかけで容易に湧き上がるのです。

反対に、「わたしは嫌いな人なんていない」とか、「人に腹を立てることがほとんどない」と思っている人も、怒りや攻撃心に対する罪悪感が根深いため、それらがこころにあるにもかかわらず否認しています。そういう人は、怒りや攻撃心をゆがんだ形で放出していながら、自分が他人に腹を立てたり攻撃したりしている事実を認めません。ときにその怒りと攻撃心を自分自身に向け、自分のことが嫌いだと感じたり罪悪感に苦しんだりすることもあります。

このように、自分の経験に対して無意識のうちにウソをつき、こころのなかに不一致な状態を作り出してしまう"悲劇的（tragic）"な発達過程が起きるのは、赤ちゃんのころ、自分の自然な感情や考えを犠牲にして、他者の期待に応えようとしたからです。そのような不一致が、心理的に不健康・不適応な状態を作り出し、強迫症状・恐怖症などの神経症的な症状、および被害妄想・緊張性混迷などの精神病症状の原因になります。

そのとき、もう一つ重要なことも起きています。赤ちゃんは本来、自分のことが大好きです。ところが次第に、お母さんをはじめとする他者が赤ちゃんのことを好きかどうかによって、自分のことを好きになったり嫌いになったりするようになるのです。

ここまで、こころの発達についてのロジャース理論を概観しました。それはまるで精神分析理論を読んでいるかのようです。

7　第Ⅰ章　精神分析的カウンセリングにおける共感

●精神分析の発達論

精神分析理論では、こころの発達について、来談者中心療法と同じことを異なる用語を使って説明しています。フロイトの性発達理論についてはⅡ章で考察しますが、ここでもその一部を取り上げます。

子どもは、「正しいこと・正しくないこと」を判断する親の価値観を取り入れて、「超自我」と呼ばれるこころの部分を作ります。子どものこころのなかにある超自我は、その命令に背く感情や考えを抱いたり、行動を取ったりすることがあります。ところが子どもは超自我によって罰されないよう、自分でも分からないうちに感情、考え、行動を否定したり（「怒ってなんかいない！」）、ゆがめて認識したりします（「弟を叩いたんじゃなくて、ちょっと押しただけだよ！」）。それができなかったときには、超自我は罪悪感によって本人を罰します。

こうして、超自我が認めない感情や考えは無意識の領域へと抑圧されます。その抑圧の強い状態が、神経症的な心理状態です。

●来談者中心療法と精神分析の共通点――過去と現在

来談者中心療法では、過去の体験が人のあり方に重要な影響を与えていると考えており、それによって作られた来談者独自のものの見方・感じ方（内的準拠枠〈internal frame of reference〉）を理解することが必須だと考えます。一方、精神分析的心理療法においては、過去の体験によって作られたものの見方・感じ方が、来談者の対人関係やセラピストとの関係に現在どう影響しているかに注目します。精神分析は転移現象を重要視しますが、それはつまり、来談者の過去の経験が、「いま－ここ」でのセラピストとの関係に及ぼしている影響を重要視している、ということです。日本の代表的な精神分析医であった土居健郎氏は、精神分析療法において「過去に経験した葛藤を今一度、現在のこととして経験することが必要である」と述べていますが、これは「いま－ここ」で分析家に対して起きている被分析者のこころの動きが重要であることを指しています。

精神分析理論は過去を重視し、来談者中心療法は「いま-ここ」を重視する、と考えられることがしばしばあります。しかし、これまで見てきたように、その言い方はあまりに表面的で単純化されすぎたものです。

次に、来談者中心療法と精神分析のさらなる共通点を見ていきましょう。

● 来談者中心療法と精神分析の共通点──成長のちからとリビドー●●●

命ある存在は、可能性を開花させようとする根源的な性質を持っています。ロジャースは人間の本質について、「ポジティブで、建設的で、自己実現へと向かい、成熟の方向へと成長し、協調的な存在になるよう成長する」[13]性質を持っていると信じました。その性質は、自分が本当に考えたり感じたりしていることと、自己概念（自分が考えたり感じたりしていると思っていること）を一致させ、それによって、非適応的な状態から適応した状態に変化しようとする性質でもあります。[14]

フロイトは同じことを、「リビドー」という言葉を使って表しています。当時のオーストリアでは、リビドーとは性エネルギーを指す単語として使われていました。フロイトは最初、性衝動が満たされないことが神経症の原因だと考えたので、性エネルギーの重要性を認識し、それを指してリビドーという単語を使いました。しかし、彼のリビドー概念は後に、より広い、生きようとする衝動全般を指すように変化していきました。[15]

2 自由連想法

ロジャースは、「来談者こそが、こころの何が痛くて、どの方向に行けばよいか、どの問題が重要か、どの経験がこころの深くに埋められているかを知っているのです。……（カウンセリング過程の）方向は来談者にゆだねるのがよいのです」[16]と述べました。ロジャースのその考え方は、フロイトの自由連想法の基本にあるものです。「およそ内的知覚に触れるかぎりのもの、すなわち感情、思念、記憶などをすべてを、浮かびあがってくるがままに次々と話す」[17]ことが自由連想であり、それが精神分析療法の基盤なのです。[18]

フロイトが自由連想法を作り上げる重要なきっかけとなった出来事の一つに、エリザベス・フォン・Rという女性患者とのセッションがあります。[19]彼女は、フロイトはその出来事から、被分析者の連想の流れを妨げないことに文句を言ったのです。フロイトはその出来事から、被分析者の連想の流れを妨げないことが重要だと悟りました。わたしも、心理療法における傾聴で重要なことは、来談者の語りを邪魔しないことだと思います。カウンセラーの共感的理解が不足していたり、誤っていたり、共感的傾聴の技術が拙かったりすると、来談者の語りを邪魔してしまい、来談者は本当に語りたいことを語ることができなくなるのです。

来談者のこころにどう共感するのかについては、本書の第Ⅱ章で詳しく学びます。

3 精神分析理論におけるこころの自己治癒力

ロジャースは、フロイト以降の精神分析家たちが、「可能性を開花させよう、成長しよう、拡大しよう」とする人間のちからについて述べているのを知っていました。たとえばロジャースは、精神分析家ハリー・スタック・サリバンとカレン・ホーナイの次の主張を引用しています。[20]

サリバン 「命ある存在の基本的な方向性は前進である」。[21]

ホーナイ 「人を動かす究極的なちからは、自分自身を理解しようと留まるところを知らない意思、成長したいという願い、そして成長をさまたげるものを決してそのままにしておきたくはない、という願いである」。[22]

またホーナイは同じ著書で、人間のなかにある「ときにそれが苦難であったとしても自分のちからを伸ばし、与えられた可能性を実現化し、自分自身を理解しようとする、信頼できるだけの十分に強い動機──最も簡潔に言え

ば成長しようとする動機」に言及しており、「偽りの自己」が消えてゆくにつれて、本当の自己に関心が注がれ、こころにある縛りから解き放たれて、与えられた状況のなかで人生をフルに生きようとするちからが、抑えつけられることなく現れてくる」と述べています。フロイトやサリバン、ホーナイら精神分析家たちと、ロジャーズが述べた、人間に備わっている「成長しよう、こころの矛盾や痛みを癒し、解決しよう」とするちからは、「こころの自己治癒力」と呼べると思います。

ところがフロイトは、ロジャーズと違い自己治癒力について少ししか述べていません。しかし、彼がその存在を信じていたことは明らかです。たとえばフロイトは、人間の欲動は大きく分けて二つあり、それは「常により多く生きよう」とする欲動と、死と破壊を求める攻撃欲動である、と考えました。そして、生きようとする欲動に関して、「内的な発達傾向」および「病気からの快癒がそのおかげをこうむっている治癒欲動というもの」の存在についてフロイトは、「健康になろうとする患者の欲求」が精神分析療法を進めると主張していますが、その欲求も「常により多く生きようとする欲動」によるものはずです。

被分析者のこころは自由連想によって苦しみの核心に近づいていく、という信頼があるからこそ、自由連想法という技法が成り立ちます。それはロジャーズが、カウンセリングの方向を来談者にゆだねれば、彼・彼女の持つちからによって問題の核心に近づいていく、と信じたことと同じです。仮に、もしもフロイトがこころの自己治癒力を信じていなかったとすれば、自由連想法はあり得ませんし、精神分析の面接を毎日毎日行ったはずはないと思います。

また、フロイトがこころの自己治癒力についてあまり語らなかった大きな理由は、彼が医師だったことにあるのではないかと思います。というのも、医学はもっぱら病気や不調について研究する学問だからです。人間に自己治癒力があるのはあまりにも当たり前のことですから、それについて詳しく語られることはほ

11　第Ⅰ章　精神分析的カウンセリングにおける共感

とんどありません。たとえば、手術で切った皮膚や粘膜組織は、やがて自然にふさがります。それは自己治癒力の働きです。また、風邪をひいて病院に行くと、「温かくして休みなさい」と言われます。それも、自己治癒力を最大限に活かすためです。自己治癒力が存在するからこそ、手術も、「温かくして休みなさい」というアドバイスも、可能なのです。

4 無条件の受容（尊重）について

ロジャースの有名な治療的人格変容のための条件には、本書のメインテーマである「共感」とともに、「無条件の受容（尊重）」という概念があります。それはつまり、来談者が何を言おうが、考えようが、行おうが、カウンセラーはありのままの来談者を受容している、ということです。共感と無条件の受容は必ずセットで存在します。どちらか一方だけが存在するということはあり得ません。そのことについて説明します。

来談者のあり方に共感するとき、カウンセラーのこころには、彼・彼女を変えようという思いは出てきません。来談者はしばしば、他人から見るとヘンな、おかしい、ダメな、良くないことを、考えたり感じたり行ったりします。しかし、彼らのこころや行動を「ヘンだ」とか「良くない」と見なすとき、わたしたちは彼らのことを、人の身になって理解しているのではなく、外側から見ているのです。

来談者のあり方を本当に共感的に理解すれば、彼・彼女がなぜ一見そのような"ヘン"な考えや行動をせざるを得ないかがよく分かります。ですから、それを変えようという思いは出てきません。来談者の考え方、感情、行動などを変えたいとカウンセラー思うときは、来談者のあり方についての共感的理解が足りないか、間違っているときです。

●来談者を変えたくなるとき

カウンセラーが来談者の行動や考え方を変えようとして、アドバイスをしたり質問したりするときには、来談者

への無条件の受容も欠けています。なぜなら、カウンセラーがアドバイスしようとするのは、「こんな考え方や感じ方や行動をする来談者はいけない。もっと違うように考えたり行動したりしないといけない」と、現在の来談者のあり方をそのまま無条件に受け入れては、いないからです。たとえば、次のようにカウンセラーが考えているときです。

「この来談者は自分のことが嫌いだと言う。ありのままの自分を受け入れられるようになってもらおう」
「この子はイジめられるから学校に行きたくないと言う。いじめっ子がいるからという理由で学校に行かないという選択は短絡的だし、この子のためにもっと他の選択肢に気づいてもらおう」
「この来談者はうつだ。何とかしてうつを軽減しなければ」
「この来談者はこれからもカウンセリングに来てくれるだろうか。中断するとまずい」
「この来談者はわたしのことを能力のないカウンセラーだと思っている。それはイヤだ。信頼してもらわないと」

来談者のことを無条件に受容するということは、来談者が自分自身のことを好きであろうが嫌いであろうが、学校に行こうが行くまいが、うつ病であろうがなかろうが、カウンセリングを継続しようが中断しようが、カウンセラーのことを好きだろうが嫌いだろうが、それをそのまま受け入れ、変えようとせず、来談者を受容するということです。このことについては、次の反論がありうるでしょう。

＊2 このことを確認してくださいました大國義弘医師（医療法人鉄蕉会亀田メディカルセンター、および介護老人保健施設たいよう施設長）に感謝いたします。

反論はもっともです。来談者の援助のためにカウンセリングをするのですから。

●変えようとすると変化を妨げる●●●

しかし、わたしの傾聴カウンセラーとしての実践と指導の経験では、来談者を変えようという意図をカウンセラーが持つことは、援助の妨げになります。カウンセラーがそういう意図を持つとき、来談者の「自分を受け入れることが大切だとは分かっているし、自分を好きになりたいのになれない」苦しみも、「イジめられるからといって学校を休んだりはしたくないけど、どうしても行けない」苦しみも、「カウンセリングをやめたい」「カウンセラーのことが信頼できない」という思いも、来談者の身になって理解することができないからです。

このことに関して、ロジャースは以下のように述べています。

わたしたちの臨床経験と研究から、次のことが明らかになったように思えます。それは、カウンセラーが来談者をありのままに見て受け入れ、一切の評価をせず、来談者の感じ方、考え方、見方の世界に入るとき、来談者は自由になるということです。そして、来談者は自分自身の人生と経験を新しく探求していき、経験のなかに新しい意味と新しい目標を見出していきます。しかし、セラピストは来談者に、結果について百％の自由を許すことができるでしょうか。来談者に、彼・彼女自身の人生を作り歩んでいってほしいと、セラピストはこころから純粋に思っているでしょうか。来談者に、向社会的な目標であれ反社会的なものであれ、倫理的な

目標であれ非倫理的なものであれ、自由に選ばせるつもりがなければ、来談者にとってセラピーが深遠な経験になるかどうかは疑わしいでしょう。さらに難しいことは、来談者が以下のような選択をすることを、こころから認められるかということです。こころの健康よりも神経症を選ぶことを。援助を受け入れるのではなく拒否することを。成長と成熟よりも退行を選ぶことを。死を選ぶことを。来談者がどんな結果をも、どんな方向性をも自由に選ぶことをセラピストが百％認めるときにのみ、来談者の建設的な行動を行う能力と可能性の強さを見ることになる、とわたしには思えます。死という選択を認めるとき、生が選択されます。神経症の選択を認めるとき、健康な正常性が選択されます。セラピストが、来談者中心療法の中心的な仮説に完全にのっとって行動するほど、仮説の正しさについてより確固たる証拠が得られるのです。(30)

● アドバイスをしてはいけないのか ●●●

わたしがここまでお伝えしていることは、ゆがんで理解されることが多いので注釈をします。

傾聴の学びにおいて、「アドバイスをしてはいけない」「答えを教えてはいけない」というルールがあるかのような教え方や、学び方をする人がいます。「来談者自身が答えを見つけることがカウンセリングだから」ということです。しかし、わたしはそのような教え方、学び方は好きではありません。「アドバイスをしてはいけない」「答えを教えてはいけない」というルールがあらかじめあるわけではありません。そのようなルールは、カウンセラーを不自由にしてしまいます。もし、アドバイスをしたり答えを教えたりすることが来談者に役立つなら、どんどんするべきです。

そうは言っても、わたし自身は、来談者にアドバイスをしたり教えたりすることはほとんどありません。正直に言うと、日本で開業心理臨床をして10年以上になりますが、その間に来談者にアドバイスをしたことが三度ありま

15　第Ⅰ章　精神分析的カウンセリングにおける共感

す。そのすべてが当時のわたしの援助能力を超えた来談者で、いずれのセッションも中断しました。それらの失敗事例を除けば、わたしは来談者にアドバイスをしていません。そのやり方だけが絶対に正しいと主張するつもりはありませんが、わたしのこれまでの実践はそうです。しかしそれは、アドバイスをしたり教えたりしても、問題は解決も軽減もしないからではなく、来談者のことを共感的に理解すると、アドバイスをしようという思いさえ起きないからです。だから、結果としてアドバイスをしていないのです。

そのような、来談者の変容をうながす共感のための理論とその応用は、本書の第Ⅱ章と第Ⅲ章で学んでいきます。

● 精神分析家は冷たい？ ● ● ●

ロジャースは、カウンセラーの受容的で共感的な態度を重要視しました。それに対してフロイトは、精神分析家の態度として外科医を比喩に出して、人間的な同情は横に置き、情緒的には冷たい態度で、無意識の内容を意識化させようとする精神分析療法行為にあくまで忠実に取り組むことが必要だと述べました。(31) そのため、来談者中心療法のカウンセラーがいかにも優しく温かい態度で来談者に会うのに対し、精神分析家は冷たい態度を取るものだとらえられることがあります。しかし、そのような画一的な分け方は必ずしも正しくありません。来談者中心療法に限らず精神分析的心理療法においても、カウンセラーの冷たい態度は望ましくありません。

アメリカの著名な精神分析療法家であるグリーンソンは、彼の古典的名著において、情緒的冷たさを勧めたフロイトの記述について、当時の精神療法の状況を考慮することが重要である、と読者の注意を喚起しています。すなわち、当時の精神療法家は転移について無知で、患者の転移欲求を安易に充足することが多かったため、極端な言い方をしたのだ、と述べています。(32) 精神分析療法家に転移の扱い方についてのポイントを強調する目的で、極端な言い方をしたのだ、と述べています。

つまり、フロイトの時代に精神分析療法を実践しようとしていた分析家たちは、患者の分析家に対する依存欲求や愛情欲求を満たそうとして、または分析家への不満などの陰性感情を防ごうとして、やたらと"親切な"行為を

16

していたのだろう、ということです。たとえばアドバイスをしたり、褒めたり、プレゼントをしたり、身体的に接触したり、などの行動が考えられるでしょう（なお、転移とその扱い方については本書の第Ⅱ章で考察します）。精神分析療法でも来談者中心療法でも、それらの行為をしたのではなく援助になりません。大切なことは、来談者に好かれようとか、良い気分になってもらおうとか、怒りを収めようなどとするのではなく、来談者が表現しているこころのあり方を共感的に理解することです。

●著名な精神分析家が示す無条件の受容

ロジャーズが重要視した来談者への無条件の受容とは、来談者が何を考え、何を行い、何を感じても、彼・彼女のあり方をそのまま受け入れ大切に感じる、ということです。そして多くの精神分析家たちが、来談者へのそのような尊重的・受容的態度が大切であると主張しています。アンナ・フロイトもその一人で、講演で次のように話しています。

分析家と患者はともにリアルな人間であり、大人として平等であり、そこには本当の人間関係があるということを、分析家は分かっておくべきだと思います。わたしたちがその側面をおろそかにしてしまうために、患者が攻撃的な態度を見せるということもあるのではないかと思います。精神分析家たちはそれを『転移』だと片付けてしまいがちですが。(33)

グリーンソンは、「ある程度の思いやり（compassion）、気さくさ（friendliness）、温かさ（warmth）、患者の人権の尊重（respect）は欠かせない。分析家のオフィスは治療室であって実験室ではない。わたしたちは患者に信頼感のある愛を感じてもよいのだ」(34)と述べています。彼はさらに、来談者を無条件に受容する態度の大切さについて、次のように主張しています。「患者の話すことがらをすべて純粋に受容する寛容な態度と、患者の話がどれほ

ど醜くかろうが幼稚であろうが、細かなことにまで注意深く関心を払う態度と、最もデリケートな内容にさえ残酷さも偽りの勇敢さもなく率直に関わる分析家の態度が、精神分析の雰囲気を作る」[35]。

アメリカの精神分析家アラーニョの意見も、ロジャースの考えにそっくりです。「精神分析療法において理想的な傾聴とは、分析家が無条件に、来談者と共にいて、関心を払い、受容していることを伝えるものである。そして来談者が攻撃的になったり憎悪を向けたりしたときでさえ、分析家は共感的な態度を保つからこそ、来談者は治療関係が安全だと感じられる。そしてその関心の高さと安全さがあるからこそ、来談者はこころの底に流れる最も苦痛なものでさえ、意識化できるのだ」[36]。これは、来談者を無条件に受容することを重要視する、多くの精神分析家たちの主張と同じものです。

近年の精神分析家たちは特に、ロジャースが重要視した来談者へ無条件の受容が大切だとはっきり述べることが増えているようにわたしには思えます。その一人であるオレンジの、「純粋さ（authenticity）と共感（empathy）は単に相容れるものであるばかりか、その両方があってこそ成り立つ」[37]という主張は、ロジャースの考えとまったく同じものでしょう。同様にロウウォルドは、「精神分析家は被分析者に対して、客観性と中立性ある『愛と尊重』の態度を持つ」[38]と述べています。

ここまで、多くの精神分析家たちがロジャースの述べた受容（尊重）を大切なものと見なしている、ということを見てきました。わたしも、精神分析的心理療法において、無条件の受容（尊重）が決定的に重要だと思います。

5 精神分析における共感のとらえられ方

ここからは、本書の中心的テーマである「共感」について詳しく考察していくことにします。フロイト自身が精神分析療法において共感を重要視したのは明らかですが、そのことについて根拠をもとに述べていきます。そのうえで、フロイト以降の精神分析家たちの多くも、共感を大切にしてきたことを見ていきます。次いで、精神分析に

おいて共感がどうとらえられてきたかを整理します。また、近年の脳科学の進歩によって、共感について新たな理解の光が当てられていますので、第2節では共感に関する脳科学の知見を紹介することを通して、カウンセリングにおける共感について理解を深めていくことにします。

● フロイトによる共感についての記述 ●●

フロイトが、「共感」にあたる einfühlung というドイツ語を使ったのは、わずかに数えるほどしかありませんした。彼は共感について、「他者の心理的生活に向けられ、その人の態度を取り上げることのできるメカニズム」[40]と述べていますが、フロイトが共感という心的過程について、これよりも詳しく述べたものはありません。[41] そして彼が、共感について精神分析家の態度として最もはっきりと言及したのは、一九一三年の On beginning the treatment (「治療の開始について」)においてです。その論文でフロイトは、次のように述べています。

治療の最初の目標は、患者の愛着を、治療につなぎ留め医師という人間に抱かせることである。医師が患者に真剣な関心を向け、治療初期に生じる抵抗を注意深く取り除き、ある種のエラーを避けることができれば、患者の愛着は自然に発達するものである。……医師が、共感 (einfühlung)[*3] 的理解以外の態度で治療に臨めば、この最初の成功を不可能にしてしまうのは確かにありうることである。

*3 なお、この論文における einfühlung という語は、フロイト著作集の英語版として世界的スタンダードであるストレイチー英語版では、empathy ではなく sympathy と英訳されています。Sympathy は、日本語では「同情」[42]と訳されることが通常でしょう。ストレイチーが einfühlung に sympathy を充てたことについて、ショーネシー[42]は明らかな誤訳であり、共感 (empathy) という語には主観的・非科学的なニュアンスがあるため、ストレイチーはそれを嫌って sympathy を充てたのではないか、と述べています。

19　第Ⅰ章　精神分析的カウンセリングにおける共感

フロイトが使ったeinfühlungという単語は、「ein＝into（〜の中へ）」と、「fühlung＝feeling（感情）」という語部を組み合わせて、ドイツの芸術歴史学者だったロベルト・ビシュナーが一八七三年に造語したものです。それを心理学者のテオドル・リップスが、心理学に持ち込みました。そしてその英語訳として、英国の心理学者E・B・ティッチナー[44]が、ギリシャ語の「empathia（感情移入）」を語源とするempathyという単語を充てました。[45]
リップスは共感の例として、「サーカスの綱渡りを見ていると、自分自身が綱渡り師の内部にいるかのように感じる」と述べ、共感とは「自然な本能」と「内的な模倣」に基づく心理的過程だと考えました。[46]
リップスがeinfühlungという単語を導入したのは一八九七年でしたから、フロイトの時代にはまだ新しい言葉でした。本書の前ページで引用したフロイトのOn beginning the treatment（「治療の開始について」）論文が出版された一九一三年の八年前になる、一九〇六年版の独米辞書 Cassell's New German Dictionary[48]には、この単語は掲載さえされていません。なお、同辞書の一九三九年版[50]には掲載されています。[49]

● ロジャースによる共感の定義 ● ● ●

ロジャースは、共感を次のように定義しました。

共感という状態、すなわち共感的であるということは、他者の内的準拠枠を、自分があたかもその他者であるかのように認識するが、そのとき、『あたかも』という性質を失うことなく、正確にかつ感情的な要素と意味とともに認識することである。それゆえ、他者の傷つきや喜びを感じ取るように、それらの感情の原因をその人が認識するように認識するが、そのとき、『あたかも』自分自身が傷つきや喜びを感じているかのように、という認識を失うことがない。[51]

セラピストが、来談者の内的世界に起きる瞬間・瞬間の経験を、来談者が見るように見て、来談者が感じるように感じ、しかもセラピスト自身の自己という分離性を失うことなく、つかむこと。[52]

20

このロジャースの定義と精神分析の定義は、同じものだとわたしは思います。以降では、精神分析家たちが共感をどうとらえてきたかを考察します。

● **シェイファーによる共感の定義** ●

精神分析家が共感について明確に述べた定義の一つに、シェイファーによるものがあります。彼は、成長を促進する共感のちからに着目して、精神分析治療における共感を「生産的共感（generative empathy）」と呼び、次のように定義しました。

（生産的共感とは）他者のその時々の心理的状態の共有と理解の、内的な経験である。具体的には、共有され理解されるべきものは、欲動、感情、思考、防衛、コントロール、超自我の圧力、能力、自己の表れ、そして実際および幻想の対人関係の表れ、の階層的な構造である。この構造は、特定の人生状況に対処している他者のなかに存在していると認識されている。またその生活状況は過去、現在、未来を含んでいる。(53)

かつて精神分析界では、共感が欠かせないと考える理論家たちと、それに反対する理論家たちとの間で論争がありました。共感派は、「共感は、信頼と治療同盟を育て、被分析者のこころを理解し、治療的退行とこころの再発達をうながすために必要だ」と考えました。一方、それに反対する理論家たちは、「共感は非科学的であり、誤った理解をもたらす可能性があり、情報源として信頼できない」と主張しました。(54) しかし、被分析者の感情や言葉にされていない経験を理解するのは共感があってこそ可能ですから、現在では精神分析家のほとんどが、共感が重要であることに賛成するでしょう。(55)

● **共感的感受性と精神分析** ●

エラ・フリーマン・シャープは、英国の精神分析理論家としてリーダー的役割を果たした人物です。彼女は精神

21　第Ⅰ章　精神分析的カウンセリングにおける共感

分析療法において共感が不可欠であると主張しています。

わたしたちは、自分の見方について同情的に(sympathetic)傾聴してほしいし、苦しみを分かってほしいし、葛藤に対してどうやって対処してきたかを分かってほしいのです。わたしたちは何よりもまず、大切なことについて自分がどう感じているかを分かってくれる人を求めます。分析家がそういう人であることがあってすぐに分かってこそ、なぜ自分がこう考え、こう行動するのかを理解してもらうために、自分自身を開くことができるのです。(57)

精神分析療法において被分析者の無意識の探求を進めていけるのは、そこに信頼関係があるからです。シャープが述べたように、精神分析療法において被分析者の無意識の探求を進めていけるのは、そこに信頼関係があるからです。(58) 共感があるからこそ、言葉で表現していない感情に共鳴できるのですから、(59) 被分析者の経験が情緒的にどんな経験であるのかが分かり、言葉で表現していない感情に共鳴できるのですから、精神分析家は「共感的感受性(empathic receptiveness)」を磨くことが大切です。(60) アメリカの著名な精神分析家だったグリーンソンも、被分析者のこころの世界を理解する最も重要な手段が共感であることを強調し、共感の能力は基礎的な必須能力であると主張しました。(61)

多くの精神分析家が次のように主張しています。すべての精神分析家が、程度の差はあれ共感的傾聴を用いており、共感的傾聴によって内省のための安全なスペースがこころに生まれ、防衛が弱まって、意識と無意識の流動性が高まります。(62) その結果、無意識領域へと抑圧されていた感情、意図、思考、つながりが、意識化されやすくなります。(63) 共感によって被分析者のこころはより自由になり、成長し、情緒的に成熟していくのであり、そういう変化をもたらす共感的な関心は、人間のこころの発達に欠かせない基本的ニーズなのです。(64) 多くの精神分析家たちのこの主張はロジャースの理論と同じです。(65)

グリーンソンはある事例において、患者を外側から観察する態度をやめて心理的に患者の内側に入って傾聴し、患者の気持ちを感じようとする態度に移り、「わたしの一部が彼女になることを許す」ことによって患者の気持ちが理解できた、という経験について述べています。なお、グリーンソン、シェイファー、フライズ、ザノッコなどの精神分析理論家たちは、共感とは、相手に一時的かつ部分的に同一化することによって、その人のこころを理解することだ、と理論化しています。(67・68・69・70)

共感の能力は他者の無意識を理解するために最も重要なものですから、あらゆる探求型のセラピーにおいて援助者の共感能力は必須です。(71・72) 共感は精神分析療法の基盤であり、(73)精神分析療法は「共感に始まり、共感のうえに成り立っている」(74)のです。

6 感情の量ではなく、質を味わう

グリーンソンは、精神分析家が来談者の感情を受け止め共感できるのは、精神分析家が感情の量ではなく、質を共有するからだと述べています。(75) たとえば、赤ちゃんが苦痛で泣くのを見て、お母さんが赤ちゃんと同じように激しい苦痛でパニックになったのでは、適切な世話はできません。そのようなお母さんに育てられた赤ちゃんは、不安や情緒が止められなくなるかもしれませんし、または、感情をマヒさせてしまい情緒的に貧しくなって、自分自身に対して共感的になれず、人間的な豊かな情緒体験ができない性格になるかもしれません。(76)

カウンセラーは来談者が感じている感情をあたかも自分のことのように想像はしますが、来談者の憎悪、悲しみ、絶望感、罪悪感などを、来談者と同じぐらい強く感じるわけではありません。カウンセラーが来談者と同じよ

うに怒ったり悲しみに沈んだりしたのでは、赤ちゃんの苦痛によってパニックになるお母さんが赤ちゃんを情緒的に支えることができないのと同じように、来談者の援助にはなりません。カウンセラーが来談者の感情に飲み込まれてしまわないことの大切さについて、ロジャースも同じことを述べています。インタビューでの彼の発言を抜粋します。

わたしも相手のことをすごく感じますが、クライエントと同一化しているわけではありません。安定した気持ちなのです。わたしは、セラピストはクライエントの問題を取り込まないで、安定した気持ちでいることが重要だと考えています。

それを一人称を使って記述しておきましょう。わたしは自分が誰なのかを分かっている。だから、わたしは目の前にいる他者の世界に、自分を入り込ませていくことができる——どんなに恐怖を感じるような、狂ったような、奇妙な世界だったとしても——なぜなら、自分の世界へ、自分自身へ、戻ってこれると知っているからである。自分自身が安定していないと、他者の世界に絡め取られて、誰が誰だか分からなくなる。それはとても苦しい状況である。(77)

カウンセラーは、来談者の感情にどっぷり浸かりながらも飲み込まれてしまうのではなく、感情に浸かっている自分のこころと来談者を、客観的に観察することが大切です。そのことについてグリーンソンは次のように述べています。共感するための情緒的移入の能力と、自分自身を切り離して冷静に距離を取る能力の両方が必要であり、被分析者への温かな関心と同情を持ちながらも、必要なときには冷静に距離を置く観察者の視点に、速やかに移行する能力が必要だ。(78) つまり、カウンセラーは傾聴しながら、関与者と観察者の役割を行き来するのです。(79)

24

●矛盾する感情や思考に共感する

共感的傾聴において、来談者のこころにあるさまざまな感情、思考、信念、意図などを理解することが大切ですが、それらはしばしば互いに矛盾することがあります。

こころのなかに互いに矛盾するものが存在する一例として、来談者は、「主訴である苦しみをなくしたい（軽減したい）」と願ってカウンセリングに来ますが、そのために必要な「自分のこころにあるものを直視し感じること」は、怖すぎてできないという思いもあります。たとえば、ある来談者が「人間は変化を怖がるものだと心理学の講演で聞きました」と述べたとします。彼がその言葉で表現しているのは、変化することへの彼自身の恐怖であり、より具体的には、「こころに耐えがたい感情や衝動や考えがあるが、それらに直面するのは怖すぎる」という思いかもしれません。また、「自分のそんな感情・衝動・考えを話したら、カウンセラーから悪く評価されたり、嫌われたり、攻撃されたりするかもしれない」という恐怖かもしれません。そこには、「受け入れがたい感情・衝動・考えを話して共感的に理解され、受け入れられ、軽くなりたい」という思いと、「話すのは怖すぎる」という思いの両方があります。その両方を共感的に理解し、そういう矛盾を抱えて苦しんでいる来談者のこころをありのままに受け入れることができるほど、来談者はいっそう深い思いを感じ語ることができ、来談者のこころが解放される過程が進みます。

そのような状況の来談者について、カウンセラーが「あの来談者は良くなりたくないんじゃないか」と話すのを聞くことがあります。そういった発言をするカウンセラーには、共感も無条件の受容も欠如しています。すべての来談者が（そしてそのカウンセラー自身も）、「良くなりたい」という思いと、「でも良くなるために必要な探求と直面は怖くてできない」という思いの、両方を持っているものです。来談者が変化に抵抗するように見えるとき、カウンセラーは来談者のその怖れを自分のことのように想像して感じ、そのように怖れている来談者をありのままに受け入れることが大切です。

つまり、共感のためには、抑圧されている衝動や感情に直面することの恐怖に、なるべく来談者の身になって思

25　第Ⅰ章　精神分析的カウンセリングにおける共感

いをはせることと、来談者の苦しみをていねいに受け取ることが大切です。

7 共感についてのコフートの考え

精神分析における共感について語るとき、ハインツ・コフートを欠かすことはできません。コフートは、「精神分析の歴史のなかで、この人ほど興味深く、重要な存在はいないだろう」と言われる精神分析家で、共感の重要性を主張して精神分析理論の一大潮流を作った人物です。コフートはウィーン生まれのユダヤ人です。ウィーン大学医学部を卒業した後、ナチスの迫害を受けてアメリカに避難し、シカゴで精神分析のトレーニングを受けました。そして、後にアメリカ精神分析協会の会長、および国際精神分析協会の副会長を務めました。ロジャースはコフートについて、「精神分析の地平に明るい光を投げかけている」と高く評価しました[82]。ここでは、共感に関する彼の貢献を簡潔に見ていきます。

子どもの心理発達において、親が子どもを共感的に称賛することがとても重要です。それを通して、子どもに健全な自己愛が育まれるからです。コフートはそのことを明らかにしました。彼の理論は自己についての主観的感覚を軸に展開するため、「自己心理学」と呼ばれます。

コフートは、人間の発達において共感が大変重要な意味を持つということに加え、精神分析療法においても、分析家は被分析者のこころのなかに共感的に浸かることが必要であると強調しました。ちなみに、アメリカの著名な精神分析家であるハンス・ロウォルドも、精神分析療法の人間関係は、親が子どもと育む "共感的" な関係に類似していると述べています。

コフートはさらに、被分析者のこころの世界を知るには、「科学的内省（scientific introspection）」が適切な方法だと考えました。「科学的内省」とは、分析家が自分自身のこころをなるべく客観的に内省することを指し、つまり、分析家が、非分析者といるときに分析家のこころに代理内省（vicarious introspection）とも呼ばれます。

*4

26

浮かぶ感情や考えを見つめることを指します。すなわちそれは、「その人に成り代わったような内省[89]」であり、「自分とは違う別の人の内的生活のなかに入り込んで考えたり、自分自身を感じ取ったりする能力[90]」であり、共感のことです。

共感についてコフートは、「他者のなかに自己を発見すること」「他者を包含するための自己の拡大」「人から返ってくる響きを受け取り、確かめ、理解すること[91]」、さらには「ある人が客観的な観察者の立場を保持しながら、同時にもう一人の内的人生を経験すること（そうしようと試みること[92]）」であると述べました。

また、精神分析の本質は「資料収集と解釈のために、科学的観察者が長期間にわたって共感的に被観察者に没入すること[93]」と主張しました。つまり精神分析の本質は、分析家が、被分析者のこころに何が起きているのかについて情報を得て、それを面接において適切に解釈して伝える目的のために、被分析者のこころの世界に共感的に没入することだとしたのです。さらに彼は、「共感はそれ自体で治癒するちからがある[94]」「面接場面に共感があれば患者に治療的な効果が生まれる[95]」と述べ、精神分析療法と共感は切り離すことができない、と信じました。

コフートはまた、精神分析家が行う仕事は、被分析者についての理解を言葉で伝えることだと述べ、「直面化[96]」という技法に否定的でした。直面化とは、被分析者の言葉と行動が矛盾しているとき、そのことを指摘して矛盾に気づかせようとすることを指します。彼は、直面化は余計だし被分析者を見下すものであり、子ども時代のトラウマ体験の再現にさえなり、精神分析過程をひどく損ねかねない、と主張しました。

なおこれらコフートの考えは、来談者中心療法と同じものです。

*4　ロジャースとコフートは同時期にシカゴ大学に教員として在職していましたが、学部が異なったため、ロジャースは「コフートに会ったことはない」と述べています。ちなみにロジャースによると、彼の学生の何人かがコフートの授業に出席し、コフートが、「ロジャースの考えからアイデアを得たがそのことは公表したくない」と話したのを聞いて憤っていた、とのことです。しかしロジャースは「その噂については未確認だ」と語っています[84]。

27　第Ⅰ章　精神分析的カウンセリングにおける共感

第1節では、共感について、来談者中心療法と精神分析理論の見地から考察してきました。近年では脳科学の進歩によって、共感について新しい知見が得られています。そこで次節では共感をめぐる最新の脳科学の知見を考察し、共感について理解を深めていきます。

第2節 共感に関する脳科学の知見

1 ミラーニューロン

わたしたちが来談者の感情を理解しようとするとき、その重要な手掛かりの一つに来談者の表情があります。来談者が悲しそうな表情をしていたら、「悲しいんだな」と分かります。そして近年の脳科学の発見によって、表情の認知は脳の特定の箇所で行われているのではなく、複数の脳細胞ネットワークが関わって行われていることが分かってきました。なかでも重要な役割を果たしているのが、ミラーニューロンと呼ばれる脳細胞です。

●ミラーニューロンの発見

重要な発見は、しばしば偶然や実験ミスから生まれます。イタリア・パルマ大学のジャコモ・リゾラッティらの研究チームは、サルが手足を動かすときに脳のどの領域が活性化するかを調べていました。その実験の最中に、研究員の一人がサルの餌に手を伸ばして食べました。すると、そのサルは、研究員が餌に手を伸ばしたのを見ていたないたサルの、手を動かすときに使う脳領域が活性化したのです。そのサルは、自分は手を動かしてはいないのに、手を動かすときと同じことが脳で起きたのでした。リゾラッティらはこの偶然の発見を、単に実験の失策や測定の誤差として片付けるのではなく、いったい何が起きたのだろうかと探求していきました。その結果、サルの脳の運動前野前部のF5と名付けられた箇所に、他者の動作を見るとあたかも自分自身が同じ動作をしているかのように反応する細胞ネットワークがあることを発見しま

28

した。その細胞ネットワーク群は、単に体を目的なく動かしたときに活性化するのではなく、体を動かして目標物の状態に変化を与えるとき（コップに手を伸ばしてコップを動かす、紙をつかんで破るなど）にのみ、活性化することが分かりました。リゾラッティらはその脳細胞を、ミラーニューロンと名付けました。

●人間の脳のミラーニューロン

人間の脳にもミラーニューロンが発見されました。人間もサルと同様に、他人の動作を見ると、自分自身の同じ身体部分を動かすときと同じ領域の脳神経細胞ネットワークが活性化することが分かったのです。たとえば、リンゴをかじる映像を被験者に見せると、被験者の脳のブロードマン6野およびブローカ野と呼ばれる領域が活性化しました。またコップをつかむ映像の場合はブロードマン6野のより後部とブローカ野が活性化し、ボールを蹴る映像だとブロードマン6野の後部、といった具合に、それぞれ自分自身が同じ身体動作をするときに活性化する領域が活性化したのです。

ミラーニューロンが発見されたサルの脳のF5領域は、運動野です。人間の脳ではそこはブローカ野にあたり、やはりミラーニューロンが存在しています。ブローカ野は運動言語中枢であり、そこにミラーニューロンが分布することによって、幼児はお母さんの口の動きをまねて言語を習得することが可能になっています。

ミラーニューロンの分布において人間がサルと異なるのは、人間の脳の場合は、前頭葉にある、意図やある種の感情に関わる部分にもミラーニューロンが分布していることです。つまり、人間の場合はミラーニューロンが、他者の感情を自分のことのように理解する共感に関係しているのです。そのことについて、次項で詳しく考察します。

2 共感と身体感覚

共感能力と身体感覚を感じる能力に、関連性のあることが分かっています。アドルフスらは、感情認識に関連していると考えられている、脳の中心前回もしくは中心後回と呼ばれる領域に損傷のある28人の患者を対象に、実験

を行いました。患者たちは画面に映しだされた人の表情を見て、それぞれの表情が喜びや怒りなど、何の感情を表しているかを答えました。さらに、彼らの皮膚感覚の感度が測定されました。するとその実験の結果から、感情認識力と皮膚感覚との間に比例関係があることが分かりました。さらなる実験によって、他者が皮膚を触れられている場面を見ると、自分自身の同じ部分が触れられたときと同じ脳領域が活性化し、他者が身体的痛みを感じている様子を観察すると、自分自身の同じ部分が痛むときの脳領域が活性化することが分かりました。また、他者の気持ち悪くて吐きそうな表情を見ると、自分自身の気持ち悪くなったときに活性化する脳領域が活性化します。[106][107][108][109]

人間の脳では、他者の感情表出を観察したとき、ブローカ野を含む知覚-運動システムによって、その感情を自分が感じたときに生じる身体状態が再現されるようです。つまりわたしたちの脳は、他者の感情表出を見たとき、即座にその人と同様の感情を引き起こす仕組みになっているのです。[110][111]

これらの発見から、次の仮説が成り立ちます。わたしたちが他者の感情を推測するときには、まずミラーニューロンによって相手と同じ表情に自分がなります（正確に言えば、相手と同じ表情を自分がするかのように、脳が活性化します）。そのとき、自分がその表情をするときの身体感覚がよみがえります。その過程は、他者の表情を見たとき、即座に、そしてわたしたちの意識的な意図を介することなく自動的に、生じます。つまり、「わたしたちはある意味では人の痛みをじかに『感じる』のである」と言えるでしょう。[112][113][114]

なお進化論的には、人間は他者の表情を見てその人の気持ちに共感できる能力を獲得したため、他者に協力し、集団に適応することが可能になったと考えられます。[115]

●**自閉スペクトラム症の人たちのミラーニューロン**●●●

自閉スペクトラム症の人たちは共感や集団への適応が苦手ですが、彼らの脳では、他者の感情に反応するミラー

30

ニューロンの機能が低下していることが、研究で示されています。自閉スペクトラム症の子どもたちは、他者が表情によって感情を表出しているところを見たときに、健常児であれば活性化するはずの表情筋の反射も見られませんでしたるミラーニューロンが活性化しませんでしたし、他者の表情を見たときに生じる表情筋の反射も見られませんでした[116]。また、自閉スペクトラム症の人たちは、ミラーニューロン・システムの一部である大脳皮質の灰白質が薄し、さらには自閉的症状の強さと灰白質の薄さは比例していました[117]。

3 カウンセリングにおける共感とミラーニューロン

ここまで見てきたように、わたしたちの脳には、自分自身の内部に、他者の感情が身体感覚として自動的に再現されるミラーニューロン・メカニズムが備わっており、それが共感の基本的な機能を担っているのです[118・119]。つまり共感とは、他者の感情を身体感覚によって理解することなのです[120]。

わたしは、カウンセリングにおける共感に、この過程が生じていると思います。つまり、わたしたちカウンセラーが来談者の表情から感情を読み取ったとき、いちいち頭で考える前に、その感情が身体感覚として感じられるのです。フロイトは、「分析家は自分自身の無意識を、感覚器官のように、患者から伝わってくる無意識へ向けなければならない」[121]と述べましたが、フロイトが重要視した、分析家自身の無意識を使って患者の無意識を理解するという過程は、脳科学が発見したこのメカニズムによって説明できるかもしれません[122]。

●投影性同一視とミラーニューロン

来談者の無意識がカウンセラーの無意識に作用するという現象の一つに、精神分析理論における「投影性同一視」と呼ばれるものがあります。投影性同一視とは、来談者が本当は感じているのに抑圧しているため認識していない感情を、まるでカウンセラーのこころのなかに放り込まれたかのようにカウンセラーが感じる現象を指します。

たとえば、来談者が無表情に淡々と話しているのを聴いているうちに、カウンセラーが腹が立ってくる場合がそ

31　第Ⅰ章　精神分析的カウンセリングにおける共感

うです。投影性同一視という概念を使うとそれは、来談者が本当は感じているのに認めることができない怒りが、カウンセラーのこころに"投げ込まれ"、その怒りをカウンセラーが代わりに感じている、ということになります。もしかすると来談者は、「カウンセラーがぼくに腹を立てている！ とんでもないカウンセラーだ！」と思ってカウンセラーに腹を立てるかもしれません。本当は自分自身がもともと怒りを感じていたとは認識できず、「カウンセラーがぼくを怒らせている」と認識しています。

そのような現象が起きるのは、無表情に淡々と話しているように見える来談者の表情に、ほんのかすかに生じている怒りの表情筋変化をカウンセラーが知覚して、カウンセラーのなかに怒りに伴った身体感覚が生まれているからかもしれません。そして同じことが来談者にも起きており、カウンセラーの表情のごく些細な変化から「カウンセラーは怒っている」と感じ取り、それに反応して来談者に怒りが湧き上がっているのかもしれません。

また、来談者の無意識のこころが、カウンセラーのこころに無意識に動かす、という現象が起こることもあります。たとえば、カウンセラーが来談者の語りを聴いて思わず言った言葉が、来談者の気持ちを的確にとらえていた、ということがあります。そのような現象も、他者の表情を観察すると自分のなかにそれと同様の感覚が生じる、というわたしたちの脳に備わっている反射的・無意識的な能力によるものかもしれません。*5

● 共感の伝達とミラーニューロン ●●●

来談者も、わたしたちカウンセラーの表情の微妙な変化を無意識のうちに読み取り、わたしたちが彼・彼女の感情を共有していることを感じ取ります。つまり、わたしたちが来談者の表情を見たとき、その来談者の表情がわたしたちのからだに反射的に生まれ、その状態がわたしたちの表情に表れます。そして来談者がそれを見たとき、他者の表情から自分のなかに同様の身体感覚が想起される自動的・反射的過程が、同じように生じます。すなわち、わたしたちが感じている感情が、今一度来談者のなかに生まれるのです。もしその感情が来談者がもともと感じていた感情に近いときには、来談者は「そうか、わたしが感じていたのはこういう感情な

32

んだ」と、感情をより明確に認識します。同時に、「カウンセラーはわたしの気持ちを理解し、同じように感じてくれている」と思うのです。

さらに来談者は、「カウンセラーはわたしと同じ感情を感じながら、それを怖がりも否定もしないで受け止めている。そうか、この感情は悪い感情じゃないんだ。感じてもいいんだ」と悟ります。それは、その感情を感じている自分自身を受容する、ということなのです。つまり、ロジャースの重要視した無条件の受容的態度がカウンセラーから来談者に伝わることによって、来談者が自分自身をより無条件に受容するようになるのです。

4 訓練と経験による脳の変化

最新の脳科学の知見は、人間の脳機能が訓練と経験によって共感的になることを示しています。アメリカのウィスコンシン大学のウェングらの研究チームは、20代の男女41名を集め、うち20名を実験群として「思いやりトレーニング (compassion training)」を実施しました。そのトレーニングは1回30分で、各自はまず自分の愛する人を思い浮かべ、その人に対して思いやりの気持ちを意図的に強く感じました。次いで、その気持ちを無意識的に感じ取るという現象のすべてを説明できるとは思いません。というのも、わたしはカウンセリング・トレーニングの一環として、次のような活動をしたことがあるからです。カウンセラーたちは目を閉じて椅子に座っています。彼らの前に、一対一で向き合う形で、別のカウンセラーたちを静かに座らせます。目を閉じて座っているカウンセラーは、自分の前に誰かが来て座っているよう指示すると、誰がいるのか分かる人が時々います。また、そうして目を閉じて無言で座ったまま、こころのなかでイメージを使って交流させた後、目を開けてどんな対話をしたかを分かち合ったところ、お互いのイメージ内容が驚くほど一致したこともあります。それらの経験および他の類似の経験から、わたしは、人と人との交流には、目に見えない気レベルの交流も生じているようと思っています。ちなみに、フロイトは非科学的なものを嫌悪しましたが、人のこころに存在する内容がテレパシーのように他の人に無意識的に伝わる「思念の転移」という概念に言及しています。

*5 しかしわたしは、「他者の表情からその人の感情を身体感覚的に推測する」という脳機能だけで、カウンセラーが来談者の

ちを自身に向け、そこから見知らぬ人、そして最後には苦手に感じている人へと、順番に思いやりを感じていきました。残りの21名はコントロール群で、思いやりトレーニングには参加しませんでした。

その後、実験群とコントロール群に、持っていたポイント分のプレゼントがもらえるという設定で、数人で行うインターネットゲームをさせました。参加者はゲーム終了時に、持っていたポイント分のプレゼントがもらえるという設定で、ある参加者が他者にだまされてポイントを奪われたりすることができるものでした。そのゲームでは、ある参加者が他者にだまされて不公平にポイントを奪われる、という設定で "サクラ" が行動しました。そのうえで、実験参加者らがかわいそうな参加者（サクラ）に、自分のポイントを寄付する行動について観察しました。

すると、思いやりトレーニングを受けた実験群のほうが、コントロール群よりも、かわいそうな参加者に多くのポイントを与えたのでした。その後、参加者らの脳機能をfMRIという装置を使って観測したところ、実験群のほうがコントロール群よりも、右脳の頭頂葉下部および前頭葉前野の背面－側面部が活性化していました。人間の脳では頭頂葉にミラーニューロンが多く分布していることから、思いやりトレーニングによってミラーニューロン・システムが活性化され、それが不利に扱われた参加者への優しさになったと考えられます。また、実験後のインタビューで、実験群はコントロール群ほどには、だまされて不公平にポイントを奪われた参加者を見たときに、かわいそうな人を見たときに思いやりというところの痛みやイヤな感情は起きていないことが分かりました。彼らは、かわいそうな人を見たときに思いやりはあまり強く感じなかったようです。

同様に、クリメッキらが行った「愛の優しさ瞑想（loving kindness meditation）」の実験でも、似た結果が得られています。実験参加者は18～35歳の女性91名で、まず実験の1～2週間前にfMRIによって脳領域の活性度合いを測定するとともに、共感性尺度なども使って彼女らのデータを取りました。そして彼女らを、6時間にわたる愛の優しさ瞑想セッションを受ける実験群28名と、記憶力トレーニングを受けるコントロール群63名に分けました。

「愛の優しさ瞑想」セッションでは、実験群はまず、子どもなど愛情を感じる身近な存在をこころに思い浮かべ、

その人のことを大切に思う気持ちを意図的に強く感じます。次いで、その気持ちを自分自身に対して感じ、そこから対象を身近な人、中立の位置にある人、苦しんでいる人、知らない人、人類全体へと広げていきます。さらに参加者は、自宅でも瞑想するよう依頼されました。

6時間の瞑想セッションから2～12日後に、苦しんでいる人のビデオをすべての参加者に見せました。そして再び、fMRIや共感性を測定する質問紙などによって、参加者の脳機能と共感性を観察しました。すると実験群は、実験前よりも実験後のほうが苦しんでいる人をビデオで見たときの辛い感情は減り、代わりにその人に対する愛と温かさの感情が強くなっていることが質問紙の回答から分かりました。さらにfMRIによって、愛情や所属感に関連する脳領域（眼窩前頭葉皮質、大脳基底核、腹側中脳被蓋、黒質）が活性化していることが分かりました。つまり、「愛の優しさ瞑想」を実践した参加者たちは、それらに関する実験前後の変化はありませんでした。

なお、この実験では参加者の多くが愛と優しさ瞑想を気に入ったようで、「温かな気持ちがします」「人の幸せを願えるって、とても満たされるすばらしい気持ちです」「愛と安心と安全な気持ち」「幸せな気持ちになれました」など、ポジティブな感情の増大を報告しました。

● 脳の共感能力の強化 ● ● ●

「思いやりトレーニング」と「愛の優しさ瞑想」の研究が示唆するのは、トレーニングによって脳機能に変化を起こし、共感性を高めることができるという可能性です。さらには、脳機能の活性化のみならず脳の器質的変化さえ、トレーニングや経験によって起こせる可能性も否定できないと思います。かつては、脳は幼少期を超えると成長しないと信じられていましたが、それは誤りであることが近年の研究で明らかになっているからです。

たとえば、膨大な数の道路を記憶しなければならないロンドンのタクシー運転手は、そこまで記憶力は要求されないロンドンのバス運転手よりも、記憶に関連する海馬尾部の灰白質が大きくなっていることが分かりました。ま
(129)

35　第Ⅰ章　精神分析的カウンセリングにおける共感

た、成人にお手玉を6週間練習させ、手を伸ばしたりつかんだりする動作に関連する後頭葉から前頭葉にかけての皮質領域内の灰白質の密度を、練習期間の前と後に測定したところ、その密度が濃く変化していました。その変化は、お手玉の練習期間が終わってから4週間後の測定でも維持されていました。[130]

共感能力については、大脳シルヴィス裂の奥にある前島皮質という領域が、共感を含む他者との感情処理過程に特に関連性が高いことが先行研究で示唆されており、共感性の高い人は低い人よりも大脳左半球のその前島皮質後部の灰白質密度が高かった、という研究が発表されています。[131]ですから、共感性を高めるトレーニングによって、たとえば前島皮質の灰白質密度を高められる可能性も否定できないでしょう。

これらの研究は、カウンセリングの実践に関しても示唆するところがあると思います。カウンセラーが共感トレーニングを積むことによって、来談者の苦しみに触れたときにも、落ち込むなど嫌な感情を引きずらなくて済むようになるのではないか、ということです。

わたしは、「人の辛い話を聴くと、自分が辛くならないですか？」と質問されることがよくあります。多くのカウンセラーが同じような質問をされるのではないでしょうか。わたしの場合、来談者の苦しみをなるべく自分のことのように想像して感じようとはしますが、それによって落ち込んだり、辛い感情が後々まで尾を引くことは皆無です。（なお、もしそういうことがあれば、わたし自身の未解決の問題が刺激されていることが多いと思います）。

なぜカウンセラーは、来談者の苦しみを目の前にしても、ネガティブな感情を引きずらないのでしょうか。それは、カウンセラーとして働いていると他者の幸せを願う気持ちが繰り返し強化されるため、ちょうど思いやりトレーニングを受けた参加者のように愛や思いやりの感情が強くなり、それに関わる脳機能も活性化するためかもれません。来談者の苦しみに触れると、辛さよりも愛と優しさの気持ちが引き出されるのです。

36

5 共感への二つの道

脳科学の知見によると、わたしたちが他人の気持ちを共感するに至るには、二通りの道があるようです。一つめ[132]はここまで詳しく考察してきた、ミラーニューロンをキーとする通り道です。わたしたちの脳では、他者の表情を見ると自分も反射的に同じ表情をする脳の指令が出て、それを手掛かりに、自分がその表情をするときの感情が身体感覚を通してよみがえります。それは身体的、自動的、即時的、無意識的な道です。

それに加えて、共感に至る理論的で意識的な通り道もあることが、脳科学の研究によって示唆されています。他者の感情を自分のことのように理解しようとするときに、自分自身の過去の経験を思い出し、そこから相手の気持ちを推測するのが、その二つめの方法です。

プライスら[133]は、「ある特定の痛みを経験した人は、他者が同じ痛みを受けている場面を見ると、その痛みを経験したことのない人よりも大きな心理的苦痛を感じるだろう」という仮説を立て、検証しました。64名の参加者の半数を実験群とし、彼らに指に圧力をかける機械で痛みを与え、その後、他者が同じ機械で痛みを加えられている動画を見せました。すると実験群のほうが、痛みを加えられなかったコントロール群よりも、他者の痛みを見て自分も苦痛を感じることに関連する脳領域の活性度は低い、という結果でした。仮説とは逆の結果でした。

ところが、先に痛みを経験していた実験群はコントロール群よりも、過去の記憶を呼び起こしたり、他者の感情を推測したり、感情と認知を組み合わせて考えたりすることに関連する前頭葉の領域が、より活性化していました。なお、これら前頭葉の部位は主に思考に関連していると考えられています。

この結果は次のことを示唆します。わたしたちは身体的な痛みを経験すると、他人が同じような痛みを感じているところを見たときに、直接的・自動的に辛い感情になるのではなく、自分自身の過去の痛みの経験を思い出すことによって、その人にとっての痛みの経験がどのようなものかを推測しようとする、ということです。

37 第Ⅰ章 精神分析的カウンセリングにおける共感

心理的な苦痛についても、共感において同様の過程が起きているとわたしは思います。ガレシーらは「直接的な共感的理解と理論に基づいた推論の両方を、縫い目なく統合して用いることによって、わたしたちは患者のこころを理解している」[134]と主張しています。精神分析家のアラーニョも同様に、精神分析家は感覚的－感情的な推測と思考による推測の両方を統合して使い、来談者のこころの世界を理解する、[135]と述べています。シェーファーも、「共感のかなりの部分はセラピスト自身の情緒的状態の記憶に基づいている」[136]と述べています。

このように、カウンセリングにおいては、来談者の感情を身体感覚的・情緒的・直接的に感じることに加えて、理論を使って来談者の無意識のこころのあり方を推測することによって、共感がより正確になり深まると思います。

そこでここからは、来談者の経験を共感するための理論を深めていきます。まず、次の第Ⅱ章で、精神分析理論の概念のうちでも、第Ⅲ章で行うケース検討の際に特に重要になる概念を整理します。その後、第Ⅲ章でケース検討をします。

38

第Ⅱ章 精神分析概念のおさらい

第Ⅱ章では、精神分析の多くの概念のうち、第Ⅲ章のケース検討で特に重要になる概念を整理します。

第1節 フロイトの性心理発達段階

1 5段階にわたる性心理的発達について

多くのカウンセラーにとって、精神分析理論のなかでも性心理的発達段階の部分は、カウンセリング実践にどう関係があるのかが特に見えづらい部分だと思います。ですが性心理的発達の理論は、来談者の苦しみに共感するためにとても重要だとわたしは思いますので、その理論を簡潔におさらいしましょう。なお本節の記述は、フロイト(1)および土居(2)を参考にまとめます。

性心理的発達段階は、口唇期、肛門期、男根期、潜伏期、性器期の5期に分けられます。それらの区別は、子どもが本能的欲求を満たし快感を得る主な身体的部位の違いによってなされます。ただし、それらの段階は徐々に遷移するのであって、一つの段階と次の段階が明確な境界によって分けられるものではありません。また子どもは発

39

達段階の先に進んでも、それ以前の段階における部位を通しての快感は獲得し続けます。

●口唇期（生後すぐ〜1歳半ごろ）●●●

赤ちゃんは、乳首を口に含み母乳を飲むことを通して、お母さんと深い情緒的つながりを作ります。そのとき、お腹がいっぱいになっても乳首を口に含み続けることがあります。そのことから、赤ちゃんは乳首を口に含むことによって、栄養補給だけではなく身体的な快感も得ていることが分かります。それはきっと、心理的にも気持ち良いものだろうと想像できます。赤ちゃんはお母さんに抱かれることを求め、お母さんの肌の柔らかさと温かさを感じるとき、愛情を感じ、安心と喜びに包まれます。また、後の発達段階で顕著に表れることですが、お父さんの愛情を求める衝動にも、おんぶやお馬さんごっこなど、身体的な接触を求める側面があります。

このように、乳幼児が親の愛情を求める衝動には、こころもからだも親密な触れ合いを求める側面があります。それは広い意味で性的な衝動だと言え、その衝動が後ほどの性的発達の基礎になります。ちなみにお母さんにとってもそれは同じことで、赤ちゃんを抱いて柔らかな素肌と温かさを感じ、触れ合いを楽しむ感覚に、性的な気持ち良さに通じるものがあることに多くのお母さんが気づいているでしょう。

この時期の赤ちゃんは、お腹が空けばお母さんがやってきて母乳を与え、安心させてくれることを知ります。そして生後一定の期間を経ると、赤ちゃんは天使のスマイルを浮かべてお母さんの愛情に応えるようになります。こうして、母子の間に深い愛情に基づく基本的信頼感が醸成されていきます。

乳児期に、お母さんとの間にこのような基本的信頼感が高い程度に育まれるほど、赤ちゃんは自分が愛されていること、自分は愛に値する人間であること、さらには世界は決して冷たく危険な場所でもないことを学びます。コフートは、お母さんが赤ちゃんに共感的に接し、素晴らしさを讃(たた)え、温かな愛情を与えることによって、赤ちゃんは共感的で温かなお母さん像を自分の一部として取り込み、肯定

的な自己の感覚が確立していく、と理論化しました。

しかし、お母さんが安定して心身ともに温かな世話を与えることができなければ、赤ちゃんは愛されているという実感が得られず、それゆえ、自分のことを愛に値する存在だとは感じられません。そして、過酷な世界を自分一人で生きていかなければならないと感じるようになります。

あるお母さんがわたしにこう語ったことがあります。「ある夜、わたしと子どもだけで家にいたとき、けたたましい雷雨になったんです。わたしは子どもを安心させるために子どもをぎゅっと抱きしめたんですけど、今思うと、本当は自分が怖くて安心したいから子どもを抱きしめていたんです」。

子どもにとって、親から不安のあまりすがりつかれるのは辛い経験だったことでしょう。親の不安を丸ごと、からだごと無理やり押しつけられ、抵抗さえできなかったでしょう。子どもはそんな経験から親の情緒的不安定さを強烈に感じ取り、親には子どものことを守るちからが弱いこと、子どもが親の情緒的なケアをしなければならないことを学びます。それは先ほどお伝えした、母親が赤ちゃんに共感的に接し、赤ちゃんの素晴らしさを讃え、温かな愛情を与える、という経験とは正反対の経験です。親の不安を押しつけられる交流は、口唇期に限りませんが、子どもに深い不安を与えることになります。

特に、深く激しいこころの苦しみで辛い思いをして生きている人のなかには、口唇期から続く慢性的な愛情飢餓感に苦しんでいる人も多いでしょう。そういう人のなかにも、人前ではしっかりした理性的な大人であるかのように振る舞うことのできる人もいますが、恋人や配偶者などに対しては、愛情欲求が強烈に激しく、まるで赤ん坊のように自己中心的で、人の愛情や関心を極端に強く求めます。そして周囲の人が与えれば与えるほど、「もっと、もっと」といっそう求めるようになります。このとき、彼・彼女が本当に求めているのは幼児期の親の愛情であり、今の恋人や配偶者など周囲の人々の関心やケアではありません。ですから、周囲の人がいくら与えても満たされません。そのため周囲の人にとっては、いくら与えても足りない赤ん坊を相手にしているかのように感じるもの

41　第Ⅱ章　精神分析概念のおさらい

です。それは心理的には、激しい孤独感に泣き叫んでいる赤ちゃんを相手にしているからです。本書第Ⅲ章には、そのような苦しみを抱えて生きている来談者たちが出てきます。

●肛門期（おおよそ生後8か月～3、4歳ごろ）

括約筋をコントロールする神経が完成し、大小便の排泄が調節できるようになると、便のしつけが始まります。通常はお母さんが主なしつけ役になります。口唇期において赤ちゃんがお母さんを信頼していれば、しつけに従って排泄しようとします。トイレでちゃんと排便ができればお母さんが喜んでくれますから、子どもは期待に応えようとして排便の習慣がつきます。トイレでちゃんと排便をすることは、お母さんに褒めてもらうのです。それをお母さんが喜んでくれるので、子どもに誇りの精神が生まれます。口唇期ではどもにとってちゃんとトイレで排便をすることは、お母さんにプレゼントをあげることを意味します。受け取るだけだった子どもが、与えることを覚えるのです。

ところが、お母さんへの信頼感が不足していると、子どもは素直に排便のしつけに従うことができず、反抗しようとして排便して部屋や家のものを汚すのは、反抗の一例です。それは自立を求める主張だと言えます。

このように、大便はお母さんを喜ばせるプレゼントにも、お母さんを困らせる武器にもなるのです。

「与えるか、与えないか」を自分でコントロールできるようになった肛門期の子どもにとって、自立に従って喜んでもらいたいと同時に、自立性も保持したいので、自立をめぐる葛藤が主な課題になります。お母さんのしつけに素直に従って喜んでもらいたいと同時に、自立性も保持したいので、自立をめぐる葛藤が主な課題になります。お母さんのしつけの傷つきと怒りが高い程度に残るほど、人は頑固で意固地な性格になったり、反対にお金に"しまりのない"性格になったりする、と精神分析理論では考えられます。ちなみに"しまりのない"いう表現は、肛門の活動を連想させます。

●男根期（おおよそ3、4～6、7歳ごろ）

肛門期の中盤から終わりごろ、子どもは性差があることに気づきます。性器に触れると気持ち良いことを知り、自分で性器を触る行動もしばしば観察されます。この時期の子どもは男性器の存在を知りますが、フロイトは、こ

42

の時期の女の子は自分とお母さんに男性器がないことを知って劣等感を感じる、と信じました。

子どもは両親の愛を強烈に求めるので、親の愛情をめぐって争うライバル心が芽生えます。来談者のなかには、同僚やクラスメートたちに対して強い競争心を抱き、それが重いプレッシャーになっている人たちがいます。そういう人たちは、親の愛情をめぐって兄弟姉妹と争わざるを得なかったこころの痛みを抱えているものです。彼らが争った理由は、親の安定した大きな愛情をあまり感じることができなかったためです。親の愛情というパイが小さいので、それをめぐって争わざるを得ないという子どものころにずっと感じていた不安に、苦しんでいるのです。大人になって仲の悪い兄弟姉妹は、本当は、幼いころの親の愛情を求めて争った憎しみを抱えており、それが不仲の原因であることが多いと思います。

子どもは男根期において、さらにその時期の重要な発達課題に直面します。それは、両親に対するエディプス・コンプレックスと呼ばれる感情の葛藤です。エディプス・コンプレックスに根ざす葛藤は多くのクライエントに見られ、それがこころの苦しみに深く関わっていることが非常に多いものです。そこで、次の段階である潜伏期と性器期について簡潔におさらいした後、次節でエディプス・コンプレックスについて詳しく学びます。

●潜伏期（5〜12歳ごろ）●

小学校に入ると子どもの関心は、父親・母親の愛情を得ることから家庭の外へと向かい、友達とのつながりや、社会における規律・規範を身につけること、勉強などに移ります。性的な成熟は、この後の思春期へと持ち越されます。超自我が確立し、性的なことへのタブーも身につけます。しかし、潜伏期の間も子どもは性への関心を持ち続けますし、セックスについての知識を獲得するのもこのころです。ですが、セックスについては、タブーで"悪いこと"であるかのような印象を持ちます。

43　第Ⅱ章　精神分析概念のおさらい

●性器期（12歳ごろ以降）

思春期に入ると、これまでの発達段階において重要だった口唇快感、肛門快感は二次的なものになり、快感獲得の主要な器官である性器を中心とする性活動が主になります。この段階に至って、性活動は生殖機能という目的へ統合されるのです。

この時期に性衝動は急激に強くなります。それはすなわち、性器的衝動に加え、口唇期と肛門期の衝動も強くなるということです。そのため思春期の子どもには、それまでの発達段階における性衝動の不充足（傷つき）が表面化します。口唇期的・肛門期的衝動が高まって、寂しさが強くなったり、要求がましくなったり、頑固になったり、攻撃的になったりすることが頻繁に見られます。

性器期以前の幼い段階の子どもは、親から愛され承認されようとして、親の価値観を積極的に取り入れます。
「お父ちゃん、お母ちゃんが望む"いい子"になって愛されよう」とするのです。しかし性器期に入ると、自立が特に重要な発達課題になります。この時期の子どもは、親の価値観から自由になって自分自身の価値観や行動規範を作ろうとするこころの動きが、特に活発になります。心理的な意味で"自分自身"を作ろうとするのです。ですから、子どもは自分が本当に感じているころの超自我をそのまま取り入れて親の言うことに従っていた青年が、「自分は本当は何が好きで、何が嫌いで、何をしたくて、何をしたくないんだろう？」ということを明確にしようとします。反対に、親の愛情が無条件で、温かく、一貫し、安定したものであると感じられるほど、安心して成長していけます。何を感じても、何を考えても、何をしても、親は自分を同じだけ愛してくれるという実感があれば、子どもは自分が本当に感じている感情や欲求、本当に考えている思考を、素直に感じることができるのです。

反対に、親の愛情が条件付きだと感じるほど、「お父ちゃん・お母ちゃんは、ぼく・わたしに何をしてほしいんだろう？　何を考えてほしいんだろう？　何を感じてほしいんだろう？」と、神経をとがらせるようになります。

そのような子どもは、親の愛情と承認を強く求めるあまり親の価値観（超自我）から独立することが怖すぎて、「自

44

分が何を感じていて、何を考えていて、何が好きで、何が嫌いで、何をしたくて、何をしたくないかを犠牲にするのです。親の望むように感じ、考えようとし続けるために、自分の感情、思考、好き嫌いが分からなくなります。そのような青年は、「自分がない」という感覚を募らせるようになります。これは非常に深く大きな、耐えがたい苦しみです。

性器期において、多くの人が男女交際および結婚という課題に取り組みます。交際と結婚において人は、自分自身を確立し、他人と心身ともに親密で調和した関係を育てる、という課題をクリアしなければなりません。これは大変なことで、性器期までの発達段階に大きなこころの傷つきがあるほど、困難が多くなります。たとえば、相手が理想的な親であるかのように交際相手に過剰に求めたり、親に対して感じた怒りを相手にぶつけたり、それらのことをして相手を傷つけたり自分自身が傷ついたりするのが怖いために、こころを開くことができなくなったりしてしまいます。そのため、交際も結婚も不安が大きすぎてできない人もいます。

2 整理整頓と清潔さを求める価値観

フロイトの性心理発達理論からは、人間の根源的なこころの痛みについての重要な理解が得られますが、その一つをお伝えします。

「整理整頓や片づけをきちんとし、きれいに保たなければいけない」「ものごとはきっちり行わなければならない」「からだを清潔にしなければならない」といった信念は誰もが持っています。それらのことが大切な理由として、「整理整頓しないと作業の能率が悪くなったり、ものをなくしたりするから」「からだを清潔にしないと体臭がして、人に不快感を与えるから」「見た目をきっちりしないと印象が悪くなるから」「不潔な環境では病気になるから」などの理屈をつけています。それらは理屈として正しいし、「整理整頓と清潔は良いことだ」と誰もが当たり前に信じています。それゆえ、「きちんときれいにしなければならない」という整理整頓や清潔さへの強迫的な義務

45 第Ⅱ章 精神分析概念のおさらい

感の底に、幼児期のこころの痛みがあることには気づきません。

そのような信念が強い来談者は、カウンセリング場面で「何でも話したいことを自由に話すのではなく、カウンセリングにふさわしいことがらを話さないといけない」と感じます。それは本当は、「カウンセラーから認めてもらい、受け入れてもらえるように話さないといけない」という思いです。また、同じ思いをカウンセラーが抱くと、「正しい応答をしないといけない」という、自分自身を不自由にする逆転移になります。

悪感を抱いている人は、整理整頓の行動に関して正反対です。しかし、「いつもきっちりきれいに整理整頓しなければいけない」という信念を持っているという点では同じです。

● 整理整頓へのこだわりを生んでいるこころの痛み●●●

散らかっている部屋や机などを他人に見られることへの羞恥心や、きれいで清潔な自分を見せなければならないという強迫的な不安は、どこから生まれるのでしょうか。

仮に子どものころ、「部屋を散らかしっぱなしにしていても、汚くしていても、両親は心底ニコニコしてわたしのことを全部受け入れてくれた」とこころから感じられていれば、散らかっている部屋を人に見られても恥ずかしいとは思わないはずです。恥ずかしく思うのは、親から「きちんときれいにしなければあなたを愛さない」というメッセージを受け取りそのことへの攻撃心があるのに、「親に対して怒りや攻撃心を感じてはいけない」という罪悪感から、その攻撃心を抑圧しているためです。もしも仮に攻撃心を抑圧していなければ、「親は、きちんときれいであるべきという価値観をわたしに押しつけた。でもおかしいのは、自分勝手な価値観でわたしを判断し、わたしを無条件に愛することができない親のほうだ」と純粋に思えますから、親の言うとおりにできない自分自身に罪悪感を感じることはありません。

また、親への攻撃心を感じないようにする目的で、親から「きちんときれいにしなければいけない」という価値

46

観を押しつけられた事実すら抑圧し、気づいていない人も多いものです。しかし、親から整理整頓、清潔さ、きちんとすることを押しつけられたと本当に感じていなければ、「子どものころに部屋やおもちゃを散らかしたり、おしっこやうんちをパンツに付けたりしても、親はわたしに対してこころの底からおおらかで受容的に接していた」と感じられるはずです。もしそう感じられないとすれば、親から「きちんときれいにしなければあなたを受け入れない」というメッセージを感じていたということになります。

つまり、整理整頓など「きちんときれいにすること」に強くこだわる人や、整理整頓できないことへの罪悪感が強い人ほど、口唇期、肛門期に受けた強いこころの苦しみを持っているのです。

●清潔さに関する口唇期と肛門期における親の養育態度 ●●●

親が口唇期の赤ん坊のおむつを替えるとき、おしっこやうんちを汚いと感じ、嫌悪感を持って子どものからだに触ったりおむつを替えたりすれば、その思いは赤ん坊に伝わるはずです。この時期の赤ん坊は、排泄のコントロールもおむつ交換も自分ではできない受動的な存在で、この時期に親から「あなたは汚い」という思いを受け取ったら、赤ん坊は自分自身のことを汚くていけない存在だと感じるでしょう。

同じことは、赤ん坊が肛門期に達してからも生じます。排泄がうまくできず、パンツにおしっこやうんちを付けてしまったとき、親がおおらかにニコニコした態度でいれば、子どもは罪悪感も劣等感も抱きません。しかし反対に、親が子どもに対して攻撃心や、嫌悪感、軽蔑心、拒否的な思いを抱いたりすれば、子どもは「自分はいけない子だ」と感じます。しかし、子どもは親に堂々と反発することができず、みじめな思いをこころの内に押し込めるしかありません。それは子どもにとって非常に辛い経験でしょう。

そのような経験が排泄物、肛門、性器への嫌悪感や罪悪感を生みますし、その罪悪感が、わたしたちの文化に広くいきわたる性に対する罪悪感の源でもあります。親の嫌悪感や拒絶感を感じた経験はさらに「きちんとしていてきれいでなければ愛してもらえない」という信念を作り出し、成長してからの整理整頓や清潔さ、さらにはあらゆ

47　第Ⅱ章　精神分析概念のおさらい

ることがらについて「きちんとしなければならない」という、不安に基づいた強迫的な思いになります。

このことに関するわたしの個人的な思い出をお伝えします。わたしの母は強権的で抑圧的な人でした。そんな母に育てられたわたしは、おびえの強い引っ込み思案な子どもになりました。わたしは小学校１年生のとき、授業中に尿意を催したのですがそれを担任の先生に言うことができず、ついに教室でおしっこを漏らしてしまいました。担任の先生はわりと厳しい年配の女性でしたが、厳しいとはいっても、児童がトイレに行くことを禁止するような理不尽な先生ではなかったはずです。わたしが「おしっこに行きたい」と言えなかったのは、母親との関係が、排泄を含む自分の欲求を安心して正直に伝えることのできるものではなかったからです。

●不潔な子どもへの攻撃心 ● ● ●

そのような葛藤の強い大人がたとえば教師になると、汚くだらしない服で学校に来る子どもを見ると、嫌悪感が湧き上がりそうになります。もしその教師のなかに、「すべての子どもを愛し受け入れなければならない」という超自我の強い命令があれば、その嫌悪感は抑圧されて認識されないでしょう。しかし、たとえそうして嫌悪感を抑圧したとしても、そのだらしない子どもを、ほかの子どもたちと同じようにこころから受け入れる気持ちにはなれません。

そのような教師であれば、汚くだらしない子の親に対する過剰な攻撃心が湧き、その子の親に対して批判したくなります。または、その教師はその子の親に対する攻撃心を抑圧して、代わりにその子どもを問題視したくなり、「この子をきちんとしつけなければならない」と、子どもに対して批判的な気持ちを感じるかもしれません。

もちろん、整理整頓することや清潔にすることに現実的な必要性はあるでしょう。整理整頓するとか作業がスムーズで効率的にできるし、清潔にしなければ病気になることがあるかもしれませんから。しかし、整理整頓できない

48

ことに罪悪感を感じたり、清潔にしないことについて強迫的な不安を感じたりするなら、そのもとにはこころの痛みがあります。

3　親への抑圧された攻撃心が表れるとき

口唇期およびそれ以降の時期のこころの痛みが激しい人ほど、親に対する抑圧された激しい攻撃心を抱いています。たとえば、仮にそのような人が老年期の親の介護をするようになると、親の排泄物について強い嫌悪感を覚えたり、長年にわたって抑圧されてきた攻撃心が衝動的に飛び出して、親を虐待したり、ときには殺人事件に結びついたりすることさえあります。

カウンセラーに対して「きちんと話さなければならない」という転移抵抗の強い来談者ほど、ここまで考察してきたように、口唇期からの六つの苦しい感情があります。それは、①親に拒否された強烈な悲しみと寂しさ、②親への恐怖、③親への激しい怒り、④その怒りへの罪悪感、⑤自分自身についての劣等感、そして⑥それらの感情を自分のなかに押し殺して耐えるしかなかった苦痛、です。これらの苦悩に思いをはせることが、来談者への共感に通じます。カウンセリングに来る人のほとんどが、これらの強い苦悩を抱えています。

ここまで考察してきたように、フロイトの性発達理論は、来談者の「きっちり、きれいで、ちゃんとすること」を脅迫的に求めざるを得ない苦悩を共感的に理解する助けになりますが、それに加え、エディプス・コンプレックスをめぐるこころの痛みを理解する助けにもなります。こころの症状に苦しむ来談者の多くが、エディプス・コンプレックスをめぐる未解決の葛藤を抱えています。そこで次節では、エディプス・コンプレックスについて学びましょう。

第2節 エディプス・コンプレックス

1 エディプス・コンプレックスとは
● 男根期の子どもが持つ異性親への親密さ欲求

子どもはお母さんとお父さん両方の愛情を強く求めますが、男の子は母親に、そして女の子は父親に、特に強い愛着を感じる時期があります。フロイトは、小さな男の子はしばしば「母親を独占しようとすること、父親が居合わせるのを邪魔に思うこと、父親が母親に情愛を示すときには不機嫌になること、父親が旅に出たり不在だったりすると満足の感情を示すこと」や、「お母さんと結婚する」と言ったりすることがあるという事実を指摘しています。

同様の行動は女の子にも見られます。フロイトは、幼い女の子は男根期以前にはもっぱらお母さんの愛情を求め、「父親は（母親の愛情と関心をめぐる）好ましからぬ競争相手であるにすぎない」のに、男根期に入ると父親の愛情を求めるようになり、「父親への優しい情愛、母親を邪魔者として片づけてしまい、大人になった女性の使う手段をすでに用いる媚態を見せる」と指摘しています。その地位を自分が占領しようとする欲求、父親が男の子を特にかわいがりで、母親が女の子を特にかわいがり、子どもの愛着は、そのような親の行動によっていっそう刺激されます。

男根期の子どもは、両親が、自分には立ち入ることの許されない親密かつ特別な関係にあることを知ります。そして自分は、両親の親密で特別な関係の外に置かれているような感覚を持つのです。この時期の子どもにとって、同性の親はライバルになります。男の子は父親に敵意を抱き、女の子は母親に敵意を抱

「お父ちゃんはわたしにはくれない愛情をお母ちゃんにあげている」「お母ちゃんはぼくよりもお父ちゃんを愛している」、と感じるのです。

50

● 親が子どもに持つライバル心 ●

　親が子どもにライバル心を抱くことも少なくありません。母親が娘に（しばしば自分では気づかず）秘かにライバル心を感じて娘に勝とうとしたり、娘の若さと美しさに嫉妬したりするのです。同様に、父親が息子にライバル心を感じて息子に負けまいとしたり、息子が強く優秀な大人へと成長していくことが許容できず、息子をバカにしたりこきおろしたりすることもあります。

　親自身は子どもへのそのようなライバル心を抑圧し自覚できないことも多々ありますが、ライバル心は子どもには伝わります。すると、子どもは自信を持ちづらくなるかもしれません。親の愛情を失うと感じるからです。そしてそんな親に攻撃心を持ちます。わたしは自分の臨床経験から、女性来談者が母親に対する激しい敵意を抱いていることがとても多い印象を持っています。母親のこころには娘へのライバル心があるものです。そのような、相互の確執の最も根本にあるのは、母娘のいずれのほうが魅力的であるか、すなわちどちらが男性から愛されるかというライバル心であることが多いのではないかと思います。母と娘がしばしば無意識のうちに競っているのは、母の夫であり娘の父親である、その男性の愛情でしょう。もちろん、同じように妻・母をめぐって父と息子がライバル心を抱くことも多いでしょう。

● 同性親への同一化 ●

　子どもにとって、親が自分にはくれない親密さをお互いに与え合っているという事実と、同性親への敵意は、深い不安を生みます。それが辛いので、男の子は父親への敵意を抑圧して「お父ちゃんのようになってお母ちゃんから愛されよう」とし、女の子も母親への敵意を抑圧して「お母ちゃんのようになってお父ちゃんから愛されよう」*¹とします。つまり、子どもは同性の親と同一化することによって、不安を抑えようとするのです。子どもが両親の無条件の愛情をたっぷりと感じて安心できていれば、両親の夫婦関係について比較的安心して受け入れられるよう

51　第Ⅱ章　精神分析概念のおさらい

になりますが、反対に、両親の無条件の愛情を十分には感じられないほど、その不安が両親に対する嫉妬を生みます。このような、同性親・異性親をめぐる愛情欲求と敵意に彩られたこころの動きを、フロイトはエディプス・コンプレックスと呼びました。

ちなみに、エディプスとはギリシャ神話に出てくる王様の名前です。エディプスは幼いころに捨てられたため、自分の両親を知らずに育ちました。彼は立派な王へと成長してから、彼の父親を父親だとは知らずに殺し、彼の母親を母親だとは知らずに妃として迎えて二男二女をもうけます。エディプス王は後に、自分の父親を殺して母親と性交したことを知ります。彼は絶望のあまり自分の目を突いて盲目となり、国を去りました。

2 幼少期からの愛情飢餓がもたらす心理的苦悩

人は、子どものころに親の無条件の安定した愛情を実感できなかった程度に応じて、幼児的な愛情飢餓感の痛みをこころに抱えたまま大人になります。そしてその程度が激しいほど、人生においてさまざまな困難が生じます[6]。来談者のほとんどは、意識しているか否かに関わらず、幼児期からの激しい愛情飢餓感に苦しんでいます。この愛情飢餓感が強ければ強いほど、自分のことを無条件で好きだとは感じられませんし、完璧であることを追い求めるようになります。他人の目が気になり、他人から嫌われることや悪く評価されることが怖くなるし、たと感じたときには激しく動揺するのです。また、正当な自己主張にも、自己表現にも、ブレーキがかかります。さらには、うつ、対人恐怖、強迫症状、不安、自己嫌悪、パニックなど神経症的な症状を持つようになります。[*2] そして、愛情飢餓の苦しみをなるべく感じないようにしようとして、無意識のうちに、親から求めていた幼児的な愛情を、現在の人間関係のなかで得ようとします。

ここで、来談者の苦しみに共感するための重要なことが明らかになります。それは、彼らが他人の好意や関心、評価、受容を求める思いは、幼児が親を求める欲求に含まれる性的な質を帯びている、ということです。

52

フロイトはこのことについて、「神経症の症状となって表れている抑圧された衝動は……リビドー性のものだ」と述べており、同じ著書でリビドー性について「性愛」と言い換えています。さらにフロイトは、「劣等感情は強い性愛的な根を持っているのです。子どもは自分が愛されないことに気づくと劣等感を感じるのであり、成人もまた同様です」と述べています。このことについて解説します。

●劣等感の源

来談者のほとんどが根深い劣等感に苦しんでいます。彼らは、「もっと人に認められれば劣等感から解放される」とか、「もっと成功すれば（または収入が上がれば、人気者になれば、素敵な恋人ができれば、好成績や高学歴を得れば、美しくなれば、など）劣等感から解放される」と信じ、強迫的な努力を行っています。そして彼らは、自分が劣等感を感じるのは「あの人ほど仕事の成果が出せなかったから」「自分の学歴が低いから」「あの人ほど美人じゃないから」など、特定の行動や結果のせいだと信じています。しかしそれらは本当は、いつもこころの底にある劣等感が刺激されるきっかけにすぎません。

劣等感の本当の源は、親の無条件の愛情を実感できず、「有能じゃなければ（優しくしなければ、かわいらしくなければ、など）、お父ちゃん・お母ちゃんは、ぼく・わたしを認めてくれない」と感じたこころの痛みなのです。た

*1 フロイトは子どもの同性親との同一化について述べましたが、わたしの臨床経験では、子どもが異性親の超自我と同一化し、それを取り入れることも決して珍しくはありません。子どもは同性親からも異性親からも、「良い子」になって愛されたいと願うからです。ですから、男の子が、お母さんから見た「良い子」になろうとしてお母さんの価値観を取り入れたり、同様に女の子が、お父さんから見た「良い子」になろうとしてお父さんの価値観を取り入れたりすることがあります。たとえば、お父さんが「人間は勤勉で成績優秀でなければならない」という信念を持っている場合、娘が「勤勉で成績優秀でなければ、お父さんはわたしを愛し受け入れてくれない」と信じて強迫的に努力したり、優秀な成績が取れないときに強い挫折感と劣等感を感じたりすることがあります。

*2 このことについて詳しくは拙著『こころの症状はどう生まれるのか──共感と効果的な心理療法のポイント』をご参照ください。

53　第Ⅱ章　精神分析概念のおさらい

とえば、「お父ちゃん・お母ちゃんは学校の成績が良い人間が立派な価値ある人間だと信じている」と感じて育った人は、学歴や自分の在籍校・出身校の偏差値にこだわりを感じるようになります。偏差値で人を比べて、優越感や劣等感を感じます。しかし、「お父ちゃん・お母ちゃんは、出身校の偏差値や学歴で優越感や劣等感を抱いたりしません。学校の成績や、お母ちゃんによって人の優劣が決まるとは感じていない」ことを本当に実感して育った人は、「お父ちゃん、お母ちゃんに愛される価値のある"いい子"になって愛されないと、寂しくてたまらない」という、幼児的な愛情欲求があります。

●愛情飢餓と愛情欲求 ● ● ●

このことは、来談者の苦しみを想像しそれに共感するときに、とても大切なことだと思います。劣等感に苦しむ来談者は、親の安定した無条件の愛情に安心することが十分にできなかったため、その寂しさを埋めようとして他者の関心、好意、高い評価を求めています。その欲求は、幼児が親の愛情を求めるような、心身ともにべったりした粘着的で広義の性的な欲求なのです。

共感に大切なことは、来談者の苦しみを聴きながら、彼らの訴えをなるべく自分のことのようにありありと想像することがとても大切だと、わたしは感じています。カウンセラーがそのレベルで来談者の深いレベルの変容をもたらすものにも、そうではない浅いものにもするし、カウンセリングの成否を分ける重要な要素の一つだと思います。

例を挙げましょう。ある男性来談者が、「あの人は陰でぼくの悪口を言いふらしていて、みんながぼくを悪く思ってるんじゃないか」と不安を感じたり、「あの人とは長く付き合ってきた友達だと思っていたのに、あんなかたちでぼくに冷たくするなんて許せない」と怒ったりしているとします。そのとき彼は、他者の好意や関心を求めていますが、その欲求には、慢性的な愛情飢餓の苦しみが大きな来談者ほど幼児が親にこころもからだもべ

54

タッと密着するような愛情を求める、そんな粘着的な質があるのです。ですから、苦しみを語っている来談者の話を、幼児が親の愛情が得られず泣き叫んでいる苦悩を想像し感じながら、傾聴することが大切です。

●性的で粘着的な愛情欲求 ●●

恋愛のトラブルがしばしば激しい苦痛をもたらし、こころに大きな傷を残すのは、そこに粘着的な性衝動が関わっているからです。性衝動が関与していない人間関係については、理性的・現実的に対処することができます。
恋愛や結婚以外の対人関係でも激しい感情や傷つきを経験することが多い人は、幼児が親に求める性的な愛情欲求を、無意識のうちに同性・異性の人々に求めています。たとえば、「会社の人たちから好かれていないんじゃないか」とか、「高く評価されていないんじゃないか」と非常に心配になる会社員は、幼児的で粘着的な愛情欲求を会社の人たちに向けているのです。それは大人としての現実的で理性的な欲求ではありませんから、会社での自分の評価を高めるための現実的な策を取ることができず、ぐずぐず、くよくよすることが多いものです。また、たとえ現実的な行動や努力をしたとしても、過剰な不安という重荷を背負いながら努力することになりますから、とても苦しまざるを得ません。その過剰な不安とは、その人が幼いころに親に対して抱いた、「愛情がもらえなかったらどうしよう」という怖れがもとになっています。

●すぐ怒る人は寂しい人 ●●

すぐに怒りを爆発させたり他人を攻撃したりする人は、人とのつながりを強く求めている寂しい人です。彼らが他人の弱みにグサッと切り込んでいくのは、人と深くつながりたいからです。他人を怒らせるのは、反応がほしいからです。大声で叫ぶのは、自分のことを分かってほしいからです。攻撃したりケンカをしたりすることが、彼らにとってのつながり方なのです。

ですから、すぐ怒る人は本当は愛し愛されたいのですが、愛を求めてもらえずに傷つくのが怖くて、愛情欲求を素直に表現できない人なのです。さらには、愛情欲求を抑圧し、それを感じることすらできない人もいます。「お

55 第Ⅱ章 精神分析概念のおさらい

れ・わたしは一人でいい」と信じているのです。そうなったのは、愛し愛されたいという欲求をかつて表現して傷ついたからです。そのとき「二度と愛情を求めたりするもんか」と決めたのです。おそらくそれは幼いころのことでしょう。

ところが彼らは、怒りや攻撃というかたちで人と関わるものですから、人々はいっそう壁を作り、距離を取ります。だからいっそう寂しくなります。だからもっと分かってほしくてもっと怒るのです。すぐに怒る人は、寂しさに苦しんでいる人なのです。

3 性衝動と強迫観念
●子どもに性的な関心を向ける親

幼少期に、親の安全で安定した温かい愛情をあまり感じることができなかったために愛情飢餓に苦しむ親は、自分の子どもに対して性的な色彩を帯びた愛着を感じがちです。息子を持つ母親のなかには、息子に対する愛着が多少とも性的な色彩を帯びていることに気づいている人もいるでしょう。同様に、愛情飢餓の強い父親が、娘に性的な愛着を感じることもとても多いでしょう。父親が、誰よりも自分の娘とセックスをしたいと感じることさえ、珍しいことではないと思います。

親が子どもに性的な関心を寄せる具体的な行動としては、親が赤ん坊のおむつを替えるときに赤ん坊の性器に関心を持ったり、さらには性器を触ったりすることがあるかもしれません。子どもを抱きしめるときにも、親のこころに性的な接触を求める思いがあるかもしれません。思春期の子どもにあからさまに性的に触れる親もいます。なお、親が同性の子どもに対して性的な関心を寄せることもあります。

子どもは親の愛情と関心を強烈に求めますから、幼いころにそのように親から性的な関心を受けた子どもは、性への強い罪悪感を抱くことに加え、自分に性的な欲求を向けた親に対する嫌悪感ゆえ、性衝動をひどく刺激されるとともに、

56

とが多いでしょう。親子の交流に不適切な性的色彩が濃いと、子どもにとっては他者との関わり全般が性的な色彩を帯びたものに感じられます。そのため、性への罪悪感を感じながらも同時に、マセた子どもになったり、性的に奔放になったりすることがあります。

●強迫観念の源

性衝動をめぐる苦しい葛藤が、ときに、「鍵をちゃんと閉めたかが気になって何度も確認せずにはおれない」「台所の火を消したかどうかいくら確認しても不安」「からだにけがらわしいものが付いているようで何度手を洗っても気がすまない」「人に危害を与えてしまいそうで怖くてたまらない」などの、強迫観念の原因になることがあるでしょう。

強迫観念に苦しむ人たちのなかには性衝動に対して強烈な罪悪感を感じており、それが湧き上がりそうになると恐ろしくなって、強烈な不安を感じる人もいます。性衝動が受け入れがたいほど恐ろしいものに感じられますので、性衝動が湧き上がったときそれがそもそも性欲であることすら認めることができませんから、「訳の分からない恐ろしいことになっている」と感じます。その恐怖の状態を何とかコントロールしようとして、「家の戸締りができていないから不安なんだ」「家が火事になりそうだから不安なんだ」などと解釈します。そして、その不安を鎮めようとして、戸締り、火の始末、洗浄などの行為を必死に行う、そういう症状形成のメカニズムがあり得ます。

●愛情飢餓がもたらす性的困難と反動形成

幼児のこころに、心身ともに密着した親の愛情を求める衝動についての飢餓感や罪悪感などの葛藤が強いほど、成長してから性生活に困難を抱えるようになります。そのような困難として多く見られるものの一つに、恋人関係や夫婦関係では性的充足が得られないことがあります。性衝動のなかに、幼児が親に求める未熟な愛情欲求をパートナーから求める程度が高いほど、セックスをしても満たされません。彼・彼女が本当に求めているのは成熟した大人のセックスではなく、幼いころのお父ちゃん・お母ちゃんからの愛情だからです。セックスをしても充足感が

57　第Ⅱ章　精神分析概念のおさらい

得られないため、セックスを過剰に求めたり、セックスの相手をしょっちゅう変えたりします。

また、性に対して固い禁止を自分自身に課して汚らしいもの、罪悪なものといった感覚を抱き、性を怖れます。そして、性に対して固い禁止を自分自身に課して汚らしいもの、罪悪なものといった感覚を抱き、性を怖れます。

そういう人は、性的に奔放で性の喜びを謳歌している人や、露出の多い服を着るなど性的魅力を隠さず発揮している人に対して、軽蔑心や敵意を抱きます。しかし、その軽蔑心や敵意の底には、妬みがあります。本当は自分も性の喜びを謳歌したいし、異性からちやほやされたい欲求があるのです。そういう人は、性衝動を固く抑圧して性欲をあまり感じないことで緊張したりするのも、性への罪悪感のためです。性的な存在になることが怖くないかのようなあり方をするのです。また異性との交流を怖がったり、異性の前で緊張したりするのも、性への罪悪感のためです。性的な存在になることが怖いため、中性的になる人もいます。男性が女性的になったり、逆に女性が男性的になることもあります。

一方、性に対する罪悪感の苦しみを避けようとして、「反動形成」という防衛機制を使って罪悪感を抑圧する人もいます。反動形成とは、ある種の感情や衝動を感じることが辛すぎるため、それを感じないようにしようとして、その感情・衝動とは正反対の感情・衝動を過剰に感じることを指します。性への罪悪感の苦しみを反動形成によって抑圧しようとする人は、性的に極端に奔放になります。あたかも「わたしは性に対して何の罪悪感も羞恥心もありません」と、積極的に見せびらかしているかのようです。罪悪感が苦しすぎるためそれを抑圧し、罪悪感がまったくないかのようなあり方をするのです。そういう人はしばしば、男女とも「セクシーになろう」と強迫的な努力をします。

このように、性に対する禁止が極端に強い人も、反対に極端に弱い人も、こころの奥底では、性への罪悪感を抑圧しようとしているという点では同じです。そしてどちらのタイプの人も、性欲を持つ自分という存在そのものが汚らしく、悪いものであるかのように感じられています。このような苦悩をこころに秘めている来談者は少なくありません。

58

ことが、深い癒しと変容をもたらす深い共感につながります。

ここまで、フロイトの性心理発達の理論をおさらいしてきました。次節から、精神分析的カウンセリングの実践に、いっそう近づいていくことにします。まずは、カウンセリングにおいて特に重要な概念の一つである「抵抗」について学びます。

第3節　抵抗

カウンセリングにおいて来談者のこころにはいつも抵抗が働いており、それがカウンセリングの進展を妨げたり、中断の原因になったりします。ですから、来談者の抵抗を理解し、それに適切に対処することが、カウンセリングの成功には必須です。

1　抵抗とは何か

フロイトは自由連想法を作り上げました。被分析者は寝椅子に横になり、フロイトはこころに浮かぶことを何でも自由に話すよう指示しました。すると、被分析者が連想を話していくにつれ、こころの問題の原因となっている無意識のことがらが語られるので、フロイトはそれを被分析者に解釈します。そのやり取りを通して、被分析者はそれまで無意識領域へと抑圧していたものに気づきます。こうして、無意識だったものが意識化されることによって、治癒がもたらされます。

しかし、被分析者がこころにあることすべてを取捨選択も、判断も、隠したりもせず話す、ということはあり得

ません。必ず自由連想をサボタージュしはじめます。「これは大切なことじゃない」「こんなことを言うと失礼だ」「恥ずかしくて言えない」などの理由で、自由に話すのをやめるようになるのです。自由連想を妨げるこのようなこころの動きを、精神分析理論では「抵抗」と呼びます。

抵抗とはすなわち、話し手が自由に連想しながら話すことを妨げるちからを指します。それはまた、「過去にうずもれていた重要な体験や感情を思い出し、洞察を得て、変わりたい」という願いを妨げるちからだとも言えます。

● 受容的態度への抵抗

わたしたち人間のもつ最も基本的な葛藤の一つは、葛藤を解決し、より自分らしく花開こう、成長しよう、変化しようと求めてやまない「いのちのちから（自己実現を求める衝動）」と、変化を怖れ自分を制限しようとするちからとの葛藤だと、わたしは思います。そして、カウンセラーが提供しようとするのは「無条件の受容（尊重）、共感、純粋さ」に満ちた人間関係ですが、わたしたちはこのような人間関係にいると心地良く感じ、こころの自己治癒力が引き出され、こころの痛みや葛藤が解決する方向へと徐々に進みます。

しかし、その変化がたとえこころの痛みや葛藤を解決する方向へのものであっても、変化を怖れ制限しようとする部分にとっては脅威なのです。ですから、カウンセリング関係においても、「変わりたくない、深い自分を発見したくない」という抵抗が動きます。有能なカウンセラーほど、来談者が何を話しても、何を感じてもそれを受け止め理解しますが、そのようなカウンセラーに対してでも、なかなか自由に話すことができません。

● 抵抗は無意識的 ●●●

抵抗は、本人に意識されていることがあります。無理やりカウンセラーのところに連れてこられた人が、「話すものか」と思って黙っているのは抵抗の表れです。また、「こんなことは恥ずかしくて話せない」と思うときも、抵抗が表面化しています。

しかし、カウンセリングにおいて特に重要な抵抗の源は、無意識領域にあります。たとえ「こんなことを話した

[11]

ら、カウンセラーからヘンに思われるから話せない」と羞恥心を意識しているときでも、その羞恥心の本当の源は、意識では分かっていないことが多いものです。そしてカウンセリングが効果を現すのは、その無意識の部分の源にまで変化が起きたときです。このことについて、次項から詳しく考えていきます。

2 抵抗の表れ方

わたしたちが本当にこころを開いて自由に話をするとき、話の脈絡は飛び、順序も一貫しません。自分のことを話していたと思えばほかの人の話になり、昨日の出来事を話していたかと思えば来週のことを話したり、事実を説明していたかと思えば感情を語ったり、あることがらについて話しては違うことがらに話題が移り、饒舌(じょうぜつ)に話すときもあればときどき間をとったり……、という具合です。また、何を話しているのかが分かりやすいものです。連想が自由に流れ、自発的に会話をしているときはそういうものです。ですから、その反対の、次のような行動はすべて抵抗の表れです。

- 現在のことばかりを話し、過去の辛いことについては語らない。
- 過去のことばかりを話し、現在の苦しみや状況について語らない。
- 自分のことばかりを話し、配偶者のことや親のことなど、重要な他者については語らない。またはごく短く表面的な話しかしない。
- 他者のことばかりを話し、自分の感情や行動については語らない。
- 自由な連想に沿って語るのではなく、順序良く正しい筋道で話そうとする。ときには、話すことを紙に書いて持参し、それに沿って話す。
- 沈黙がなく話し続ける。

61 第Ⅱ章 精神分析概念のおさらい

- 沈黙がやたらに多い。
- 出来事を説明するばかりで感情を表現しない。
- 感情が先走るばかりで、何が起きたか、誰が何を言ったかなど、具体的な事実について分かるように語らない。
- 特定のことがらばかりにこだわって話し、話題が広がらない。
- 何に関しても詳しく話さないうちに話題が次々と変わるため、どのことがらについても詳しくは分からない。

これらはすべて、来談者が何かを避けているときです。つまり、来談者のこころのなかで抵抗が働いているために、本当に重要なことを話せていないときなのです。

3 何を避けるために抵抗しているのか

抵抗が働く目的は、最も簡潔に言うと、感じると苦しすぎて耐えがたい感情を感じないようにするためです。現在の苦しさを感じることを無意識のうちに避けているからです。未来への不安を感じることを避けているからです。自分のことばかりを話すのは、過去の何かを思い出すことや、依存的な甘え欲求など、何らかの感情を避けているからです。他人のことばかりを話すのは、自分の感情をじっくり感じることを避けているからです。順序良く正しい筋道で話そうとするのは、「自由に話したらとんでもない感情、考え、空想などが出てくるかもしれない」という怖れのためかもしれません。または、「順序立てて理性的に話さないと、カウンセラーはわたしのことを悪く思うだろう」という恐怖のためかもしれません。その恐怖を避けるために、論理的にきちんと話そうとするのです。

62

沈黙せず話し続けるのは、沈黙すると辛すぎる感情やファンタジーが湧いてきそうになるので、それを避けているためです。その感情やファンタジーとはたとえば、怒り、悲しみ、または愛情を求める依存的な感情かもしれませんし、他者が自分のことを嫌っているというファンタジーかもしれません。反対に沈黙が多いのは、「カウンセラーから認められたり受け入れられたりするようなことだけを話さないといけない」という思いのために、話すことが思い浮かばないからかもしれません。わたしたちが初対面の人と会話をするとき、何を話せばよいか分からないのは、「自分の何かを隠さなければ嫌われるから、ありのままを話してはいけない」という禁止、つまり抵抗が無意識のうちに働くからです。または、カウンセラーへの怒りや不信感のために、話すことを意識的に拒否しているからかもしれません。

客観的な事実ばかりを話して感情を表現しないのは、感情を避ける目的で使っているのです。(12)　反対に、事実を具体的に語らないのは、何が起きたかを細かく具体的に思い出して語ると、その出来事にまつわる感情が湧き上がりそうになるので、それが怖いからです。同様に、どのことがらについても詳しく話さないで内容が次々に変わるのも、深く詳しく話すと辛い感情や記憶が出てきそうになるので、それを避けているからです。一方、何か特定のことがらばかりについて話しているのは、話すことを避けている何か別のもっと辛いことがらがあるからです。

カウンセリングにおいて来談者がそれらの行動をしているときには、来談者が何の感情やファンタジーが辛すぎて避けているのか、その感情やファンタジーを意識することがなぜ辛いのかを理解することが大切です。それについては、第Ⅲ章のケース研究で具体的に考察します。

以前わたしは、駅のホームで10代半ばぐらいの女の子2人が、だらしない格好をして慣れないタバコをふかしながら、大きな声でキャッキャと騒ぐ様子を目にしたことがあります。彼女たちは一見楽しげな様子なのですが、見ていても決して楽しそうには感じられませんでした。彼女たちは、こころにあるうつ感情、空虚感、劣等感、イラ

63　第Ⅱ章　精神分析概念のおさらい

イラ、悲しみなど、何らかの辛すぎる感情を感じないようにするために、無理に楽しげに振る舞っていたようにわたしには感じられました。

カウンセリングにおいても、いつもニコニコして元気よく話すわたしの来談者がいました。しかし、いつも笑顔の彼女と一緒にいても、わたしは少しも楽しくは感じませんでした。彼女は、根底にあるうつ気分を感じないようにするために、いつもにこやかで明るく振る舞っていたのだと思います。そのような防衛を「躁防衛」と言います。高揚した躁気分を感じることによって、うつ気分を感じないようにするのです。先ほど述べた駅のホームでタバコをふかしながら騒いでいた女の子たちも、躁防衛の例でしょう。

また、傷ついたときにその痛みを感じるのを避ける目的で怒りを感じたり、怒りを感じたときにそれを押し殺す目的で自己嫌悪を感じて落ち込んだりするのも、本当の感情を感じることを避ける目的で他の感情を感じている例です。

このように、一見楽しげだったり逆にうつ的だったりするとき、それらの感情は、より根底のもっと苦しい感情を感じないための防衛であることがあります。

4 来談者とカウンセラーの関係において表れる抵抗

抵抗は変容を妨げるちからから生まれる、という見方ができます。つまり、わたしたちのこころには「苦しみ、傷つき、矛盾を解決してもっと楽に自由になろう」とする自己治癒力がありますが、それに対抗して、「本当の感情を感じるのは怖すぎるから、抑圧したままにしよう、変化しないようにしよう」とする強い衝動があり、後者の衝動が抵抗の源である、という見方です。それは個人内に抵抗をみる見地です。

一方で、「抵抗とは来談者がカウンセラーに向けるものである」という、対人関係に抵抗の源を求める見地もあります。それはつまり、抵抗の源を転移現象に見るということです。その見方では、転移現象こそが抵抗の最も重

64

要な源であり、カウンセリングの成否は転移抵抗をいかに扱うかによって、そのほとんどが決まると言えます。転移現象はカウンセリングにおいて、それほどまでに重要な現象です。そこで次節では、転移について詳しく学びます。

第4節 転移について

1 共感的に理解しづらい来談者

共感的理解が、カウンセリングの成否を左右する特に大切な要素であることは、多くの研究から明らかになっています。

たとえば岩壁らの研究グループ[13]は、カウンセリングの訓練を受けた判定員たちにカウンセリング・セッションの録画を見せ、来談者とカウンセラーの関係が良好かどうかを判定させました。そして、特に良好だと判定されたセッション四つと、良くないと判定されたセッション四つのカウンセラーの応答を比較しました。すると、良好な関係を結ぶことのできたカウンセラーは、流派にかかわらず、来談者の感情を正確に理解し、来談者が感情を表現したときに共感的に応答していました。同様に、経験豊富で有能なセラピストほど、流派によらず、来談者と共感的で受容的な関係を育んでいたことも分かりました。

しかし、カウンセリングの実践においては、来談者のことを共感的に理解するのが難しいこともあります。[14] 以下に三つ、例を挙げます。

【例1】 対人恐怖の強い人のなかには、「電車の中でみんなが自分をジロジロ見る」と訴える人がいます。国民的なアイドルや総理大臣が変装もせずいきなり電車に乗り込んだら人々の注目を受けるでしょうが、

65 第Ⅱ章 精神分析概念のおさらい

対人恐怖の人のこの訴えを、どう共感的に理解できるでしょう？

【例2】カウンセラーは来談者を受容的に受け止めようとしているのに、「カウンセラーから批判されるのではないか」などの不安をずっと感じながらしか話せない来談者もいます。彼らの非現実的に強い警戒心や怒りを、どう共感的に理解すればよいのでしょうか？

【例3】ある女性の来談者は夫の文句ばかりを話しますが、カウンセラーには、夫は家事をよく手伝うし、仕事にもまじめに取り組むし思いやりもある、とても良い夫だと思えてしかたがありません。ところが来談者は、夫がいくらがんばっても文句ばかり話します。たとえばあるセッションでは、「うちのだんなは○×だから不満だ」と話し、夫がその行動を変えると、その次のセッションでは「だんなは今度は△□だからイヤだ」という具合です。優しい夫を責めてばかりのこの来談者を、どう共感的に理解すればよいのでしょう？

●変えようとするのではなく理解する

三つの例で挙げた来談者に対してカウンセラーがしてもダメなことは、来談者の考えを変えようとすることです。「電車の中の誰も、あなたのことをジロジロ見たりはしていませんよ。安心してください」「わたしはあなたを批判したりはしません。どうぞ自由に何でも話してください」「いえ、みんなぼくのことを見ておられるんじゃないかしら」などとカウンセラーが言うと、来談者は反論するでしょう。

66

す。ぼくにはあれもこれもしてくれるはずはないとは思うんだけど、どうしても怖く思ってしまうんです」「主人はあれもこれもしてくれないし、みんなジロジロ見るはずはないとは思うんだけど、どうしても怖く思ってしまうんです」「主人はあれもしてくれた、これもしてくれた」と思えないので反論するのです。カウンセラーは来談者のことを分かっていませんから、当然のことでしょう。来談者を理解していないからこそ、考え方や気持ちを変えようとしたくなるのです。来談者の"問題"だと見える反応も、それがどう発生し続けているのか、なぜそう反応せざるを得ないのかが理解できたとき、その反応が『合理的』ないし『自然』⑮だと理解できるものです。

ただ実際には、カウンセラーに反論できない来談者も多いものです。彼らは好かれたくて、嫌われるのが怖くて、たまらないからです。彼らは「そうですね。周りの人たちがぼくをジロジロ見ているはずがありませんよね。次に電車に乗るときはそれを思い出すようにします」「主人に感謝するように努めてみます」など、カウンセラーに合わせたようなことを言うかもしれません。しかし、彼らは本当に納得したわけではありません。カウンセラーの前でも自分の本当の気持ちを話せず、"良い来談者"を演じているのです。そんな対話では、来談者は家に着くころには、いっそうしんどくなっているでしょう。

そして、反論できない来談者も、彼らの気持ちを理解しないカウンセラーには、こころを閉じるでしょう。カウンセラーが認めることだけを話す"良い来談者"を演じたり、カウンセリングに来なくなったりします。

では、カウンセラーは来談者の何を理解していないのでしょうか。何をどう理解すればよいのでしょう。次項からそれについて考えていきましょう。

2 人間関係における苦しみの源

人間関係が重荷や苦しみになるのは、自分ではそうとは気がつきませんが、過去に負ったまま癒えていないこ

ろの傷が原因になっているものです。前項でみた、対人恐怖の人、カウンセラーへの警戒が解けない来談者、優しいだんなさんについて文句しか言わない女性などの、みんな過去からの痛みにその源があります。彼らのそんな反応が理解しづらいのは、彼らの反応が現実的ではないからです。

わたしたちは、他人の反応についてはそれが現実的ではないことが分かっても、自分自身の非現実的な見方、感情、行動については、現実的でないことに気づきにくいものです。孤独感を感じたり落ち込んだり、人との距離の取り方が分からなくなったり、「嫌われた」「バカにされた」などと感じて腹が立ったり自己嫌悪に苦しんだり恋人や配偶者や上司に向かって感情的になったり……。そんなときは、「他人が悪いんだから（または自分がダメだから）、そんな気持ちになって当然だ」と考え、その気持ちが非現実的だとは気づきません。ましてや、過去からの痛みが苦しみを生んでいることには、いっそう気がつきません。

このような、過去の痛みが今の苦しみを生むという現象には、転移が密接に関わっています。まずは転移という現象について説明します。

●転移とは何か●●●

わたしたちは幼いころ、親にすべてを頼っていました。親に見離されることは死を意味していました。自分でお金を稼いで食べ物を買ったり、不動産屋さんに行って住居の契約を結んだりはできないからです。だから、小さい子どもにとって親の愛情や関心を失うことは、死の恐怖の体験です。

理想的な親であれば、子どもをいつも百％無条件に愛するのかもしれません。つまり、「あなたは右隣の恵子ちゃんに比べたら頭は悪いし、左隣の隆志くんほど素直じゃないし、向かいの美子ちゃんほど器量も良くないし、裏の太郎くんと違って運動神経も鈍い。でもそんなことはどうでもいいの。あなたはわたしにとって世界一素晴らしい大切な子どもなの。それはあなたがわたしの子どもだから」[*3]ということです。しかし実際には、子どもをいつも百％無条件に愛し受け入れることのできる親はいません。子どもにとって親から愛されないこと、受け入れられ

68

ないことは、大きな恐怖と傷つきの体験であり、わたしたちは誰もがその体験を経てきました。ですからわたしたちはみな、程度の差はあれ、こころに親の安定した無条件の愛をあまり実感できずに育った人ほど、恋人などに強く甘えるようになることがあります。幼いころに愛情・関心・世話を十分に得られなかった寂しさから、幼いころに欠けていた愛情を今の人間関係に求めるからです。幼いころに親など重要な他者に対して感じた寂しさから、幼いころに欠けていた愛情を今の誰かに置き換える現象を、「転移」と呼びます。(16) 転移はとても広く、かつ奥が深く、またわたしたちのこころの痛みや苦しみを理解するためにとても大切な考え方ですから、具体例とともに詳しく学んでいくことにしましょう。

● 転移反応は過去の痛みから生じる・・・

わたしがカウンセリングを受けて、現在の人間関係やさまざまな出来事で感じる悲しみ、寂しさ、嫌悪感、怒り、憎しみ、無力感などを、セッションのなかでじっくりフルに感じていくと、ずっと以前に親などに対して、そのときには感じきることができずこころの奥深くにうずめられていたり、抑えつけられていたりしていた感情が、現在の何かの出来事を引き金に噴出したものである、と実感した経験が何度もあります。

転移反応とは、現在の誰かに対して、その人がまるで親など以前の大切な誰かであるかのように反応することです。たとえば、恋人たちは相手に対して、幼いころに親から十分に満たしてもらえなかった愛情欲求を満たしてもらおうと求めます。しかし彼らは、恋人に甘えるのは相手を愛しているからだと思っており、それが幼いときに満たされなかった愛情欲求から来ていることには気づいていません。仮に、恋人に対する自分の愛情欲求のなかに、子どもが親を求めるような感覚があることを感じていたとしても、幼いころに感じた深い寂しさ、悲しみ、親に対する強烈な敵意などは、その一部しか感じられていません。

*3 仮に子どものことをいつも完璧に百％愛し受け入れる親がいたとすれば、かえって望ましくないのではないかとわたしは思います。その子どもは、人の痛みも暗い部分も分からないでしょうし、打たれ強さも身につかないでしょうから。

69　第Ⅱ章　精神分析概念のおさらい

先生や警察に反抗する非行少年や、街で他人を怒鳴りつけたりする大人も同様です。彼らは、「自分たちがそれほどまでに腹を立てるのは、先生や警察、他人が悪いからだ」と信じており、「自分は強烈で非現実的な怒り、敵意、憎しみを持っていて、それを現在の権威者や他人に対して不適切にぶちまけている」という洞察はほとんどありません。彼らの持つそうした怒りと攻撃は、幼いころに親などの重要な大人に対して抱いた激しい怒りが噴出したものです。会社で上司や部下や同僚などの欠点をあげつらって激しく批判する人も、自分のこころにある敵意や攻撃性を他人にぶつけているということには気づいていませんし、それに気づくことを避ける目的で、他人の欠点を巧みに見つけ出すものです。

たとえば、幼いころに親から「お前が悪い」「あなたが間違っている」と否定されたことの悲しみや怒りを、未解決のままこころに持っている人が、会社の人間関係において同じように、「あなたが悪い、間違っている」と反論されている状況を繰り返し作り出すことがあります。その会社員が無意識のうちにしようとしていることは、否定される人間関係を作ることによって、最後には「おれが正しい」と認めさせようとすることです。初めは彼を否定していた人たちを、最後には「あなたが正しかった」と認めさせたいのです。究極的には、彼・彼女がそれを通して本当にしたいことは、会社で他人を批判し攻撃を続けている人には、自分がそういうことをしているという洞察はなく、人間関係のあつれきを繰り返します。

これらの例から分かるように、転移反応は、過去に負っていまだ残っているこころの痛みから生じます。

● 非現実的で無意識的な転移反応 ● ● ●

転移反応とは、過去の重要な他者に対して抱いた感情や考え、ファンタジー、態度などを現在の誰かへと向けることですから、今の状況に合わない非現実的な反応です。また、転移反応はほとんど無意識です。つまり、本人は

3 転移反応を特に引き出しやすい人間関係

恋愛・結婚関係や親友との関係は、特に転移反応を引き出しやすい人間関係です。これらの関係は親密なので、幼かったころの親子関係の親密さが無意識のうちによみがえってくるからです。

また、教師、上司、警察など権威者との関係も、転移反応を引き出しやすいものの一つです。これらの人間関係では、権威者が自分より権力を持ち、自分に対して大きな影響力を持っているという特徴が、やはり幼少期の親子関係と共通しているからです。幼いころのわたしたちにとって、親は絶大なちからと影響力を持つ存在でした。

恋人や配偶者に対する甘えの強い人や、権威に反抗する人、反対に権威の前ではちからを失い過剰に従順になる人、非行少年・少女、教師の関心を求める学生、乱暴な人、他人への不信感の強い人などは特に、幼いころの愛情欲求が満たされず、深く傷ついている人なのです。

● 転移反応を起こす要因 ● ● ●

中島勇一氏は、恋人などに執着する苦しみの源について次のように述べており、それは転移の説明になっています。

もともとこころに傷（喪失感、欠乏感、不安、怖れ）があるから苦しいのです。苦しいから目の前のこころ惹かれるものにしがみついてしまっているのです。それにしがみついていると、傷の苦しみを感じなくなる気がするのです。しかし、もともとのこころの傷が癒されたわけではないので、執着を手放そうとすると、せっ

人間関係の苦しみについてのエックハルト・トールの次の叙述も、転移反応に関するものです。

（恋愛や結婚などの親密な関係は）他の種類の依存症と同じで、薬があるときには舞い上がった良い気分になりますが、いつか必ず薬の作用が切れるときがきます。痛みの感情がまた出てきたときには、いっそう痛みが強く感じられます。そして（自分の内側にあった）的薬物、ほかの誰か――あなたは自分自身の痛みを隠すために、誰か・何かを利用しているのです。だからこそ親密な関係には、はじめの高揚が終わると、大きな不幸と痛みが伴うのです。親密な関係が不幸と痛みを生むのではありません。親密な関係は、あなたの内側にもともとあった痛みを表に出すのです。すべての依存症は内なる痛みを表面化させます。それが効かなくなるときが来ます。そのとき、あなたはかつてないほどの痛みを感じることになります。

すべての依存症は、自分の痛みに直面し痛みを通り抜けることを拒むために生じます。すべての依存症は痛みに始まり痛みに終わります。あなたが依存しているものが何であれ――アルコール、食べ物、合法的・違法相手を攻撃します。すると相手も、彼・彼女の持つ痛みがよみがえって攻撃し返すかもしれません。その時点であなたのエゴは、『相手を攻撃したり操作したりすれば、相手に効果的に罰を与えて行動を変えさせることができる。そうなれば、自分の痛みを隠す目的でまた相手を使うことができる』と、無意識のうちに期待しています。

かく見つけた安心感がなくなって、もとの苦しい状態に戻ってしまいます。だからいつまでたっても執着を手放すことができません。(17)

だからこそ、ほとんどの人はいつも『いま』から逃げて、何かの助けを未来に求めます。『いま』に集中すると、最初に感じるのが自分の内にある痛みかもしれない、と怖れるのです。でも『いま』につながり、『いること』のちからにつながれば、過去も痛みも解け去ります。人々が、幻想を消し去る現実につながるのがいかに容易なことかを理解しさえすれば、どんなに素晴らしいでしょう。

トールの言うように、過去や未来にとらわれるのではなく、「いま」を生きるためには、カウンセリングなどによって古い痛みを癒すことが役に立ちます。

●転移対象者の持つ重要な影響力●

転移反応のゆえに、カウンセラー、恋人や配偶者、親友、教師などは、来談者にとって幼少期の親が持っていたほどの影響力を持つようになります。だからこそ、来談者の過去の痛みからくる転移反応を適切に扱えば、彼らの深いこころの傷が癒される可能性が出てくるのです。つまり、カウンセリングが効果を発揮する理由の一つが、転移という現象にあるのです。

それと同時に、転移反応を起こしている対象者から傷つけられたとき、それはまるで、幼児が親から傷つけられたかのような大きな痛みになります。そのときのこころの痛みは、（恋人、先生、上司、友達など）転移対象者への転移反応が激しいほど大きくなります。ですから、成熟した大人としての対等な愛情よりも、過去の痛みからくる転移反応によって成り立っている程度の高い恋愛・結婚関係ほど、苦しいものになります。幼児が親に甘えるような依存欲求をお互いに向けており、それを現実のパートナーが満たすことは不可能だからです。現実のパートナーは、幼児につきっきりで世話をする親ではなく、同じように自分の欲求も傷つきも抱えている一人の対等な人間でしかありません。それゆえ、愛情と関心を求める依存的な転移欲求は必ず裏切られます。したがって、転移反応の激しい人ほど傷つきやすくなります。そしてその痛みも、幼児が親から見捨てられたかのように激しく大きなもの

73　第Ⅱ章　精神分析概念のおさらい

になります。

また、満たされない激しい愛情欲求と空虚感が強いほど、同じように空虚感とこころの傷つきを抱えている異性に惹かれます。「氣」が同調するのです。そういう恋愛では、親を失った幼児が生存をかけて親を求めるかのように互いに激しく相手を求め合いますが、求めている愛情や関心や承認が十分に得られることは不可能ですから、やがてそのことへの激しい怒りが出てきます。そのため、そういう恋愛・結婚関係は、相手を求める激しい欲求と、相手への激しい怒りと攻撃性が共存する、ジェットコースターのように浮き沈みの激しい辛い関係になります。もしくは、そうなることが怖くて、お互いにこころを閉ざした関係になることもあります。

4 転移を正しく理解することの大切さ

カウンセラーが来談者の転移反応を理解し適切に扱わなければ、来談者を傷つけたり、来談者が変化できなかったり、変化が表面的で一時的なものにとどまったり、関係が中断したりするなど、カウンセリングの進展を妨げる大きな要因になります。つまり転移は、援助を進める大きな要因にも、邪魔をする大きな要因にもなりうるのです。転移は人の援助においてそれほど大切な現象ですから、さらに詳しく学んでいきましょう。

次節では、転移反応の特徴について詳しく学びます。

第5節 転移反応の五つの特徴

カウンセリングをする際に、来談者の気持ちや行動（およびカウンセラー自身の気持ちや行動）が現実に基づいた反応ではなく、過去に負ったこころの傷の痛みからくる転移反応であることに気づき、さらにそれがどのような転移反応なのかを理解することは、効果的な援助には欠かせないとわたしは思います。

そこで、舩岡とグリーンソン[20][21]を参考に、過去の痛みからくる転移反応の五つの主な特徴を挙げます。それらの特徴を知ることは、転移を発見する助けになります。

1 転移反応の特徴（1）──さまざまな意味で不適切な反応

転移反応の特徴すべてに共通する根本的な要素は、その不適切さにあります。不適切さの例として、ある先生に恐怖を感じ、その先生を避けようとする大学生、あやねさんを取り上げましょう。もしその先生が短気で意地悪で、学生をすぐに叱りつけたり嫌味を言ったりするなら、あやねさんがその先生を嫌がるのは現実的な反応でしょう。しかし、もしあやねさんが、教師だという理由から恐怖を感じたり避けたくなったりするなら、それはその先生の性格に現実的に反応しているのではなく、おそらく過去の大切な誰かに感じた気持ちをその先生に置き換えたものでしょう。逆に、意地悪な先生に対して怒りや避けたい気持ちが湧かなければ、それもおそらく転移反応でしょう。

わたしは大学教員ですが、教室で学生たちが、わたしから遠い席に座りたがることがあります。それは非現実的な転移反応の一種ですが、その非現実性に気づいている学生はまずいません。もし仮に、わたしが講義をするときに手足を振り回しながら話すため、近くにいると叩かれたり蹴られたりするなら、わたしの手足が届かないよう離れて座るのは現実的な反応でしょう。あるいは、わたしが近くに座る学生に悪い成績をつける傾向があるなら、遠い席に座るのは現実的な反応でしょう。しかし実際には、わたしが近くの学生に悪い成績をつけるとはありませんし、教室の前のほうに座る学生に暴力をふるいながら講義をしたことはありませんし、わたしが〝先生〟だということだけで、何となく怖れや近寄りがたさを感じているのです。

そうかと思えば、教員であるわたしに近づこう、気に入られようと、強く関心を求める学生たちもいます。一方

2 転移反応の特徴（2）——感情の強さが非現実的で不適切

転移反応には「感情の強度が不適切である」という特徴があります。激しい感情的反応をかき立てるような行動を取りませんから、適切なカウンセラーであれば、来談者のカウンセラーに対する強い感情的反応はすべて過去の痛みからくる反応です。つまり、カウンセラーが来談者を心理的・肉体的に傷つけたり、あたかも保護者であるかのように物質的・経済的援助をしたりしない限り、来談者は穏やかに座っているカウンセラーに対して激しい怒りや依存的な気持ちを抱くのは、現実的ではありません。

しかしカウンセラーのなかには、転移についての理解が足りないため、そしておそらくカウンセラー自身のこころの痛みのために、来談者を依存させる反援助的な行動を取ってしまう人がいます。そのことについて、次の実例から学びましょう。

● 生徒を依存させるカウンセラー ●●●

中学校にスクールカウンセラーのアシスタントとして入っていた、ある女性のことです。その人は廊下で、生徒のからだに触れたり生徒を抱き寄せたりしながら、「あなたは大丈夫よ」とか、「わたしはあなたのことをいつも思っているからがんばりなさい」などと励ましたりしていました。カウンセリングの見地からは、このような行動はとても非援助的です。傷ついた人の転移欲求を安易にかき立て、依存的にするからです。

わたしたちは幼いころに拒絶され傷ついた程度に応じて、幼児的な愛情飢餓感と空虚感を抱えながら生きます。傷つきが激しいほど愛情を求めて甘える、広義の性的な依存欲求も強くなります。深く大きな傷つきを抱えながら、来談者の「頼りたい、甘えたい」感情が表面化したときには、極端な場合であればカウンセラーに「抱きしめては

76

しい」と求めるかもしれません。もしカウンセラーが抱きしめれば、来談者は束の間の安心感を得てホッとするでしょう。

しかし、彼らの幼いころからの愛情飢餓が、現在の他者によって本当に満たされることはあり得ません。ですから、その慢性的な飢えが強い人ほど、「もっと、もっと」と求めるようになります。彼らは愛情飢餓と空虚感の苦しみを一生懸命に抑えようとしながらも、ウツウツとした思いをいつもこころに感じながら生きてきたわけです。そしてそれがガッと表面意識に出てきたときには、「24時間いつもくっついていないと満たされない」とさえ感じるかもしれません。しかし、たとえ24時間くっついていても、彼らの激しい飢えは満たされないのです。仮にカウンセラーが来談者を抱きしめたとしても、その腕をほどくと、来談者は「もう抱きしめてくれない！ わたしを拒絶した」と感じかねないのです。

ですから、幼少期に拒絶されて傷ついた人の飢えを、現実の人間関係によって満たすことは不可能です。それゆえ、彼らは現実の人間関係において必然的に、「拒絶された、見捨てられた」と感じる経験を繰り返します。また彼らは、「求めると拒絶されるのではないか」という不安でいっぱいなので、他の人と一緒にいるときでさえ、氣（エネルギー）レベルでの交流を閉ざしていますから、孤独を感じます。

●転移欲求と「見捨てられ」感 ● ● ●

彼らの「愛情が欲しい、甘えたい、頼りたい」という欲求を充足しようとするカウンセラーは、彼らの「もっと、もっと」とエスカレートするばかりで尽きることのない愛情欲求に、いつか耐えられなくなります。そして彼らと距離を取ろうとします。そのとき来談者は「見捨てられた」と感じます。来談者はこれまでも、「見捨てられた」と感じる人間関係を繰り返してきたため、見捨てたり傷つけたりした相手への激しい怒りでこころはいっぱいです。彼らはこころの底に激しい愛情飢餓感、空虚感、孤立感と同時に、激しい怒りも抱えながらその辛さに耐えて懸命に生きているのです。

その激しい怒りは普段は抑圧されていますが、いつもフツフツと湧き上がってこようとしています。そのため、煮えたぎるマグマが噴火するように、いつか表面化します。たとえば、彼らは気に入らない人をひどく攻撃したり、傷つけたりするかもしれません。いじめはその一例です。

●攻撃性と固い道徳観●●●

彼らはまた、「時間や約束は必ず守らなければならない」「学校ではまじめに勉強して、良い成績や高い学歴を得ねばならない」「性欲や性行為はいやらしくけがらわしいものだ」など、固い観念や価値観を持つことがあります。彼らはそれを、「時間を守らない（頭の悪い・性的に奔放な）人間は、攻撃（軽蔑）されて当然だ」と正当化し、彼ら自身のなかに人を傷つけずにおれない非現実的な攻撃性があることは分かっていません。

これは次のように言い換えることができます。自分を愛してくれず、受け入れてくれなかった親に対して感じた激しい怒りは、抑圧されます。しかしその怒りは解放を求めており、他人を攻撃するというかたちで噴き出します。他人をそうして攻撃する口実を得る目的で、固い道徳観念を持つ人たちがいます。彼らの道徳観に従わない他人を責めるための、固い道徳観です。

傷つきの深い人が持つ固い道徳観は、親の愛情を求めるあまりに身につけたものでもあります。親は自分を無条件で愛してくれているという実感が乏しいため、親の求めるとおりの自分になろうとします。自分の本当のこころの声や感じ方を無視し、親が求める考え方や行動を身につけようとするのです。

これは、親や教師の言うことを聞かず反抗する非行少年・少女にも当てはまります。彼らは一見すると、親や教師の期待や言いつけを守らず自由奔放に生きているように見えますが、実際には親の価値観にがんじがらめになっています。こころの底では、親の持つ「この子は悪い子だ」という見方をそのまま取り入れ、自分のことを悪い人間だと感じているのです。そして、親が思うとおりの"悪い人間"像を、行動で表しているのです。仮に、親が学

歴や成績を重視する固い価値観の持ち主であれば、彼らは成績が悪い自分について、深い罪悪感と劣等感を抱いているものです。彼らはしばしば、「こうするべきだ、こうあるべきだ」という大変固く狭い価値観を持っており、仲間がそれに背いたときにはその人に対して激しい攻撃性を発揮することがあります。

いわゆるしつけの厳しい親のなかには、同じように大変狭く固い価値観を持ち、自分自身の親に対する攻撃性を無意識のうちに子どもに向けている親もいます。子どもにとって、「ああでなければならない、こうでなければならない」と親から求められることは、「ありのままのあなたはダメだ」と言われていることと同じで、拒絶なのです。もちろん、親が子どもにさまざまなことを要求する気持ちの底には、愛情があってのことです。「子どもには立派な人になってほしい」「人生で成功してほしい」という思いがあるからこそ、子どもに厳しく当たったり、子どもの考えや行動を否定したり、正しいと思うことを押しつけたりするのです。

しかし、親のそんな思いが、子どもには愛情としては伝わらないことがあります。「お父ちゃん・お母ちゃんは、ぼく・わたしのことを無条件には愛してくれず、お父ちゃん・お母ちゃんの望むとおりにならないと愛してもらえない」と強く感じて育った子どもほど、親からの拒絶を繰り返し経験しますし、それゆえさらなる拒絶へのおびえを持ちながら育たざるを得ません。そうして育てられた子どもはしばしば、親と同じように固い道徳観・価値観を持ち、それに従わない他人に腹を立てるようになります。

親からありのままの自分を愛し受け入れてもらえなかった怒りを抑圧している人のなかには、部下や下級生などに対して、ひどく権威的に振る舞う人もいます。しかし彼らは、「目下の者にこういう態度を取るのは当然だ」と思っており、彼ら自身の未解決の攻撃性をぶちまけていることには気づいていません。また、幼少期の愛情の飢えと激しい攻撃性を抱えている人々のなかには、とても攻撃的な白昼夢にふける人もいます。人を殺すことや世界の破滅を空想したりします。

79　第Ⅱ章　精神分析概念のおさらい

●人間の本質に対する不信感

わたしたちは誰でも、親から無条件に愛され認められたいものです。ですから、親の愛と承認を得るために多くの固い条件を満たさなければならない子どもほど、それらの条件にそぐわない自分自身を否定します。親から「まじめに勉強して成績の良い子は立派で偉いけど、そうでない子はダメだ」「お母さんに腹を立てたり反論をしたりしてはいけない」「あなたの自然な気持ちや欲求を満たそうとするのは自己中心的。お父さんの意に添うように行動しなければならない」などのメッセージを強く受け取るほど、自分のなかにある、サボりたい・楽しみたい・楽をしたい気持ちや、怒りという自然な感情、自分の純粋な感情や欲求などを、悪いものや危険なものだと感じ、抑え込むようになります。そこから、「人間は自然な欲求や気持ちを縛り規制しなければならない。本能のままに行動すると、怠惰で破壊的で自己中心的になる」という性悪説の人間観が生まれるように思います。

自分の価値観に背く他者の行動や考え方を裁く意識は、自分自身の一部を否定することから生まれます。つまり、わたしたちが他人を責めるときは、自分のなかに責められている他者と同じ特性があるが、その特性に罪悪感を持っているため、自分を他人のなかに見ると、自分にとって脅威だから否定せずにいられないのです。"悪い"自分を他人のなかに見ると、自分にとって脅威だから否定せずにいられないのです。つまり、わたしたちが他人を責めるときは、自分のなかに責められている他者と同じ特性があるが、その特性に罪悪感を持っているため、自分がそれを持っていることを否定しているときです。

●子どもに対する親の転移反応●●●

わたしたちはみな大なり小なり、親から無条件に愛されなかったこころの傷つきを抱えて育ちました。完璧な親はいないからです。その傷つきが大きいほど、親になったときに、子どもに対してまだ癒えていない過去の痛みからくる転移反応を、より激しく起こさざるを得ません。

あるお母さんは、"悪いことをした"自分の子どもを、しつけのつもりで家のドアから外へ無理やり押し出そうとしました。子どもは「外に出さないで！」とお母さんにしがみつき、泣き叫びます。それでもお母さんは子どもをぐいぐい外へ押し出し、子どもはさらに激しく「家に入れて！」と泣き叫びます。そのお母さんの行動は、意識

80

のうえでは「子どものためにしつけているんだ」と信じていますし、子どもにそこまできつく当たるのは、愛からくる部分もあるかもしれません。しかし、そのお母さんはカウンセリングが進むにつれ、無意識的には、「娘は自分がこれほど拒否しても、まだ自分を求めてくれる」ことを確認していたことに気がつきました。それは、お母さんの激しい愛情欲求のためです。

愛されなかった大きなこころの傷つきのせいで、子どもからの愛情や関心を強く求めざるを得ない親に、教育相談のカウンセラーが「ああしてください、こうしてください」とアドバイスしたり、「愛情を持って接することが大切です」などと教えたりしても、あまり意味のないことがほとんどだと思います。子どもの関心を求めざるを得ないこころの傷が癒せていないからです。親は、幼いころのこころの痛みからくる転移欲求を満たすための行動（厳しすぎるしつけや、子どもに迎合する行動など）を、そうとは気づかずに、「愛しているからこうするんだ」とか、「しつけだから」などと信じ正当化するでしょう。もしくはカウンセラーのアドバイスどおりに「正しい子育てをしよう」と、頭で考えて努力するかもしれませんが、豊かな親子関係に本当に大切な純粋な温かさや共感性が、増すわけではないでしょう。

傷つきの大きな親ほど、その傷つきが癒されるまでは、自分が愛されたくて関心を得たくてしかたがないため、子どもをかわいいと感じるこころのゆとりが少ないものです。

● 転移の程度が高い恋愛関係 ● ● ●

先にお伝えしたように、恋愛・夫婦関係は、過去の痛みに基づく転移反応を引き起こしやすい関係のひとつです。恋愛・夫婦関係が、「心理的に満たされた大人同士が互いを思いやりながら、一緒に幸せと喜びを作り出す」という成熟した関係でなく、「自分に欠けているものを相手からもらおう」とする根本的な痛みから相手を必要とする関係であるほど、満たされない空虚感、不安、相手を求めてやまない衝動、依存性、怒り、攻撃性が出ますから、

81　第Ⅱ章　精神分析概念のおさらい

ドロドロした関係にならざるを得ません。もしくは、そうなって苦しむことのないように、表面的で浅い、距離を置いた関係になります。

転移反応はわたしたち誰もが経験するものですが、その程度が少ないほど、いわゆる〝正常〞や〝健康〞と呼ばれるこころの状態に近く、反対に、愛情の飢えと空虚感、そして激しい憎しみと攻撃性が噴出する程度が高いほど、いわゆる「境界性パーソナリティ障害（Borderline Personality Disorder）」と呼ばれる状態に近づきます。

●転移欲求と喪失の痛み

大切な人を失ったこころの痛みにも、転移現象が大きく関わっています。大切な人に向けられた愛着が（広義の）性的な色彩を帯びているほど、また、怒りや攻撃性も含む両価的なものであるほど、その相手を失ったときには激しいこころの痛みを経験します。喪失からの立ち直りがそれだけ困難になり、時間もかかります。このことはペット・ロス症候群についても言えます。

喪失の痛みからの回復が特に困難な場合を、「複雑性悲嘆（complicated grief）」と呼びます。喪失の悲しみからの立ち直りにもカウンセリングは有効で、複雑性悲嘆に苦しむ人は、カウンセリングなどの援助がなければ、かなり長期間を不幸の影を引きずりながら生きることになります。しばしば、その苦しみを一生背負って生きることもあります。
*4

先ほどの、中学生を励ましたりからだに触れたりするカウンセラー・アシスタントの話に戻りましょう。そのアシスタントに「頼りたい、愛情が欲しい」という欲求をかき立てられた生徒のなかには、アシスタントにひどく依存的になり、まとわりつくようになった生徒もいました。アシスタント自身も、生徒にしつこくまとわりつかれるのが嫌になったようです。彼女が学校を辞めた後でも、「前のアシスタントの先生に連絡を取りたい」と再三にわたって学校に要求した生徒もいましたが、まとわりつかれて嫌になったその女性は、要求に応じませんでした。

結果的に、そのアシスタントは生徒を傷つけることになりました。そうなった原因は、彼女の「人から頼られ必

82

要とされたい。そうすることによって、自分は無価値だという不安から逃れたい」という、こころの傷に根ざした欲求だったのかもしれません。このアシスタントのようないかにも温かい・優しい態度が、援助的・共感的な態度だとは限らないのです。

●不適切な感情反応の例 ●●●

転移感情はその激しさが不適切である、とお伝えしましたが、その別の例です。わたしが米国で心理士として働いていたとき、スタッフはローテーションで、夜中と週末に緊急対応のための携帯電話を持っていました。わたしのローテーションだった真夜中に、ある女性が電話をかけてきました。わたしは彼女の訴えをしばらく傾聴していましたが、彼女は突然「あんたのようなひどい人間は滅多にいない。あんたは世の中の大きな害だ！」と電話口で怒鳴り出しました。もちろん、わたしの対応にまずい点はあったかもしれませんが、それだけのことなら、「このカウンセラーは能力がないわ」とわたしに見切りをつけて電話を切れば済むことです。ゆえに、彼女のそんな激しい反応は現実的な反応ではなく、過去に負った痛みからくる反応だったのでしょう。

非現実的に激しい感情反応とは逆に、感情的反応があってしかるべき場面で反応がないのも、たいてい転移反応です。同じく米国で勤務していたとき、わたしは仕事上の手違いでカウンセリング・セッションの約束をすっぽかしてしまったことがありました[24]。しかし、わたしにすっぽかされた来談者は、次にお会いしたときにはイライラも怒りもがっかりした様子もまったく見せず、何事もなかったかのように物分かりの良い協調的な来談者を演じていました。「カウンセラーに嫌われたくない」という転移反応です。

---

*4 喪失からの立ち直りを援助する方法としては、本書のテーマである傾聴によるカウンセリングのほかに、ディマティーニ・メソッド®という大変効果の高い方法があります[22][23]。複雑性悲嘆の場合であっても、しばしば、数時間のセッションで来談者の回復と立ち直りを可能にします。

83　第Ⅱ章　精神分析概念のおさらい

3　転移反応の特徴（3）——両価的

子どもは親の無条件の愛情と保護を求めてやみません。そしてそれが得られないとき、恐怖、不安、悲しみ、孤独を感じるとともに、そんな思いをさせた親に激しい怒りを感じます。つまり子どもは、親を求める欲求と、その反対の親への攻撃的な感情とを同時に持っています。このように、同じ人に対して正反対の感情が存在するあり方を、「両価的」であると言います。その両価的な反応を後の人間関係のなかで繰り返すのが、転移です。

転移反応には、他者の愛情と関心を求める衝動と、他者を攻撃する衝動が共存します。頼りたい欲求、近づきたい欲求、あこがれ、甘え、性的欲求、理想化などを陽性転移と呼び、反対に、怒り、憎しみ、嫌悪、軽蔑などを陰性転移と呼びます。多くの場合、陽性・陰性感情のどちらかが表面に出て、もう一方は抑圧されています。しかし、陽性転移の裏には陰性転移が潜んでおり、逆に陰性転移の裏には陽性転移があります。「かわいさ余って憎さ百倍」という表現は、転移の両価性をよく表している表現です。

● 反抗的な子どもたちの示す両価性 ●●●

転移の両価性の例として、英語の先生に好かれようと一生懸命に勉強する生徒について考えてみましょう。その生徒は、意識上では先生のことが好きですが（陽性の転移感情）、その裏には「先生は成績優秀な生徒しか受け入れない」という陰性転移の知覚が潜んでいます。その隠された陰性転移感情は、先生がその生徒を傷つける不用意な発言や行動をしたときに、「わたしにこんなひどいことを言った！」「これくらいしてくれて当然なのにしてくれない！」という激しく怒りとして、表面化することがあります。そして、その理想を英語の先生が満たさないときには（現実の人間が誰かの理想像を百％満たすことは不可能です）、生徒は先生に腹を立てたり軽蔑したりするかもしれません。そこに生徒の抑圧された陰性転移があります。英語の先生に理想的な人間像・教師像を求める、「理想化」という陽性転移があります。

怒りが出ているのですが、生徒は自分に未解決の怒りがあることを実感としては理解していません。ここでもし、非難された先生が腹を立ててその生徒を叱ったりしたら、生徒は「やっぱり先生が悪い」と先生への怒りと攻撃を正当化する、もっともらしい理由を得ることになります。しかし、大人の愛情と関心を強く求める子どもは、拒絶されることをとても怖れているので、怒りを固く抑圧し表現しないことも多々あります。

配偶者に暴力をふるう男女、親に暴力をふるう子ども、いじめっ子など他者を攻撃する人は、じつは攻撃対象の人を必要としています。人を攻撃する一方でその人に依存しており、失うことを怖れているのです。その現象も、陰性転移の底には陽性転移があるという両価性の一例として、理解できるでしょう。

転移反応が両価的だということは、親や教師などの大人に怒りをぶつける敵対的で反抗的な子どもほど、愛情と関心を強く求めている、ということでもあります。十分な愛情と関心を与えてくれないから怒っているのです。彼らの反抗的な振る舞いには、そうやって目立つことによって関心が得られる、という面もあります。また、反抗的な子どもたちのなかには、本当は甘えたくて愛されたくてしかたがないからこそ、甘えて拒絶されるのがよけいに怖いため、拒絶の危険を遠ざけるために自分のほうから大人を嫌いになり攻撃する子どももいるでしょう。愛を求めて得られない苦悩を、もう経験したくないからです。もっとも、本人はそうとは気づかず「親が自分を愛さない」と感じていたくてたまらないのに敵対的に振る舞わざるを得ない彼らの苦悩の深さを、できるだけ彼らの身になってひしひしと想像し理解することです。反抗的な子どもたちほど、幼少期の愛情欠如というトラウマに苦しんでいるのです。

●陽性転移と陰性転移の表れ方 ● ● ●

境界性パーソナリティ障害と呼ばれるこころのしんどさを持つ人たちがいます。彼らの特徴のひとつに、恋人など親しい人やカウンセラーを理想化し極端に尊敬したり甘えたりしたかと思うと、その同じ相手に急に激しい憎悪

85 第Ⅱ章 精神分析概念のおさらい

を向ける、ということがあります。つまり、一人の人が、あるときには完璧な陽性転移の対象になり、またあるときには極端な陰性転移の対象になる、ということです。

また、陽性反応と陰性反応とを切り離し、その一方の感情を誰かに向けて、もう一方が別の誰かに向けられることがあります。それは「分離防衛機制」と呼ばれます。大人や教師に反抗する青年が、愛情欲求を他の人に向け、恋人や自分のグループのリーダーなどに極端に依存的になるのはその例です。わたしが米国で大学院生だったときに、ある教授のアシスタントをしました。一部の学生たちはその教授に対して陰性転移を起こし、わたしに理想化された陽性転移を向けました。「あんな人間が教授だなんてけしからん。それに比べ、ノボルは素晴らしい。ノボルが授業をすべて教えるべきだ」と彼らは言い、わざわざお金まで出して、その先生を非難しわたしを讃える広告を大学新聞に載せました。貧しかったわたしは、「そのお金をぼくにくれればいいのに」と思ったことを覚えています。

4 転移反応の特徴（4）——急変することがある

子どもは親から愛されたと感じるとうれしいし、安心します。しかし、「愛されていないんじゃないか」と感じた瞬間、不安になるし、怒りを感じることもあるでしょう。転移反応とは、その体験を後の人間関係のなかで繰り返すことですから、同じ人に対する転移感情は突然変化することがあります。先ほどお伝えしたように、境界性パーソナリティ障害と呼ばれる心理的なしんどさを抱えた人は、しばしばそのような反応をします。

また、"親友同士"だった中学生の女の子二人が、仲違いしたとたん互いに口も利かないほど激しく憎みあい、また何かのきっかけで仲直りすると、再び"世界一の親友"に戻ることや、恋人を理想化したかと思えば激しく攻撃する人、英語の先生のことが好きだから一生懸命に英語を勉強していた生徒が、その先生が何か不用意な言動をしただけでその先生を激しく憎むという例など、すべて変わりやすさの例です。

5 転移反応の特徴（5）——非現実的にかたくななことがある

子どもは親の愛情にいったん不信感を持つと、簡単にそれを解くことはできません。なぜなら、親は自分の生存の鍵を握る重要な人物なので、信頼できない親を信頼すると命に関わるからです。同じことが転移の特徴になります。先ほど挙げた「急変することがある」と矛盾しているようですが、転移反応はいったん生じると、なかなか変わらない粘り強さを持つことがしばしばあります。

以前、わたしに対して依存的な転移感情を変わらず抱き続けた来談者がいました。彼女はわたしに嫌われるのが耐えられないので、恥ずかしく思うことがらを隠し続けようとより、わたしに好かれることを優先しているように思えます」と指摘しても、その来談者の依存的態度は変わりませんでした。[*5]。

わたしのことを"先生だから"ということで怖れる大学生は、わたしを怖れる必要がないことが理屈では理解できても、やはりわたしの前では緊張します。また、宗教の信者が明らかに矛盾している教祖を狂信的に信じ続けるのも、転移の粘り強さの一例でしょう。

ここまで、転移の特徴を見てきました。転移はカウンセリングにおいて最も重要な抵抗の源になります。そこで次節から、転移が抵抗になる現象について考察を深めましょう。

---
*5 わたしのその指摘は、共感も無条件の尊重にも欠けた、当時のわたしのあり方の表れだと思います。その来談者の、わたしに好かれることを最優先せずにおれない愛情飢餓の苦しみに共感し、そのあり方を尊重すれば、彼女にもっと共感的な応答をし、そんな指摘をしようとは思わなかったでしょう。

87 第Ⅱ章 精神分析概念のおさらい

第6節 転移抵抗

カウンセリングに対する転移が、カウンセリングの促進力になる場合があります。好きな先生の教科をがんばって勉強する生徒のように、来談者が「あのカウンセラーにだったら信頼して自分のことを話したい」と感じる場合です。その場合には、カウンセラーへの弱い陽性転移が、カウンセリングに参加する動機の一部になっています。

その反面、転移がカウンセリングの妨害、つまり抵抗になることも頻繁にあり、それを「転移抵抗」と言います。

そして、カウンセリングが転移によって妨害される分かりやすい例としては、カウンセラーへの不信感のために、来談者が話すのを拒否することがあります。「何でこんなところに来ないといけないんですか」「今日は話す気がしません」「話すことが思いつきません」「今までさんざんわたしのことを話したのにアドバイスをくださらないので、今日は先生からアドバイスをください」などです。

また、カウンセラーに対する怒りや不平不満を主に話し、自分の悩みや心配ごとを語らない場合も、陰性転移が抵抗になっている例です。

1 陰性転移による抵抗

カウンセリングが転移によって妨害される分かりやすい例としては、カウンセラーへの不信感のために、来談者が話すのを拒否することがあります。カウンセリングの妨害、つまり抵抗になる原因として最も多いのは、カウンセラーにとって転移抵抗を見落としたり、転移反応をうまく扱えなかったりすることです。カウンセラーにとって転移への対処はそれほど大切なことですが、同時にカウンセリングにおいて最も難しいのが、転移を正しく理解し、それに適切に対処することでもあります。(25)(26)(27)(28)

88

2 陽性転移による抵抗

前項と反対に、「カウンセラーのことが好きだ」「良い来談者になってカウンセラーに好かれたい」「ぼくのカウンセラーは素晴らしいカウンセラーだ」など、陽性転移が抵抗になることもかなり頻繁にあります。陽性転移とは、思いつくことを何でも自由に話すのではなく、カウンセラーから認められそうなことを意識的または無意識的に選んで話すということです。ほとんどすべての来談者に、多少なりとも陽性転移による抵抗が生じます。先ほどお伝えした、わたしにカウンセリング予約をすっぽかされた来談者がイライラも腹立ちも見せなかったのは、陽性転移抵抗が働いていた例です。

また、たとえ最初は陰性転移が表面化している来談者でも（たとえば、無理やりカウンセラーのもとへ連れてこられ、怒りと不信をあらわにしている非行少年・少女など）、カウンセリングが進めば底にある陽性転移が表面化し、「カウンセラーから認められたい、立派だと思われたい、良い人だと思われたい、好かれたい、関心を持ってもらいたい」などの感情が出てきます。

また「今日のセッションでは何を話そうか」と準備をしてくる来談者がいますが、何を話さないかを選ぶことでもあり、それは抵抗の表れです。話すことがらとして選ばれなかったことのなかにこそ、本当に解決しなければならない核となる問題への入り口がしばしばあるものです。

3 洞察めいた語りをする転移抵抗

心理学の本や講演などから得た知識に基づいて、カウンセラーから認めてもらえそうなことを話す来談者もいます。たとえば、「わたしの息子が不登校になったのは、わたしに原因があったんです。わたしが変わらねばなりません」とか、「異性関係がうまくいかないのは、子どものころに父親から愛されなかったからだと気づきました」など

と話すかもしれません。しかしそれは単に、「そう考えるのが正しい」という知識に沿って話しているだけで、本当に自由に話しているわけではありません。ですから、彼らが語っている言葉は、より自分らしく、より自由になり、発展し、自己実現していく方向へとつながる、本当の洞察の表現ではありません。

カウンセラーにそのことが理解できていないと、洞察めいたことを語る来談者について「洞察が増えた。カウンセリングが順調に展開している」と喜んでしまいます。すると来談者も、「やっぱりこういう内容を話せばカウンセラーは認めてくれるんだ」と自分の考えの正しさを確信し、もっともらしい内容をさらに語り続けます。しかしそれは、カウンセリングの過程が停滞しているのであり、進んでいるわけではないのです。

4 来談者が自由に話せる関係の構築

カウンセラーから認められ、受け入れられようとして話す来談者に必要なのは、「子どもの問題は親であるあなたのせいですから、お子さんを責めてはいけません」という制限や、「幼いときの両親との関係について話してください」などの指示ではありません。彼らに必要なのは、「いかに子どもが理不尽なことを言うのでわたしは困っているか」「良い親であろうとしてがんばってきたのに、子どもも学校もそんなわたしのことを分かろうとせず、いかにわたしを責めるか」「わたしを傷つけた異性がいかにひどい人間だったか」などについて、本心を語りつくすとでしょう。つまり、まずはこころおきなく「子どもや他人のせいにする」ことかもしれません。聞き手がそんなには関係なく、来談者の思いを十分に共感的に聴くとき、来談者に変化が生じます。変容をもたらす真の洞察は、来談者の知識と念のためにお伝えしますが、わたしが今述べたことを逆に取って、「お母さん、ご自分を責めてはいけません。他人を責めることも必要です。どうぞ思う存分お子さんについての不満をおっしゃってください」と来談者に伝えることも、こころの援助にはなりません。来談者がその働きかけに合わせて子どもについての不満を話したとして

90

も、「カウンセラーは子どもへの不満を話してほしいんだ」と思って話しているわけで、"良い来談者"を演じているのです。これもやはり、来談者がより自由になり、自分自身をより信頼するようになる、真の建設的な変化が生じる過程ではありません。

ロジャースはこれについて、「感情を感じても安全ですよ、などと教えれば教えるほど、本当に意味があって自分の実感にぴったり合うような学びは生じにくくなる」と述べ、さらに、「カウンセラーにできるのは、真に意味のある学びが可能になる条件を作ることだ」と述べています。(29)

また、カウンセラーから尊敬されようとする来談者が、悩みを話す代わりに、自分は困難を強く乗り越えているとか、自分のことを心理的に健康な人間であると思ってもらおうとか、自分が成功者であると思ってもらおうなどとして、語ることがあります。反対に、辛い思いや苦しみを話せばカウンセラーが関心を持ってくれると思い、辛い出来事ばかりを話す来談者もいます。同様に、来談者によっては「良くなるとカウンセリングを終えなければならない」と無意識的に思い、良くならないことがあります。それらはすべて転移抵抗です。

カウンセリングが効果を上げるには、来談者が思うこと、話したいことをできるだけ自由に話すことが必要です。そしてカウンセラーは、来談者が伝えようとしている経験が彼・彼女にとって持つ意味を味わいながら、共感的に聴くことが大切です。

5 わたしの転移抵抗の経験

わたしがカウンセリングを受けていたとき、「カウンセリングに絶対に遅刻してはならない」と思っている自分に気づいたことがありました。そのことについて語るうち、わたしの母が時間に遅れるのをひどく嫌ったこと、そしてわたしが遅れたときに厳しく叱られたことを思い出しました。また、時刻に遅れるとカウンセラーに厳しく思われるのではないかと考え、それが嫌で、「抵抗をしない良い来談者」になろうとしている」とカウンセラーに思われるのではないかと考え、それが嫌で、「抵抗をしない良い来談者」になろうとしている

91 第Ⅱ章 精神分析概念のおさらい

ていたことにも気づきました。これは、「カウンセラーに好かれたい」という依存的な陽性転移です。そして、そんな転移を起こさざるを得ない、わたしの幼いころからの愛情飢餓のもととなった出来事などについて、理解的で共感的なカウンセラーに語りました。

同じく大切なことですが、そのときわたしは、「カウンセラーに弱みを見せてありありと嫌われたくない。カウンセラーから『心理的に健康な人だ』と思われたい」という気持ちを、その場でありありと言葉で表現できたのです。カウンセリング中に言葉で表現できたことから、そのセッションを境にして、わたしのなかから、「カウンセリングに遅れてはならない」という強迫的な気持ちが消えていきました。その後もセッションにはだいたい時刻どおりに着きましたが、それは「遅れてはならない」という強迫的な意識からではなく、「自分のために、遅れずに着いてセッション時間をフルに使いたい」という現実的な欲求からでした。その変化とともに、普段の自分からも肩の荷がおり、肉体的に軽く自由になったように感じたことを覚えています。

カウンセリングでは転移をどのように扱えばよいのでしょう。次節でそれについて考えていきましょう。

第7節 転移治癒

1 転移治癒とは

前節では、カウンセラーに認めてもらえそうなことを話す来談者についてお伝えしました。来談者は「カウンセラーがわたしのことを好いてくれている（認めてくれている）」「カウンセラーに元気づけてもらえた」「励ましてもらえた」と感じることによって、症状が軽くなることがしばしばあります。その現象を「転移治癒」と言います。愛情飢餓感、空虚感の原因は解決されていませんが、転移欲求が満たされることによって、その辛さが一時的に楽

になるのです。

たとえば、不幸せな人に恋人ができてハッピーになるという変化には、転移治癒の性質が色濃くあります。しかし、愛情飢餓感、空虚感、怒り、気分の浮き沈みの激しさ、イライラ、不安などを生むこころの葛藤は解決されていませんので、やがて恋人に向けて激しい陽性転移・陰性転移が湧き上がり、恋愛関係に葛藤と苦しみを作り出します。特に、わたしたちは波長の合う人に惹かれますから、こころの葛藤に苦しむ人は、同じように葛藤を抱えている人を恋人にします。すると、お互いがお互いに向けて転移を起こすので、よけいにその関係は大変になります。そして恋人と別れれば、その人はまた元の不安定なこころの状態に戻ります。

わたしが聞いた転移治癒の例ですが、ある女性がカウンセリングを受けて楽になり、カウンセリングを終結しました。カウンセラーは男性で、その女性を褒めたり励ましたりしたようです。ところがある日、女性は街で偶然そのカウンセラーが奥さんと手をつないで歩いているところを目撃してしまい、ショックで一挙に症状が悪化したそうです。

来談者が「カウンセラーに認められている（好かれている）」と感じて症状が軽くなっているのに、カウンセラーがその転移反応に気づかなければ、来談者には「このカウンセラーは、わたしがカウンセラーから認められるように振る舞わずにはいられない根源的な苦しみが理解できない」ということが分かりますから、「これ以上カウンセリングを続けても無駄だ」とやがて悟ります。すると、「先生のおかげで良くなりました。ありがとうございました」と言って終わります。もしくは、「好かれたい、認められたい」という転移欲求の充足を求めて、カウンセリ

＊6　行動化とは、何らかの感情を感じることを避ける目的で、その感情を語る代わりに、感情を感じなくて済むよう行動を起こすことを言います。たとえばこの例では感情に直面するとは、カウンセラーに、「遅刻すると、先生から良い来談者だと思われないと感じて怖いんです」と、恐怖をありありと感じながら語ることです。その反対に、カウンセラーに悪く思われる恐怖を感じないようにしようとして、カウンセリング予約にいつも時刻どおりに来ようとすることが、行動化です。

93　第Ⅱ章　精神分析概念のおさらい

グを続けるかもしれませんが、その場合には進展のないカウンセリングがだらだらと続きます。

2 転移治癒を生む理想化転移

カウンセリングによって来談者の症状が軽減または解消するとき、最初は転移治癒の要素が強いものです。その時点でカウンセリングをやめると、遅かれ早かれ理想化転移は崩れますので、そのとき症状がぶり返すでしょう。先ほどの、カウンセラーが奥さんと手をつないで歩いているのを見た女性が、それをきっかけに症状が悪化したのはその典型例です。

転移治癒が起きるとき、来談者はカウンセラーに対して「理想化転移」と呼ばれる陽性転移を起こしており、「ぼくのカウンセラーはとってもいい人で、その人から好かれているのでうれしい」という気持ちになっています。それはつまり、「お父さん・お母さん代わりの理想的な人から、温かい関心と好意を向けてもらえた」愛情飢餓感、孤独感、空虚感を一時的に感じないで済むようになっているということです。

理想化転移の例として次のような反応があります。「この恋人こそわたしを幸福にしてくれる理想的な人だわ」「このカウンセラーならわたしを救ってくれる」などです。それらは他者を理想化した非現実的な反応です。

● 理想化転移の源

では、なぜ理想化転移が起きるのでしょう。その源は何でしょう。

わたしたちは幼いころ、親のことを理想的だと感じていました。親は生存と成長に必要なことをずっとよく知っているので、進化の過程において、外界の危険についても、それから身を守る方法についてもずっとよく知っているので、進化の過程において、親から離れて勝手に一人で行動する子どもより、親をすべて信頼して従う子どもほど、生存の可能性が高かったはずです。それゆえ、子どもは親を全知全能だと信じて頼り、従う必要があります。親が力強く頼れる存在であれば、

94

その庇護のもとで安心できるのです。

幼かったわたしたちは、親のことを理想的だと感じて「お父ちゃん・お母ちゃんについて行けば安心だ」と、自分自身と世界について基本的な安心感を得ることができました。「世界は安全な場所で、わたしはこの世界に存在する価値があるし、人々は優しく温かい」と信じられるのです。そのうえで、成長して「わたしにはこの世界で生きていく強さも能力もある」と感じられるにつれ、親を理想化する必要がなくなります。そして、実際には理想的でも完璧でもない親の現実のあり方が見え、その事実を穏やかに受け入れられるようになります。すると親が一人の人間に見え、親をいたわる気持ちが出てきて親孝行になります。それが自立です。

反対に、親への怒りや不満や反発心を感じていればいるほど、自立できていません。ほとんどの人が「親に感謝しています」と口では言いますし、それは嘘ではないでしょうが、感謝と同時に不満や怒りもあって抑圧されているものです。不満や怒りが強い人ほど親の愛情を求める思いも強く、ありのままの親を愛し受け入れるゆとりは乏しいものです。親への不満や怒りはわたしたちの成長を阻害し、人生にさまざまな制限や問題を作り出します。ですから、そのようなわだかまりをカウンセリングなどによって解決するほど、生きるのがより楽になり、能力がより開花し、人生が発展します。

親のことを理想的だと幼少期に感じて信頼することと、親の無条件の安定した愛を感じるということが乏しいままに育つほど、わたしたちは自分自身と世界について根源的な不安を感じ、また寂しさを持ちながら育ちます。すると、その不安と寂しさを和らげようとして、「この人ならすべて信頼して頼ればいい」と思える人を求めます。それが理想化転移です。

●**理想化転移が崩れるとき**

しかし、人間関係が深まると相手の本当の姿が見えるようになり、相手が決して自分が求め信じた理想的な存在ではないことが明らかになります。そのとき理想化転移は崩れます。

95　第Ⅱ章　精神分析概念のおさらい

3 カウンセリングにおける理想化転移

カウンセリングでは、カウンセラーはしばしば理想化転移を受けます。来談者の理想化転移を受けると、カウンセラー自身の「良いカウンセラーだと高く評価されたい」「信頼されたい」「人を救いたい」といった個人的な欲求が刺激されます。来談者から理想化転移を向けられたとき、来談者の援助になるかたちでそれを扱えるためには、来談者に対してそのような依存的な転移反応を起こさざるを得ないカウンセラー自身のこころの葛藤を、高い程度に解決しておくことが必要です。ですから、カウンセラー自身がカウンセリングを受けることが必要なのです。

わたしにも経験がありますが、来談者の理想化転移が表面化するときが来ますが、その段階の前にカウンセリングが進めばそれが崩れて陰性転移が表面化するときが来ます。カウンセリングが進めばそれが崩れて陰性転移が表面化するときが来ますが、その段階の前にカウンセリングを終結すれば、転移治癒の状態で終えることになります。「あの素晴らしいカウンセラーに好かれたから（励ましてもらったから、元気をもらったから）楽になった。あのカウンセラーのおかげです」という状態です。

そうなると、理想化転移の裏に隠れていた陰性転移が表面化します。「信じていたのに裏切られた」「自分はあんな人だとは思わなかったのに（信頼していたのに、頼っていたのに）、落胆したり、傷ついたり、軽蔑したり、いきどおったりします。恋愛・結婚の破局、友人や同僚との仲違い、上司-部下関係の悪化などが起きます。

● 理想化転移のまずい扱い方

理想化転移のまずい扱い方をいくつか挙げてみましょう。あるカウンセラーは、来談者に気休めを言ったり、アドバイスしたり、その他さまざまなサービスをしたりします。セッションの時間を延長したり、来談者に好かれたい、信頼されたい、良く評価されたい、文句を言われたくない、というものです。そのような本心は、来談者に好かれたい、信頼されたい、良く評価されたい、文句を言われたくない、というものです。そのような本心は、来談者に、そのようなカウ

96

ンセラーは、来談者の理想化転移が壊れないように保とうとしていたり、理想化転移の底に潜む怒りや攻撃性を何となく感じ、それを出てこさせないように振る舞っていたりしているのです。

また、来談者がカウンセラーに不満や怒りの陰性転移を表現したときにカウンセラーが動揺し、来談者に嫌われないようにしようとか、カウンセラーに対する不満や怒りを表現しづらくしようなどとしてしまうことがあります。たとえば、来談者がカウンセラーに対する不満や不信をほのめかしたとき、「この話し合いについて物足りない、と感じておられるんでしょうか？」「わたしに不満なお気持ちなんですね」などと、理解的な表情や声で、落ち着いて応答することが大切です。それによって、来談者は不満や怒りをより語りやすくなります。しかし、来談者の好意や評価を求めるカウンセラーは、来談者から文句を言われるのが怖くてそれができないことがあります。

さらに、カウンセラーが来談者の陰性転移を受け止めることができないとき、来談者に対して転移を起こし、「わたしのことがそんなに不満ならカウンセリングをやめよう」と考えることもあります。しかしその時点で援助をやめることは、来談者にとって見捨てられる経験になります。「素直で従順じゃない悪い自分は、やっぱり拒絶されるんだ」という、過去の深い傷つき体験を繰り返すことになるのです。たとえ来談者がカウンセラーについて不満や文句を言っているときでも、カウンセラーの関心と愛情を（幼児が親を求めるように）求めてやまない陽性転移が、同時に存在するからです。

●理想化転移への対処のしかた●●●

転移治癒ではない根本的な変化のためには、カウンセラーは、理想化転移を起こさざるを得ない来談者の深い愛情飢餓感、孤独感、空虚感に想いをはせ、それを共感的に理解することが必要です。そして共感的で理解的なカウンセラーとの関係のなかで、親から十分に守られ愛されたとは感じられない辛さ、みじめさ、恐ろしさ、怒りなどを、来談者が十分に感じつくし語りつくす過程が必要です。そのときカウンセラーは、来談者の愛情欲求に含まれる、親を広義の意味で性的に求める粘着的な性質に思いをはせて、来談者の苦しみを想像することが大切です。

97　第Ⅱ章　精神分析概念のおさらい

また、カウンセリング過程において、カウンセラーに対する理想化が弱まり、その底に抑圧されていたカウンセラーへの怒り、不信感、軽蔑などの陰性転移感情が表れることがしばしばあります。そのときには、来談者がそれをカウンセリング・セッションのなかで感じて語り、共感的に受け止められ、理解されることが必要になります。この過程を経ることができれば、親への怒りや愛されなかった寂しさなどがさらに純粋に感じられるようになるでしょう。その辛さ、苦しさを感じて語ることが、深い本当の変容をもたらします。

その過程が起きるには、来談者によっては週１回のカウンセリングで数年間かかることもあるでしょうし、隔週やそれ以下の頻度では、その過程までは行けないことも多いでしょう。もっとも、料金など現実的制約のために隔週やそれ以下の頻度にしなければならない場合でも、カウンセリングをしないよりはマシなことが多いと思いますが。

4 転移治癒も無意味とは限らない

転移治癒も無意味だとは言い切れないとわたしは思います。つまり、来談者が「あの素晴らしいカウンセラーがわたしを認めてくれたから自分は救われた」と感じている間は、来談者の症状はカウンセリングの前よりは楽になっているかもしれません。

また、転移治癒の来談者は「カウンセラーのおかげで治った（楽になった）」と感じていますから、再びしんどくなれば援助を求めるかもしれません。また転移治癒でさえ、それを起こせるにはある程度のカウンセラーの能力が必要です。未熟なカウンセラーであれば、症状が良くなる前にカウンセリングがしばしば中断してしまいます。

転移治癒ではないより本質的なこころの癒しと成長も、同時に起きているかもしれません。もっとも、どこまでが転移治癒でどこからが〝本当の〞癒しと変容かということは、明確には区別できません。しかし、来談者に転移治癒よりも深いレベルの援助ができる段階にまでカウンセラーが援助能力を開発

98

するためには、転移と転移治癒についての理解を深め、転移治癒を超えた変化に付き添うカウンセリング能力が必要です。では、来談者の転移にどう対処すれば援助になるのでしょうか。次節で学びましょう。

第8節　転移から癒しと変容へ

1 来談者は独自の特徴的な転移反応を繰り返す

転移反応は過去の痛みに基づく反応ですから、今の現実に合いません。そのため、深く激しい転移反応を起こす人ほど現実と衝突し、生きるのが大変になります。そして、来談者はカウンセラーとの関係のなかで、人生の苦しみの原因となっている転移反応を繰り返します。

たとえば、人への不信感や恐怖のためにこころを開けず孤独な来談者は、カウンセラーに対しても同じように不信感、恐怖を感じ、こころを開くことが困難になります。また、人に過剰な期待をして、それが満たされず「裏切られた」と感じるパターンを繰り返している来談者は、カウンセラーに対しても同じように過剰な期待をして、ゆくゆくは「カウンセラーは何もしてくれない」とか、「カウンセラーから裏切られた」と感じることになります。では、カウンセラーは来談者の転移反応をどう扱えばよいのでしょう。

このように、来談者はカウンセラーとの間に、各自の独特な転移反応を起こします。では、カウンセラーは来談者の転移反応をどう扱えばよいのでしょう。

2 転移感情の扱い方

転移感情は過去の痛みのぶり返しです。たとえば親から優しく愛されなかった悲しみや怒りが、現在の他者に対して噴出しているのがその例です。または、過去の痛みがぶり返さないようにしようとして、異なる感情を感じている場合もあります。愛されなかった寂しさを埋めるために、誰かを理想化して甘えるのがその例です。

そういった転移感情は、まず何より、十分に語られ共感的に理解されることが大切です。たとえば来談者が、カウンセラーに頼りたい気持ちや、カウンセラーに関心を持ってほしい、高く評価してほしいなど、陽性転移の感情を感じているときには、理解的で受容的な関係のなかでそれを感じて語ることができると有益です。それがカウンセラーに共感的に理解されれば、カウンセリングの重要な展開になります。

カウンセラーは、来談者がそのような気持ちを表現したときは、その欲求の持つ（広義の）性的で粘着的な性質に思いをはせながら、それがどんな気持ちなのかを、生身の人間としてできるだけ生々しくありありと想像して感じようとすることが大切です。そして、共感的な声の調子で、「わたしに頼りたい、導いてほしいというお気持ちなんですね」とか、「わたしから良く思われるかどうかが気になっておられるんでしょうか」などと返すことが適切でしょう。

また、たとえば学校の先生やカウンセラーなどに対して反抗的な非行生徒には、そのように敵対的な関係しか持てない苦しみをできるだけひしひし、ありありと想像し、彼らの苦悩の重さを共感的に理解することが大切です。反抗的な生徒が抱えている陰性転移反応を起こして腹を立て、攻撃することも少なくはないでしょう。ことに、反抗的な生徒が抱えている陰性転移反応と同じような傷つきを抱えている先生ほど、生徒たちから好かれたくてたまらないので、反抗的な生徒に対して共感的、理解的になることができず、腹を立てたりこころを閉ざしたりしてしまいがちです。

しかし実際は、反抗的な生徒に対して先生が、「こいつは態度が悪い」と同じような陰性転移反応を起こして腹を立て、攻撃することも少なくはないでしょう。ことに、反抗的な生徒が抱えている陰性転移反応と同じような傷つきを抱えている先生ほど、生徒たちから好かれたくてたまらないので、反抗的な生徒に対して共感的、理解的になることができず、腹を立てたりこころを閉ざしたりしてしまいがちです。

●知性化という防衛機制

転移反応を起こす来談者にカウンセラーがしても無益なことの一つは、転移反応について教えようとすることです。理屈で理解したところで、転移を起こさざるを得ないこころの痛み、空虚感、怒り、憎しみなどはまったく解

決されません。かえって、自分の転移反応について理屈レベルで納得してしまうと、転移感情を感じることも語ることもしづらくなり、解決から遠ざかることがあります。

転移反応の原因であるこころの痛みの根本は、無意識の領域にあります。こころの痛みが癒されるにつれ、転移反応は自然に弱まり、現実的な感じ方や見方が多くなります。意思のちからや理屈による理解によって転移反応を治そうとしても不毛です。

かつて、こころの苦しみを持つ友達がいました。彼女は、主治医だった精神科医にあこがれの気持ちを抱くようになりました。彼女から直接聞いたことですが、その若い男性のお医者さんは彼女に対し、「あなたのあこがれの気持ちはぼくに対してのものではなく、あなたの親への気持ちを医者であるぼくに向けたものだよ」と話したのだそうです。そのお医者さんは転移について患者に説明したのでしょうが、ナンセンスです。わたしの友達はその説明によって、分かったような分からないような知識が一つ増えただけで、苦しみの原因は何も変わりませんでした。かえってそんなことを言われると、患者はお医者さんに対して、あこがれる気持ち、恋い焦がれる気持ちなどを語りづらくなります。

知識を増やし理屈で自分のこころを分析したところで、深いこころの葛藤を解決し、より自由になり、苦しみを減らすことはできません。理屈によって自分を変えようとか理解しようとするのは、「知性化」という防衛機制です。「防衛機制」とは、苦しみを一時的に減らそうとしてわたしたちが知らず知らずのうちに行う、こころの策略を言います。防衛機制は、本当の苦しみの原因を探求し、見つけ、解決することに抵抗する目的で使われます。たとえば、大学生が「自分を理解したい」「自分を変えたい」と、心理学の授業を受けたり本を読んだりするのは、知性化の代表的な例です。こころの底にある苦しみに直面することを避ける目的で、理屈で理解しようとするのです。知性化の代表的な例です。

カウンセラーが転移反応について、来談者に教えようとか説明しようなどとすることであり、そもそもそんなことをしたくなるのはカウンセラー側の転移反応です。それは来談者を共感的に理解し

101　第Ⅱ章　精神分析概念のおさらい

ようとする態度ではありませんから、来談者が深いこころの葛藤を解決し、よりその人らしく生きていく変化を妨げます。

カウンセリングではよく「自己理解」や「気づき」ということが言われますが、それは自分のことを知識であれこれ分析することではありません。

「ぼくは小さいときに妹を泣かせてひどく叱られたので、今でも女性をきずつけないようにしようと慎重になります」

「わたしは父親から愛されなかったから男性に恐怖心があります」

「わたしは初対面の人と話すのは苦手だけど、打ち解けるとすごくこころを開く性格です」などの知識は、こころの成長と癒しにつながる洞察や自己理解ではありません。本当の自己理解とは、感情レベルのひしひし、ありありとした実感を伴った気づき体験のことで、わたしたちはそれを経験するたびにより自由で楽になります。

3 陰性転移の扱い方

転移感情は、十分に語られ、カウンセラーがそれを共感的に理解することが何より大切ですが、来談者の陰性転移が表層に出ているときには、プロのカウンセラーでも不安になりがちです。

わたしの経験です。パニック症とのことで医師から紹介された、20代の佳子さん（仮名）という女性とお会いしました。佳子さんはすごくオドオドした自信のなさそうな人でした。彼女は、見知らぬわたしと病院の面接室で向かい合い、大変緊張しつつも蚊の鳴くような細い声で彼女の苦しみ、不安、パニックの歴史などを語りました。今まで他の誰にも言えず一人で抱えてきた苦しみを、声を絞り出しながら何とか懸命に語っておられたように思えます。

三回目に来られたとき、佳子さんはそれまでとまったく違ってシャキッとした感じに見えました。そうして二回のセッションを自分で少し良くなったと思います。「今日が三度目になるけど少しも良くなっていません。今までここで話したことは友達にも話したことだし、わざわざここに来て話す必要なんかないと思います。こんなカウンセリングで良くなるんだったりした声でこう語ります。

すか?」。わたしはびっくり!! あわてましたし、焦りました。わたしがそれからどんなことを言ったのかあまり覚えていませんが、とりあえずセッション時間いっぱいまで何らかの話し合いは続き、次回の予約をいちおうは取っておくことになりました。そしてもし、佳子さんが来る気をなくしたら電話でキャンセルする、ということでその日は終えました。

結局、次回セッションの前日に、彼女は病院に電話をしてキャンセルしました。彼女とはそれっきり会うことはありませんでした。わたしにはどうして失敗したのかが分かりませんでしたが、スーパーバイザーに次項の指摘をしてもらい、はじめて理解できました。

●失敗の原因 ●●●

佳子さんのカウンセリングはうまくいっていたのです。もちろん、わたしの技能に未熟な点があり、佳子さんへの共感的理解が足りないところはあったでしょう。しかし、わたしとのカウンセリングに良いところもあったはずです。「役に立たない」と佳子さんが文句を言ったのは、カウンセリングが展開して彼女に陰性転移が生じ、それをわたしに直接語ることができた、ということだったのです。わたしはそれが分からず、「少しも良くなっていない」と言われてあわて、焦り、不安定になりました。

わたしが不安定になった原因は「有能なカウンセラーとして人の役に立てなければ、自分はこの世に存在する価値がない」という信念があったためでした。そんな信念が自分の奥深くにあることを実感したのは、それから何年も経て、わたし自身がカウンセリングを受けているときでした。もしもわたしがあのとき、「今のありのままの自分で価値があるし、存在していいんだ」ということを当たり前に深く納得していれば、動揺は少なかっただろうと思います。わたしがあのとき不安になった原因は、「カウンセリングがうまく展開したので陰性転移が表現された」という理論的な理解がなかったことと、わたし自身のこころの傷に根ざす自己無価値感の二つでした。来談者が自由に感じたり語ったりしたときにカウンセラーが不安になると、来談者は安心してカウンセラーと関

わることができなくなります。

佳子さんに必要だったのは、苦しみを取り去ってくれないわたしに対する彼女の不信感と苦しみを十分に表現できる場を提供され、不信感をわたしに共感的に受け入れられることでした。それが高い程度にできれば、やがてカウンセリングがさらに進んだときに、わたしに対する期待が非現実的に大きかったこと（わたしへの理想化転移）、そしてわたしを信頼してこころを開くことのできない原因である対人不信感（彼女は、友達に話したのと同じことしかわたしに話せませんでした）に、みずから実感を持って気づいたでしょう。そして、非現実的な期待をかけずにはおれない寄る辺なさ、頼りなさ、無力感を実感し、語りはじめたでしょう。きっと佳子さんは、それらと対人不信感をいつも「感じないように、直面しないように」と抑え込みながら、でもこころの奥にいつもフツフツと感じながら生きており、それがパニック発作として現れたのでしょう。

カウンセリングがさらに進めば、彼女は慢性的な寄る辺なさ、無力感、不信感に苦しまざるを得ない原因となった幼児期のこころの傷を、カウンセラーとの関係のなかで再体験し、表現し、理解されることを通して癒されていったことでしょう。それは佳子さんにもカウンセラーにも負担のかかる過程になったでしょうが、その見返りは大変さをはるかに凌ぐものだったことでしょう。彼女の人生が花開くわけですから。

繰り返しますが、カウンセラーがこのようなことについて来談者に知識を与えて教えようとするほど、カウンセリング過程は起きにくくなります。

4 逆転移

カウンセラーが「来談者から優秀なカウンセラーだと思われたい」「来談者から好かれたい」と感じるのは、カウ

104

ンセラーの（来談者に向けられた）転移反応です。このように、カウンセラーが来談者に対して抱く転移を「逆転移」と呼びます。現実には、来談者がカウンセラーのことを「ダメなカウンセラーだ」と判断したからといって、カウンセラーが不安になる必要はないのです。ある一人の来談者から信頼されなかったからといって、職を失うわけではないからです。かえって、気持ちが不安定になるほうがカウンセラーから信頼を失う可能性は高まるかもしれません。

「カウンセラーが来談者から良く思われたいのは転移反応だ」というのは、カウンセラーが来談者に対して、あたかも子どもが親に対するかのように反応している、ということです。そのことについて説明します。

●逆転移がカウンセリングを妨げるとき

カウンセラーの、「来談者から信頼してもらおう」「来談者から悪く思われたくない」「中断したらどうしよう」といった逆転移は、カウンセリングの大きな妨害になります。来談者は自分のことを受け入れてもらい、助けて欲しくて来ているのに、カウンセラーを受け入れ援助することを求められるからです。その思いは来談者に伝わります。すると来談者は、安心して自分自身に向き合い内面を探求していくことができなくなります。カウンセラー側にも、来談者の不満や怒りを理解するゆとりがなくなります。

また、わたしたちが苦しむ人の助けになろうとするときに陥りやすい落とし穴ですが、来談者が良くなることを、カウンセラーが必要とすると、来談者には重荷になります。「お願いだからわたしのために良くなってください」というカウンセラーの思いが、来談者に伝わるからです。これも、カウンセラーが来談者に援助を求めていることになります。わたしたちは、他人から良くなることを必要とされると、安心して良くなることを必要とされると、安心して良くなることができません。

来談者は転移のありようによって、カウンセラーのことをどう感じ評価するかは来談者の自由であり、そう評価するのあり方をそのまま尊重することが、カウンセラーの基本姿勢として大切です。それが、ロジャースや多くの精神分析

105　第Ⅱ章　精神分析概念のおさらい

家が重視する、「来談者を無条件に尊重し受容する」ということです。カウンセラーがすることは、来談者の今のあり方を受け入れ、尊重し、共感的に理解し、その理解を言葉で来談者に伝えるよう努めることです。カウンセラーが、「悪く評価されたらどうしよう」と不安になると、それをするゆとりがなくなります。

そのように、良くなってくれることを必要とする気持ちが起きるのは、わたしたち自身のこころの痛みにその源があります。来談者が良くなってくれない限り、自分の存在価値がない（小さい）と感じているのです。ですから、カウンセラーとしての能力を高めるには、わたしたち自身がカウンセリングを受けることを通して、自己無価値感の源である深い痛みを高い程度に癒すことが必要です。

わたしたちがカウンセリングを受けることを避けたがる本当の理由は、抑圧された感情に対する恐怖と対人不信（対人恐怖）です(31)(32)。そのため、「カウンセリングを受けると何が出てくるだろうと不安」「良くないカウンセラーに当たったらどうしようかと不安」になります。プロのカウンセラーでさえ、感情への恐怖と対人不信こそが、カウンセラーとして力をつけるために解決することが必要なことなのです。

カウンセラーが自分の無価値感とそれにまつわるこころの痛みを高い程度に癒したとき、それを乗り越えた足跡(そくせき)は、人間として、そしてカウンセラーとして、貴重な財産になります。

5　受容的で共感的な介入の例

来談者がわたしへの不信感や不満を表現したとき、わたしは「この方は不信感（または不満）を感じておられるんだな。それはどんな感じだろう。わたしの何に対して、どんな不信感（不満）を感じておられるんだろう」と考えます。来談者の不信感、不満に関心を持ち、それを想像して、自分のことのように感じようとします。

わたしが来談者の不信感や不満の表明に対して、落ち着いて受容的かつ共感的に対応できるようになったのは、

自分自身の癒しと変容が進んだこと、カウンセラー経験を積んだこと、有効なスーパービジョンによって来談者を共感的に理解する力が増したこと、の三つの要因のおかげだろうと感じています。

来談者の不信感や不満に受容的かつ共感的に対応するとは、たとえば次のような介入を指しています。

【例1】
来談者　先生は結婚されていますか?
わたし　もしわたしが独身だったらあなたの夫婦関係の苦しみが理解できないんじゃないか、と感じられるんでしょうか。

【例2】
来談者　これは親にも話したことがないことで。このカウンセリングでも話さなくていいかな。話したくない、というお気持ちなんですね。
わたし　もし話したら先生はうんうんと聴いてくれると思うんです。でもイライラされそう。
来談者　わたしは表面的にはよく聴いているみたいでも、内心はあなたに腹を立てそうに感じられるんでしょうか。

【例3】
来談者　先週と同じで、気分にあまり変化はないかな。
わたし　こうして話し合いをしているけど、良くなっていないと感じられるんでしょうか。

107　第Ⅱ章　精神分析概念のおさらい

【例4】
来談者　守秘義務は守ってくれますか。
わたし　わたしがひょっとすると他の人に言うんじゃないか、という不安が湧いておられるんでしょうか。
（または）
わたし　今日お話しされたことはすごく傷つきやすいことなので、とても大切に扱ってほしい、というお気持ちでしょうか。

右のような場面で、わたしは保証や答えを与えることはまずありません。保証や答えを与えるとは、たとえば次のような介入です。

「いいえ、わたしは独身です」
「イライラしたりしませんから、どうぞお話しくださって大丈夫ですよ」
「気分に変化がないということは、悪くなってはいないということですよね。よかったですね」
「前にお伝えしたように、守秘義務は守りますから安心してください」

右のように保証したくなるのは、カウンセラーの逆転移によるものです。質問に答えなければ来談者が怒るのではないかと不安になったり、来談者から信頼してもらおうとしたり、来談者から文句を言われたくない、と思ったりするからです。

来談者がカウンセラーに対して不信感を表現したときであり、それはつまり、他者へ過剰な愛情欲求を抱き、それを満たしてもらえないため不満を感じるころを彼・彼女が基本的に持っている人間不信感が表面化し

108

閉ざすという、彼・彼女の対人パターンが表面化したときです。ですからそれらの反応は、受容的かつ共感的なカウンセラーと一緒に探求していくべき重要な題材です。

ところが、カウンセラーが安易に答えを与えたり（「わたしは独身です」）、保証を与えたりすると（「話しても大丈夫ですよ」）、その重要な題材にふたをしてしまい、探求が妨げられてしまうあるいはうながす介入によって、対話がどのようにあまり浅くなったり深まったりするかを具体的に学びます。

来談者を尊重し共感的に理解するためには、カウンセラー自身が自分の痛みの源を癒すことに加えて、ここまで学んできた転移という見方が役に立ちます。次節では、転移という概念によって、来談者の苦しみをより共感的に理解する見方を学んでいきましょう。

第9節　転移の理解による来談者の苦しみへの共感

1　共感的に理解できない原因

来談者の気持ちを共感的に理解するのが特に難しいとき、その原因として三つの可能性が考えられます。

一つめは、来談者の行動がわたしたちの不利益につながるときです。たとえば、友人のカウンセリングをして、友人がわたしたちを嫌いになれば、友達を失うことになります。だから、わたしたちを嫌う友人の気持ちに共感し、受け入れるゆとりがなくなります。カウンセラーが家族、友達、仕事の同僚など、知っている人のカウンセリングをしない理由の一つがここにあります。

他の二つの理由については、項を立てて詳しくお伝えしていきます。

●自分のなかの受け入れられない部分を他人に見るとき●

来談者を共感的に理解するのが難しい二つめの原因は、自分自身のなかの受け入れられない部分を相手に見たり軽蔑心を感じたりするのは、自分のなかにある怠惰さ、自己中心性、性的奔放さを求める欲望を受け入れられず、「自分にはそんなものはない」と信じていたからです。たとえば、他人の怠惰な行動、自己中心的な行動、性的に奔放な行動などに腹が立ったり軽蔑心を感じたりするのは、自分のなかにある怠惰さ、自己中心性、性的奔放さを求める欲望を受け入れられず、「自分にはそんなものはない」と信じていたいからです。そのことに関するわたしの経験をお話します。

あるカウンセラー研修会に参加したときのことです。若い男性カウンセラーが、「正直言うとぼくはまだ、親に甘えていたいし、親に受け入れてほしい」と、自分の思いを参加者の前で正直に語りました。すると、わたしの後ろに座っていたカウンセラー志望の年配の女性が、「そんな考えは甘いわ！」「何言ってるのよあの子！本当に甘い！」と、批判的な独り言を繰り返しつぶやくのが聞こえました。彼は人になかなか言えない本音をここで思い切って正直に話してくれているのに、それを批判するなんてひどい！」と腹が立ちました。わたしはその女性を裁き、見下していました。そして、わたしのなかに他人を批判し見下す自分がいることに、気づいたのです。

繰り返しになりますが、わたしたちが他人に腹が立つのは、自分に同じ「面があり、しかもそれを自分では受け入れていないときです。先ほどの年配女性に対してわたしは、「カウンセラーを目指す人が、自分の価値観を他人に当てはめて批判するなんて、正直気持ち悪い」と腹が立ったのですが、じつは、自分の価値観を他人に当てはめて批判していたのは、わたし自身でした。わたしはその女性のことを、「カウンセラーたる者は人の気持ちを理解的に受け入れなければならない」という価値観で判断し、彼女がそれに合わないからといって腹を立て、批判していたのです。もしわたしが、「自分の価値観によって他人を裁く自分自身」を認め受け入れていたら、あの女性のことを、「あの女性は今のままではカウンセラーになるのは難しいな」とは思ったかもしれませんが、腹が立つことはなかったでしょう。

110

わたしたち自身の一部を否定するとき、不自由になり、自分らしさを輝かせて生きることを制限し、人生を制限します。たとえば、怠惰さを批判し否定する人は、「いつも勤勉でなければならない」という思いに追いたてられて生きざるを得ません。他者のことを「自己中心的だ」と批判する人は、他人の目を気にするあまり、自分の欲求を人に伝えることや満たすことができなかったりするかもしれません。他人の性的奔放さに腹を立てる人は、異性に好かれたいという自分の気持ちや性への罪悪感があり、そのため性を（そして生を）満喫することが制限されているでしょう。

わたしたちが自分の何かを否定するとき、否定したその部分がわたしたちをコントロールします。自分のなかにある怠惰さ、自己中心さ、性的欲求に苦しめられるのです。また、怒りをコントロールできず爆発する人もそうです。そのような人は内心では、自分の怒りを大変怖れています。

● 来談者の反応が非現実的なとき ● ● ●

来談者のことを共感的に理解するのが難しい三つめの原因は、来談者の反応が非合理的で非現実的だからです。第4節の1「共感的に理解しづらい来談者」において、「電車の中でみんなが自分をジロジロ見る」と訴える対人恐怖の男性、共感的に受け止めようとしているカウンセラーにさえ不信感のためにこころを開けない来談者、優しい夫の不満しか言わない女性の例を挙げました。彼らの反応が非現実的なのは、それが過去の痛みに基づく転移反応だからです。転移という見方を使えば、彼らの反応がより理解しやすくなります。そのことについて一つずつ見ていきましょう。

2 非合理的・非現実的な反応を示す来談者の転移反応
● 対人恐怖に苦しむ人の転移反応 ● ● ●

対人恐怖に苦しむ来談者は、親から拒否された見捨てられたと幼いころから感じて育ち、そのことへの激しい怒

111　第Ⅱ章 精神分析概念のおさらい

りを抱いています。ところが、その恨みや攻撃心を十分には感じられていません。親に怒りをぶつけるといっそう愛情を失うからです。また対人恐怖に苦しむ人が親への怒りを十分に感じられないもう一つの理由として、怒りがあまりに激しすぎるので、「この激しい怒りが湧き上がってきたりしたらコントロールを失い、親を傷つけてしまうかもしれない」と、こころの深いところで怖れているからです。なかには、親を殺してしまうかもしれないと、こころの深いところで怖れている来談者もいます。

こころに抑えつけられた親への怒りは、何かが自分の内部でフツフツと煮えたぎっているような、「訳の分からない異常感」として感じられます。怒りがあまりに怖すぎるため、自分のなかに怒りがあることすら認められないのです。ですから、自分では怒りを十分に感じられず、「訳の分からない恐ろしいもの」があると感じます。しかし、訳の分からない恐ろしいものを抱えているほど恐ろしいことはありません。そこで、来談者は訳を分かろうとします。そして、「あ、そうか！　周りの人間がぼくを攻撃しようとしているんだ、悪口を言っているんだ、殺そうとしているんだ、など」。だから自分は、こんなに辛く恐ろしい異常感を感じるんだと解釈します。このように、自分のなかにある感情や衝動を否定する目的で、それが〝外側にある〞と認知する防衛機制を、「投影」と呼びます。

また、対人恐怖に苦しむ人はしばしば、「周りの人々がみんな自分をジロジロ見ている」と感じることがあります。その訴えには、「すべての人々がぼくに注目しているはずだ」という信念があります。その信念の奥には、「すべての人々に注目されなければ、空虚で寂しくて耐えられない」という、あまりに激しすぎる愛情飢餓感と空虚感がうかがえます。つまり、周りの人たちへの怖れという陰性転移の裏に、「すべての人々に関心を持ってほしい」という依存的な陽性転移があります。対人恐怖に苦しむ人がそれほどまで強烈に他人の関心を求めるのは、親から愛されなかった愛情飢餓感の苦悩が非常に激しいからです。

対人恐怖に苦しむ来談者に対してカウンセラーがすることは、彼・彼女が感じている他人への恐怖感やおびえ

112

を、あたかも自分のことのように想像し、なるべくひしひし、ありありと生々しく感じながら、彼・彼女の訴えの底にある、激しい怒りと憎しみ、すべての人々から関心を求めざるを得ない愛情飢餓感と空虚感を、なるべくありありと生々しく想像しながら聴くことです。そのとき、彼・彼女が周囲すべての人たちから関心を求める欲求には、幼児が親の愛情を求める粘着的で性的な性質があるのを理解することが大切です。

カウンセラーが、来談者の苦悩を共感的に聴くことができれば、徐々に人への怒りを語り出します。それはとても重要な瞬間で、その怒りに特に共感的かつ受容的に応答することが大切です。「その人がどうしてそんなことを言ったのか理解に苦しむんですね」「お母さんはあなたの気持ちを分からないんですね」など、不満や怒りにていねいに応答しましょう。

● **カウンセラーを警戒して緊張する来談者の転移** ● ● ●

カウンセリングが進むと、やがて来談者の内にある怒りや憎しみは、カウンセラーに向けられるでしょう。カウンセラーがそれを受容的・共感的に受け止めることができるほど、来談者の援助になります。なお、転移反応は誰にでも起こす反応です。そして、対人恐怖を起こさざるを得ない愛情飢餓の苦しみと怒りの経験は、程度の差はあれ誰にもあることです。だからこそ来談者の苦しみが想像できます。

わたしたちは、「助けになりたい、共感的に理解したい」と思って穏やかな様子で座っているカウンセラーに対しても、「批判されるんじゃないかな、悪く思われるんじゃないかな」などと警戒して、大なり小なりこころを開けないものです。なぜなら、わたしたちは誰でも、過去の大切な誰かから拒否されて、辛い思いを味わったことがあるからですし、わたしたちのなかにある、自分自身の一部を否定する思いをカウンセラーに投影するからです。

さらには、先ほどお伝えした対人恐怖のこころの動きが多少ともあるからです。

わたしたちがカウンセラーに対し、「何を話したらいいんだろう」と分からなくなるのは、転移抵抗の表れです。

つまり、「自分のありのままを素直に正直に表現すると悪く思われるんじゃないか」という、カウンセラーへの転

移反応のために、思っていることを素直に話せなかったり、頭が真っ白で話す内容が思い浮かばなかったりするのです。そのような反応が起きるのは、自分の気持ちや考えを大切な人に表現したのに、それが受け入れられず傷ついた過去の体験があり、その傷つきを今も生々しく想像しているからです。そんな来談者に対しては、カウンセラーは彼・彼女の不安をなるべく自分のことのように生々しく想像しながら、「何を話せばいいか分からないんでしょうか」「ころが空っぽで何も浮かばないんでしょうか」などと返すことが適切でしょう。

もし、来談者がカウンセラーへの不信感を率直に語れそうなら、「わたしが理解できるか心配で話しづらいお気持ちでしょうか」とか、「話しづらいんでしょうか」など、よりダイレクトな応答が適切でしょう。このとき、カウンセラーが何を言うかは大切ですが、もっと大切なのは、カウンセラーの愛情と関心を求める来談者の甘えたい依存的で粘着的な欲求と、カウンセラーから好かれないことの恐怖に、想いをはせて応答することです。

● 優しい夫の文句ばかりを語る女性 ● ● ●

まじめで優しい夫の文句ばかりを言う女性の気持ちについて考察しましょう。彼女には、親から十分に愛されなかったと感じたことからくる愛情飢餓の苦しみがあります。その痛みから逃れようとして、"パーフェクトに愛してくれる男性"という理想像を求めて、ご主人と結婚した可能性が高いでしょう。このような人の恋愛関係では、恋人への転移感情が増すにつれ、愛情・関心を強く求め、それが得られないと激しい怒りを向けるようになります。そういった過度の反応は非現実的ですし、そのような反応をするので恋人は遠ざかってしまいます。激しい愛情欲求と憎しみという反応は、理性的な大人の反応ではなく、見捨てられ傷ついた子どもの反応です。子どもは本来、無条件に愛され、尊重され、身体的にも心理的にも温かで細やかなケアを受ける当然の権利があります。しかし、それが得られなかったとすれば、激しい不公平感、怒り、悲しみを感じるのが当然です。そうして傷ついた人は、その激しい不公平感、怒り、悲しみ、無力さを慢性的に感じています。

114

その傷つきを抱えた人はまた、「周りの人は、わたしが幸せで安心していられるように面倒を見て、いつも関心を注いでいるのが親に対してそう感じ、信じていることに発しています。その信念は、こころの内側にある傷ついた子どもの部分が親に対してそう感じ、信じていることに発しています。乳幼児は親から面倒を見てもらい、関心を持ってもらうのが当然だからです。この女性来談者のことをそう理解すれば、激しく愛情を求めたり憎しみをぶちまけたりする彼女の姿に、親からの心身ともに密着するような愛情を求めているのにそれが満たされず、理不尽に扱われて傷つき泣き叫んでいる子どもを感じます。そのレベルの共感が、カウンセリングには必要だと思います。

この女性について、カウンセラーであれば考えておく必要のある、別の可能性もあります。それは、彼女がカウンセラーに対して何かの不満や怒りを感じているが、それを意識できないため、または意識はしていてもカウンセラーに直接は言えないため、代わりにだんなさんの不満を語っているのかもしれない、ということです。

このように、来談者が他人についての怒りや不満を語っているときには、カウンセラーは「本当はわたしに向けられている気持ちなのに、わたしから悪く思われることが怖くて言えないのかもしれない」という仮説を、頭の片隅に置いて聴くことが大切です。

●来談者の反応を理論に当てはめることの重要性

ロジャースの同僚カウンセラーだったオリバー・ブラウンは、「わたしたちが人を愛することができるのは、その人の反応におびえる必要がなく、かつ、その人の反応がわたしたちの基本的な欲求に関連していて理解可能なときだと思う」[33]と述べています。たとえば、わたしたちが誰かから怒りを向けられたとき、それにおびえれば、自分を守るために距離を置いたり、こころを閉ざしたり、攻撃し返したりするでしょう。しかし、「彼は本当はみんなと仲良くしたいのに、その欲求を感じることが怖いので怒りで反応している」ということが理解でき、かつ、彼の怒りにおびえなければ、愛が欲しいのに欲しくないフリをせざるを得ない彼に、わたしたちは理解と受容をもって接することができるでしょう。

115　第Ⅱ章　精神分析概念のおさらい

他人の、一見すれば非現実的で理解が難しい反応も、転移という理論によってより了解し理解しやすくなると思います。理論は来談者を共感的に理解するためにあります。

3　自分自身の転移反応を共感的に理解する

転移反応は誰にもある人間らしい反応です。それは決して、人間としての欠陥や人格の低さを意味するものではありません。しかし、わたしがカウンセラーを目指しているころ、自分自身の転移反応に気づいたとき、「ぼくはこんな未解決のこころの問題を持っていたんだ。人間として情けない」とか、「自分の欠陥だ」と感じました。しかし、そう感じる程度が強いほど、来談者の転移反応を目の当たりにしたとき、その人のことをそのまま無条件に尊重し、こころの底から共感的に理解する気持ちには、批判的な気持ちや見下すような気持ち、または変えなくなる気持ちが湧きやすくなります。ですから、転移反応を共感的に理解する能力を高めるためには、カウンセラー自身がカウンセリングを受けるなかで転移反応を実感し、それを共感的に受け止めてもらう経験が欠かせないと思います。その経験によって、転移反応を起こさざるを得ない来談者のありのままを尊重しながら、彼・彼女の苦しみを理解することがしやすくなると思います。

同じことは、カウンセリングにおける抵抗についても言えます。カウンセリングの過程で抵抗するのも、誰にでもある人間的な反応です。それを理解するためには、自分自身の抵抗を実感し、そういう自分をそのまま愛し、受け入れる経験が大切だと思います。

わたしの印象では、自分自身の転移反応についての洞察が低く抵抗が強いカウンセラーほど、来談者に転移や抵抗が起きたときに、彼・彼女を共感的に理解し受け入れることができないように思います。そして、「この人はすぐに自分の気持ちをごまかそうとする」「この人は本当は良くなりたくないんだ」「どうすればこの人に気づかせることができるのか」など、非理解的でときに拒否的な気持ちになりやすいし、また、共感が不十分なまま、来談者

116

の矛盾を指摘したい気持ちになると思います。

第10節 カウンセラーは何をするのか

1 カウンセラーが行うこと

来談者中心療法と精神分析理論についての考察を踏まえ、傾聴によるカウンセリングにおいてカウンセラーは何をするのか、そしてカウンセリングを通して来談者にどのような変化が生まれるのかをまとめます。

カウンセラーが行うことは、来談者が表現している重要なことをなるべく来談者の身になって共感的に理解し、その理解を言葉で返すことです。そのとき、来談者が表情、声の様子、言葉によって表現していることを、カウンセラーがあたかも自分のことのように、なるべくありありと想像して感じることが大切です。

わたしの経験では、カウンセラーがそれ以外の意図を持って対応すると、カウンセリング過程を妨害してしまいます。それ以外の意図としては、たとえば次のようなものがあります。

来談者の考え方や行動を「正そう」とか「直そう」とする、何かの行動をさせようとする、教えようとする、説得しようとする、何かに気づかせようとする、感情を感じさせようとする、何かについて話させようとする、掘り下げようとする、来談者の緊張、不安、不信感、落ち込み、怒りなどの感情を変えようとする、苦しみから救おうとする、カウンセラーのことを信頼させようとか、カウンセラーに好感を持たせようとする、などです。

とても重要なことなので繰り返しますが、カウンセラーが行うことは、来談者が表現している重要なことをなるべく来談者の身になって、ありありと想像して共感的に理解し、その理解を言葉で返すことです。

それによって来談者が「カウンセラーはわたしの気持ち、考えをわたしの身になって理解し、わたしを無条件に受け入れてくれている」と感じられるにつれ、彼・彼女のこころの自己治癒力が発揮され、本当の感情、考えに開

117　第Ⅱ章　精神分析概念のおさらい

かれるとともに、深い癒しの過程が徐々に始まるのです。

2　来談者中心療法についての誤解

来談者中心療法に関するとても多い誤解は、カウンセラーは来談者の言葉をただ繰り返す（おうむ返しをする）ということです。カウンセラーが何と言って返すかというテクニックは重要ですが、もっと重要で本質的なのは、共感的理解です。来談者の言葉を繰り返して応答するのがいけないわけではありませんが、ロジャースの面接記録を見ると、彼が来談者の言葉を繰り返すことはほとんどないことが分かります。

その例を見てみましょう。ロジャースの公開カウンセリングから、対話の一部を抜粋します。

【グローリアと三人のセラピスト】(34)

来談者　もしも、わたしが正直であれば、子どもはわたしに清潔なイメージをもつことはできないと思うんです。それにわたしは、夫よりももっとみだらな人間だと感じます。わたしは子どもが承認できないようなことをたくさんしそうなんです。

ロジャース　では、もしも子どもさんがあなたを知れば、本当にあなたを愛することはほとんど考えられないと思うわけですか。

来談者　そうです。まったくそのとおりなんです。

＊　＊　＊

来談者　パミーに嘘を言ってからずっと気になってるんです。ずっと昔にさかのぼって娘に（真実を）話したほうが良いのか、それとも、もう少し待っていたほうが良いのか、分からないんです。もう娘は、わたしに聞いたことを忘れていないかもしれないんですけど。

118

ロジャース でも、大事なことは、あなたが忘れていないということですね。

来談者 わたしは忘れてないんです。そうなんです。

【ロジャースのカウンセリング（個人セラピー）の実際】(35)

来談者 友達がいるのは本当に楽しいですし、その人たちと一緒に何かをするのも好きだし……それなのに、こういう我慢できない気持ちも持つんです。

ロジャース こういうことなんですね——相反する二つの気持ちがある。「ある女の人たちは大好きだけど……女性というもの一般に対しては、とても苛立ちを覚える。このことをどうしたらいいんだろう」ということですね。

来談者 本当に恐ろしいような寂しさなんです。だって、誰か、誰か一緒にいてくれるか、分からないし……かなり。

ロジャース こういうことでしょうか？「誰か、誰か一緒にいてくれるだろうか……そんな恐ろしい時や一人ぼっちの時とかに」ということ？

来談者 （泣く）

ロジャース 本当にとっても傷ついているんですね。

＊　＊　＊

3　理論は共感のためにある

深く細やかな共感をするためには理論が必要です。理論は来談者を共感的に理解するためにあるのです。カウンセラーが理論の助けによって来談者の苦しみをより細やかに、より深く、よりありありと想像し理解するほど、そ

の理解は来談者に伝わります。すると、来談者はそれまで直面することのできなかった深い感情や思いが感じられるようになり、それをもっと語りたくなります。これが、こころの自己治癒力による動きです。そしてその過程が進むにつれ、来談者のこころに徐々に次のような変化が生まれます。[36][37]

- 自分のことをより無条件に好きになる。
- 他人の価値観やルールなどにしばられる程度が減り、自分の本当の感情や価値観がより率直に感じられるようになり、それらをより信頼するようになる。
- 人の目がそれほど気にならなくなる。
- 生きることがより楽になる。
- 現実がより正しく認識できるようになり、より現実に合った考え方、感じ方、見方、行動ができるようになる。
- 落ち込みや感情の浮き沈みが減り、感情的により安定する。
- 失敗や挫折からより早く立ち直り、前向きで建設的に生きていくことができるようになる。
- 成長したい、という気持ちが強くなる。
- 人との純粋なつながりをより強く求めるようになる。
- 人との純粋なつながりがより感じられるようになる。
- ものごとについて、「白か黒か」という極端で単純化した見方から、よりバランスの取れた現実的な見方をするようになる。
- 他人を思いやるゆとりが増え、他人の気持ちが分かるようになる。
- 自分自身に対してより優しくなる。

120

- 他人に対してより優しくなる。
- 生きる喜びがより感じられるようになる。
- 自分自身へのしばりが減り、より自発的になる。

4 援助的な見立てとは何か

カウンセリングでは、「見立て」という言葉がよく使われます。しかし、来談者の主観的な世界を共感的に理解することとはあまり関係のない、来談者を外側から見てラベルを貼ったり評定したりする営みが「見立て」と呼ばれ、行われているのを、たいへん多く目にします。「この来談者は発達障害だ」「ボーダーライン人格障害だ」「自己肯定感が低く他責的な傾向が強い」などの評定をすることが主で、来談者の苦しみをその人の身になって共感的に想像しようという意図の乏しい評定がそうです。

そして、そのような「見立て」を立てる目的で、来談者の思考や感情を来談者の身になって共感的に理解することからは離れ、まるで事情聴取のように来談者についてあれこれ尋ねたり、心理テストを行ったりすることがしばしばなされています。

しかし、そのような「見立て」は役に立ちません。少なくとも、傾聴によって来談者のこころの葛藤解決を促進し、彼・彼女が本来のその人らしく生きていけるようになる変容を援助するカウンセリングには、しばしば害になります。

カウンセリングの実践において「見立て」は非常に重要ですが、それは、来談者の気持ち、考え、行動を、なるべく彼・彼女の身になって共感的に理解するためのものです。では、そのような援助的な見立てとは、どのようなものを言うのでしょうか。そして、ここまで考察して来た理論を、カウンセリングの実践にどう活かすことができるでしょうか。

それを学ぶために、次のⅢ章でカウンセリング対話の一部を抜粋して考察します。9名の来談者が登場します。なお、9名の来談者との対話とその解説は、一度読むだけでは理解しづらいと思います。繰り返し読むことによって、来談者の発言の意味が理解できるよう、共感的な見方、考え方を身につけていただきたいと思います。

第Ⅲ章 精神分析的傾聴カウンセリングの実際

カウンセラーは来談者を共感的に理解し受容しようと思っています。カウンセラーの受容的で理解的な態度を感じることができず、警戒心のためにこころを開くことができません。来談者のそのようなこころの動きに共感し、援助的に傾聴する方法について考察しましょう。

事例1　カウンセラーに不信感を抱く男子大学生

■来談者
西本くん（19歳、男性）大学1年生

■来談のいきさつ
西本くんは大学1年生の6月に、学生カウンセリングルームにやってきました。主訴や来談のいきさつなどは不明です。初回面接の一部を抜粋します。

（来談者は3分間の遅刻。とてもあわてた様子で、息せき切って入室した。少し息を整えてから）

古宮　初めまして。カウンセラーの古宮と申します。

西本　遅刻してすいません、西本です。

古宮　よろしくお願いします。

西本　すいません、遅れて。よろしくお願いします。

古宮　すごくあわてて来られたんですね。

西本　すいません、ホントに、あー、焦ったぁー。

古宮　遅れたことで、すごく焦った。

西本　はい。すいません。

古宮　遅れてしまって、悪いことをした、と申し訳なくお感じでしょうか？

西本　はい……。あ、でも……、落ち着きました。あの、ここに来たのは、（カウンセラーの顔を見る）、えっと……、何を話してもいいんですか？

古宮　何を言えばいいか、分からなくてちょっと困っておられる感じですか？

西本　ええ、何か、カウンセリングって初めてなんで。

古宮　初めてで、話しづらい感じでしょうか？

西本　はい。ぼく、慎重なところがあって。自分のことをしゃべるのって苦手なんで。

古宮　ご自身のことを話すのは苦手。

西本　はい。それに今は元気で、悩んでいるって感じじゃないし。

古宮　以前はしんどかったけど、この話し合いは要らないかな、という思いもおありですか？

西本　でも、ちゃんと解決したほうがいいことがあるような気がするし……。

124

古宮　しんどいお気持ちもあって、解決しなきゃ、とも思う。

西本　そうです。今は元気だけど、解決しなきゃいけない感じはします。でも、ちゃんとしたことを話せるかなって……。

古宮　ちゃんとしたことを話さないといけない、と緊張しておられる感じですか？

西本　そうなんです。でも、大丈夫になってきました……。ここに来た理由なんですけど……。

古宮　ええ、どういうことでお越しになろうと思われたんですか？

西本　予約を取ったときはすごくしんどくって。

古宮　すごくしんどかった。

西本　でもここ2、3日はいい感じです。今朝は3時まで家でゲームをして、それからちょっと寝て学校に来たんで、からだは睡眠不足のはずですけど。

古宮　3時まで起きてて今朝から学校って大変でしょう？

西本　うん、でもいい感じなんで。でも授業中は、絵本で見た緑色のライオンのこととか関係ないことばっかり浮かんで、なんでかな……気持ちを話すとか、そういうことってあんまり要らないかなって感じがしてます。

古宮　気持ちを話す気にはならない。

西本　うん、ぼく、まだ1年生なんで、友達があんまりいなくて……。

古宮　友達があまりいない。

西本　この学校って、ギスギスしてると思いません？

古宮　ギスギスして居心地が悪いんでしょうか？

西本　教授って勉強のことばっかりだし、学生もそうなんです。

古宮　先生も学生も勉強のことばっかりで、しんどい。

西本　そうなんですよ。
(このあと西本くんは、友達ができないことや、何を専攻するか決められないこと、などについて話す)
(中略：セッション中ほど)
西本　試験期間中は体調が悪くて、しんどかったです。
古宮　風邪ですか？　それとも貧血とかそんな感じ？
西本　そうなんですかね？……よく分からないんですけど……テストを受けている最中に、呼吸が荒くなって、倒れそうになったけど、ぐっと耐えたんです。
古宮　呼吸が荒くてしんどくなったけど、耐えたんですね。
西本　はい。(沈黙)
古宮　何のテストだったんですか？
西本　物理の基礎です。
古宮　呼吸が荒くなったということですけど、ぜんそくなど、そういう病気になったことはあるんですか？
西本　いえ、とくに。病院で診てもらったとか、診断されたとか、そういうことはないです。
古宮　そうですか。じゃあストレスでなったんですかね？
西本　そうですかね……(西本くんはしきりに首を回したり肩を揉んだりする)
古宮　緊張するんですか？
西本　肩はこりますね。試験期間中も肩こりだったし。
古宮　勉強のことになると緊張するんでしょうか？
西本　どうかな？……でも勉強はずっと無理してきた。
古宮　無理してきたことにご自分で気づいているんですね。

126

西本　単位が取れるか、就職できるか、考えると怖いです。
古宮　怖い。
西本　留年したり、ニートになったりしたら、自分がどうなるか分からない。
古宮　どうなるか分からない。

（セッション終了10分前）

西本　ここで話しているように、愚痴やしんどいことを人に話したいんです。でも、ぼくの話を聞いて相手の気が重くなったりすると悪いし、相手が責められたと感じてもイヤだし、分かってくれないかもしれないし。
古宮　聴いてもらいたいけど、ちゃんと聴いてくれるかどうか不安。
西本　同じ授業を取ってるヤツで、話をするようになったヤツがいるんです。そいついつも母子家庭で、コイツなら分かってくれるかも、と思ってうちの親のことを話したら、「甘えてる」って言われて（笑）。家に帰ってからすごくモヤモヤして……。
古宮　その人に、思い切って親御さんのことを話したのに批判されて、すごくモヤモヤしたんですね。
西本　余計なお世話だと思って。
古宮　腹が立った。
西本　すごく腹が立ったんです。何様だと思ってるんだって。友達は欲しいけど、距離を置きながらじゃないと付き合えなくなって。
古宮　やっぱり人とは距離を置かなければ傷つく、と思ったんでしょうか？
西本　用心しないとね。身構えないと。
古宮　身構えないといけない、と。
西本　（西本くんはカウンセリングルームの時計を見て）あの、もうすぐ（今日のセッションが）終わりですね。

127　第Ⅲ章　精神分析的傾聴カウンセリングの実際

古宮　カウンセリングって、ぼくが思っていることを言うだけなんですか？
西本　ちょっと物足りない感じがされますか？。
古宮　こうして話しているとどうなるのかな、と思って。
西本　西本くんがお話しされた、人には身構えないといけない、と思って話しづらい感じが、こちらでもありますか？
古宮　うーん……絶対ないとは言い切れない感じです。
西本　まだちょっとわたしが信頼できない感じも、少し感じておられるんでしょうか？
古宮　聴いてもらっている感じが、今までにない感じで……ちょっと違うというか……。
西本　少し話しづらい感じ。
古宮　少し話しづらい感じです……先生のうなずく顔がちょっと怖い感じがしました（笑）。すいません。
西本　わたしが怖く感じて、話しにくかった。
古宮　はい……。ぼく、オンラインゲームにはまると、止まらなくなるんです。
西本　そうなんですか。
古宮　話しにくい感じはするけど、怖くて話しづらいという感じはとても大切なことだと思いますので、また来週こうして時間を取って、もしわたしが怖い感じが気になるようでしたらそのことについて話し合えたら、と思いますが、いかがでしょう。
西本　今日は時間なので、もしわたしが怖い感じが気になるようでしたらそのことについて話し合えたら、と思います。
古宮　カウンセリングって初めてだし、ぼくは人見知りなので、慣れるまでに時間がかかるかもしれません。初めてのことは怖い。
西本　怖い。ご自身のことを話せるのは、時間がかかるかもしれない、と。

西本　そうかもしれません。分からないです。

古宮　じゃあ来週の木曜日、今日と同じ2時にお待ちしたいですが、よろしいでしょうか？

西本　はい、よろしくお願いします。

古宮　お疲れさまでした。

西本　ありがとうございました。

■解説

まず注意を向けるべきことは、西本くんが遅刻した事実です。来談者が遅刻するのは多くの場合、カウンセラーに会うことが怖いからです。ここからそれを軸に、彼の気持ちについて考察します。

西本くんは息せき切って入室し、遅刻したことをまずカウンセラーに謝りました。彼のその行動から、三つの重要なことがうかがえ、それを頭に置いてカウンセリングを進めていく必要があります。一つめは、西本くんがカウンセラーへ起こしている転移について、それがどのような転移であるかを理解すること。二つめは、カウンセラーと来談者の両方が、その転移反応について話し合い、カウンセリングの進展のために適切な時期にその転移反応について理解を深める作業が必須であること。これら三つについて考察していきます。

●西本くんの転移反応について

一つめの、西本くんの転移について見ていきます。西本くんは息せき切って入室し、しかもまずカウンセラーに遅刻を詫びたわけですが、そのことから彼が、「遅刻するとカウンセラーから悪く思われる」と知覚している陰性転移の反応だと言えることが分かります。それは、カウンセラーのことを「拒否的な人物である」と知覚していることを示しますし、また同時に、「カウンセラーから良く思われたい、拒否されるのが怖い」という陽性転移の反応だとも言えま

す（転移の特徴の一つである両価性が表れています）。そして西本くんは、カウンセラーに対するおびえという陰性転移のために、遅刻せざるを得なかった可能性があります。

来談者は、カウンセラーに対する転移を意識すると不安が高まり過ぎる場合には、そのおびえの底にあるカウンセラーからの承認や愛情を求める欲求も、意識できていないかもしれません。そうであれば、西本くんは単に「遅刻は悪いことだから謝罪するのが当然だ」と思っているかもしれません。

西本くんは遅刻したことを何度も謝っており、そのことが示しているのは、西本くん自身も、不安のせいで遅刻したことにうす気づいているかもしれない、ということです。遅刻が不可抗力によるもので、かつ転移反応がなければ、そのせいでぐずぐずして家を出るのが遅れたとすれば、西本くんのなかにカウンセリングに行くことについて不安があって、そのせいで過剰に謝罪をした事実から、彼がカウンセリングに罪悪感を感じるでしょう。ですから、西本くんがあわててやってきて過剰に謝罪をした事実から、彼がカウンセリングに来ることについて不安、気の重さ、抵抗感などをうすうす感じていた可能性が高いでしょう。

西本くんはカウンセラーに対して、陰性転移の知覚と感情を抱いています。それゆえ、カウンセリングが進展するためには、彼のカウンセラーに対してこころを開いて、重要なことがらを自由に話すことはできないでしょう。カウンセリングが進展するためには、彼の陰性転移をある程度カウンセリングのなかで解決することが必要です。そうでなければカウンセリングは進展せず、そのうち中断します。

●転移感情を感じ、語ることが大切　●●●

先ほど挙げた二つめの重要なことがらにつながりますが、西本くんの陰性転移を解決するには、彼が陰性転移感情をありありと感じながら語り、それをカウンセラーに共感され受容される過程が必要です。つまりここでは、カ

130

ウンセラーから嫌われたり悪く思われたりする恐怖を彼がありありと感じながら語り、共感と受容される経験です。

しかしそれは、カウンセラーの指示や誘導によって行えるものではありません。つまり、カウンセラーが西本くんに「わたしにどんな気持ちを持っているかを話してください」とか、「わたしのことが怖いんじゃないですか?」などと発言して話させたのでは、変容は起きないということです。あくまで、西本くんが自発的にカウンセラーに対する警戒心や不安を「いま―ここ」で感じながら、それを語ることが必要です。

それが可能になるには、西本くんが感じているおびえと、その底にあるカウンセラーの愛情を求める欲求(カウンセラーから良く評価されたいという欲求)と、それら二つの気持ちに対する禁止(おびえてはいけない、甘えてはいけないという思い)を、カウンセラーができるだけ自分のことのように想像的に理解することが必要です。その共感が不足していると、西本くんは彼自身のおびえと愛情欲求に気づくことさえできないかもしれませんし、ましてやそれについて語ることはできません。

●陰性転移反応の来談者を受容すること

カウンセラーにおびえている西本くんのあり方について、受容的な思いでいることが大切です。もし、カウンセラーが西本くんのおびえを受け入れず、「西本くんの緊張をほぐそう」とか、「こころを開いてもらおう」と思うようなら、受容的とは正反対のあり方です。来談者を無条件に尊重するということは、来談者が緊張しようがリラックスしようが、カウンセラーにこころを閉ざそうが開こうが、それを変えたいとは感じず、ありのままの来談者を受容するということだからです。ですから、来談者に対して「緊張しなくていいですよ」とか、「これぐらいの遅刻はかまいませんよ」のように伝えたり、来談者が話しやすくなるよう雑談をしたりするのは、来談者をそのまま受容していないカウンセラーの態度の表れです。カウンセラーのそのような態度は来談者に伝わります。そして来談者は、「カウンセラーから好かれ認められるには、警戒心や緊張を隠さないといけない」と感じます。つまり、警戒せずこころを開く〝良い来談者〟を演じようとする、ということです。

そこには、カウンセラーの逆転移も関わっています。カウンセラーが、来談者を共感的に理解し尊重する基本姿勢から離れて、「緊張させないようにしよう」とか、「遅刻した罪悪感を感じさせないようにしよう」などとするのは、来談者から"良いカウンセラー"だと思われよう、という気持ちを行動化しているのです。そのようなカウンセラーは、"あなたは良いカウンセラー、わたしは良い来談者"という構図を、来談者とともに作り上げます。
しかしカウンセリングでは、すべての来談者がカウンセラーに対して、多少とも不信感を抱きます。また、来談者がカウンセラーに怒りや軽蔑心、嫌悪感などを感じる過程が必要なこともあります。つまり、来談者とカウンセラーが本当に向き合うと、"良い来談者、良いカウンセラー"であり続けることは不可能なのです。来談者は、カウンセラーに不信感を感じたり嫌悪を向けたりする"悪い来談者"になることがありますし、そのときの来談者にとってカウンセラーは"信頼に値しないカウンセラー、嫌悪すべきカウンセラー"だと感じられるのです。ですから来談者の苦しみに向き合うことはできません。
カウンセラーのそのあり方は必ず来談者に伝わります。そのため、来談者は本当の深い苦しみを語ることはなく、カウンセリングが中断します。しかも、そのような来談者は最後まで"カウンセラーが求めている良い来談者"を演じ続けますから、しばしば「おかげさまで良くなったので終わります」と言って中断します。

●対人恐怖●●●

重要なことの三つめは、西本くんの転移こそがカウンセリングで焦点となる問題だ、ということです。ここまでわたしは次のことをお伝えしました。それゆえ、カウンセラーは西本くんの転移感情に共感することが大切だ」。
わたしのその言い方は、転移はカウンセリングを妨げる邪魔ものである、と述べているかのようです。しかし実際には、転移があるからこそ、カウンセリングが人のこころを深い部分で変容させる力を持ちます。そのことにつ

132

いて考察していきます。

西本くんが何を主訴としてカウンセリングにやってきたかは、本書の叙述からは分かりません。しかし、彼が何を主訴だと述べるかに関係なく、彼が初回面接の最初から見せているカウンセラーへの不信感こそが、彼の人生の問題や苦しみを作る重要な要因になっています。つまり西本くんは、だれかれ関係なく、あらゆる人たちから愛情（承認、良い評価、好意など）を過剰に求めており、それが得られない可能性がひどく恐ろしく思えるのです。それが対人恐怖の症状であり、彼はその恐怖と孤独感に苦しんでいます。

なお、対人恐怖に苦しむ人は、人を怖れているのではありません。彼らは人を怖れているどころか、人々の愛情、関心、承認、高い評価などを過剰に求めています。彼・彼女が怖れているのは、それらがもらえないことなのです。人々の愛情や関心を過剰に強く求める一方で、「人が自分のことを知ったら嫌うだろう（拒絶するだろう、攻撃するだろう、軽蔑するだろう、など）」とも信じています。それゆえ人との交流がとても恐ろしく感じられるのです。

西本くんが周囲の人々から求めている愛情欲求は過剰なため、それが現実の人間関係によって満たされることはあり得ません。彼は幼児ではないので、周囲の人たちがいつも彼に温かい関心を注ぐはずがないからです。それゆえ彼は、「あの人は分かってくれない」「あの人はぼくを認めてくれない」などと感じて傷つく経験を繰り返してきたはずで、彼はその怒りも抱えているはずです。

● **西本くんの慢性的な愛情飢餓の苦しみ** ● ● ●

続いて重要なことがあります。それは、西本くんが人々の愛情（好意、承認、高い評価など）を過剰に求めずにいられないのは、こころの底に慢性的な愛情飢餓の苦しみを抱えているからだということです。彼の慢性的な愛情飢餓の原因は、おそらく幼少期の親子関係にあるでしょう。西本くんは幼いとき、「お父ちゃん・お母ちゃんはぼくを無条件に愛してくれている」とはあまり実感できなかったでしょう。幼児はすべて、親（あるいは親代わりの人）に世話をしてもらわないと死にますから、幼児にとって親に見捨てられることは死の恐怖です。そして、幼児

133　第Ⅲ章　精神分析的傾聴カウンセリングの実際

が親の愛情を求める衝動には、からだをベタッと密着させる身体的な親密感を求める欲求も含まれています。西本くんはその衝動が不充足なまま育ったのでしょうから、彼が人々の愛情を求める思いには、そのような広義の性的充足を求める質があります。それは口唇期に始まり肛門期、男根期と続く愛情欲求であり、それがカウンセラーに向けられているのです。

対人恐怖と愛情飢餓の苦しみは、必ず同時に存在します。そういう苦しみを抱えている人は、ここまで見てきたように、幼児が親から心身ともに密着を求めるような口唇期的愛情欲求を、周囲の人たちに対して感じているのです。彼らの苦しみを深く共感するためには、彼らの、人々の好意と関心を求める思いにある、幼児性欲的な性質に思いをはせること、および、彼らがずっと抱えてきた、幼児的な関心を求めざるを得ない愛情飢餓感に思いをはせることが重要です。

とは言っても、カウンセラーが来談者に説明したり、「気づかせよう」としたりするわけではありません。同様に、来談者の気持ちを「掘り下げよう」とすることも、カウンセリングを妨げます。大切なことは、ここでお伝えしている内容を理解し、それをもとに来談者の気持ちをなるべく来談者の身になって想像し、理解することです。もしカウンセラーにそれができておらず、来談者について単に「緊張している」とか、「気を使ってくれている」という理解しかできなければ、来談者には「このカウンセラーはぼく・わたしの深い苦しみを本当に分かってくれている」とは感じられません。そのため、深いレベルの苦しみを解決するカウンセリングにはなりません。ここまでお伝えしてきたことは、来談者の苦悩を共感的に理解するためにとても大切なことなので、この後のいくつかの事例でも再び説明します。

話を西本くんに戻しましょう。西本くんがカウンセラーに向けている不安や警戒心は、カウンセリングの邪魔であるどころか、彼が取り組む必要のある対人恐怖と愛情飢餓感という重要な題材が、カウンセラーとの「いまーここ」の関係のなかに表れたものなのです。

134

● 転移反応を「いま−ここ」で取り上げる

ここで、来談者の問題を、カウンセラーとの関係のなかで取り上げて検討することの重要性についてお伝えしましょう。

仮に、A子さんという女性がB男さんに恋心を抱いているけど、それを伝えることができずにいる苦しみを話しました。A子さんは友達に、B男さんを恋い焦がれる思いと、それを伝えたいけど勇気が出なくて伝えられない苦しみを話しました。A子さんは友達に気持ちを分かってもらえたので、孤独感や苦しみは少し和らぎました。そんなある日、突然の悲報が届きます。B男さんが交通事故に遭い危篤状態だそうです。A子さんはあわてて病院にかけつけました。B男さんはベッドで意識はあり、A子さんが来てくれたことが分かります。A子さんはついに、彼女の思いを告白します。重症のB男さんはしゃべることはできませんでしたが、A子さんの目を見てうなずきました。恋心を分かってくれたのです。

たとえ話はここまでにしましょう。A子さんにとって、B男さんへ切ない恋心を友達に話して分かってもらうよりも、本人に直接伝えて分かってもらうほうが、ずっとインパクトが大きく意味ある経験だったでしょう。だからこそ、彼女はB男さんに思いを伝えたのです。

カウンセリングでも同じことです。来談者ははじめ、悩みごとについて、「あのとき−あそこで」起きた過去の恐怖のあることです。しかし、目の前のカウンセラーに対して「いま−ここ」で感じている恐怖として語り、それをそのまま受け止めてもらうほうが、来談者にとってずっとインパクトの大きな、意味のある経験になります。

西本くんがカウンセラーに対して緊張しているのは、彼が抱えている対人恐怖がカウンセラーに向けられている

135 第Ⅲ章 精神分析的傾聴カウンセリングの実際

ためです。そしてもしも彼が、カウンセラーに対して感じている警戒心と恐怖を、「いま―ここ」でありありと感じ語ることができたら、彼にとって情緒的インパクトの大きな対話になります。カウンセラーに対する恐怖をカウンセラー本人に共感され受け入れられるとき、西本くんは恐怖に直面することができます。すると恐怖の源へと連想が進み、癒しと変容に通じる探求が始まります。

●対人恐怖の原因

ここで、対人恐怖の源について重要なことをお伝えします。来談者の治療的自己探求はその源へと進んでいくので、何が源なのかをカウンセラーが頭に入れておくと、援助の役に立ちます。

対人恐怖の源は、抑圧された怒りです。誰かに対する激しい怒りを、来談者は自分のこころでは分からないうちに無意識領域へと抑圧しているのです。怒りに対して罪悪感と恐怖があるためです。そのため、こころのなかに怒りがあるのに、その怒りをありありと感じることが怖くて抑圧せずにはいられないのです。すると、「こころのなかに何か訳の分からない怖いものがある」と感じられます。怒りだとは認識できないのです。それが対人恐怖のメカニズムです。

対人恐怖に苦しむ人は、一見すると怒りとは無縁な人である印象を与えるものです。とても無口でおとなしかったり、理性的で感情を表さなかったり、とても謙虚で腰が低かったりなどです。そして本人も、自分のことを怒らない性格だと信じていることもよくあります。それは、彼らにとって怒りがあまりに怖いために抑圧され、意識的な人格の部分から切り離されているからです。しかし、怒りに対して怖れや罪悪感を抱いてそれを否定しても、怒りがなくなるわけではなく、無意識の領域へ抑圧されるだけです。抑圧された怒りは、さまざまな不都合をもたらします。病気がちになったり、訳の分からないイライラになったり、漠然とした罪悪感にさいなまれたり、自分のことが好きになれない、という悩みになったり抑え込まれた怒りがときに爆発して人間関係を壊したりします。そして、抑圧された怒りがもたらす苦しみの最たるものの一つが、対人恐怖でしょう。

136

●その他の神経症症状が形成されるメカニズム ●●●

怒りを抑圧し投影することによって対人恐怖症状が生まれるように、耐えられない感情を感じないよう防衛する、その仕方によってその他さまざまな神経症の症状が形成されます。

たとえば、怒りを含む耐えがたい感情が自分のこころにあることがまったく受け入れられない人が、感情が高まって心臓がドキドキしたり呼吸が激しくなったりすると、「ぼくは何の感情も感じていないのに、急に鼓動が激しくなり、息が苦しくなっている！　心臓麻痺じゃないか?!　呼吸困難じゃないか?!」と解釈し、恐怖で気が動転してしまうパニック障害の症状になります。

または、怒り、攻撃性、性衝動などが自分のなかにあることが認められず外にあると考え、「世界は訳の分からない恐ろしいものであふれている！　だからわたしはこわくてたまらないんだ」と解釈すると、自分の部屋にあるものがすべて穢れや病原菌に犯されているために触れることができないという強迫性パーソナリティ障害の汚染恐怖症状になったり、「何か恐ろしいものが外から来て自分にくっついて離れない！　だからわたしはこんなに怖いんだ」と解釈して、いくら手を洗っても汚いものが取れないという、強迫的な洗浄行為症状になったりします。

さらに、「わたしが訳の分からないこんなに激しい恐怖を感じている理由が分かった。それは家が留守中に火事になりそうだからだ（または、泥棒に入られそうだからだ）」と解釈すると、ガスの元栓が閉じているか、玄関が施錠されているかを、何度繰り返し確かめても安心できないという強迫的な確認症状になります。

あるいは、自分のなかにある攻撃心があまりに恐ろしすぎて、その存在すら認識できない人が、攻撃心を意識しそうになると、「自分が突然、町で人を刺してしまったらどうしよう」「車を運転すると人をはねてしまうんじゃないか」と訳が分からず極端に恐ろしくなるという加害恐怖症状になります。もしも訳が分かってしまうと、自分のなかにある強烈な攻撃心を感じてしまうのです。

このように、神経症の症状は（少なくともその一部は）、怖くて直面できない感情を無意識のうちに抑圧するための防衛によって作られます。

●来談者の怒りが最初のポイント

先ほどお伝えしたように、対人恐怖に苦しむ来談者のカウンセリングをするときには、怒りがポイントであることを頭に入れておくと有益です。来談者はカウンセラーの共感と受容的な態度が感じられるにつれ、怒りを表現しはじめます。最初は、「どうしてCさんがあんなことをするのか理解できない」「Dさんがあんなことをわたしに言ったからちょっとムッとした」など、マイルドな言い方で怒りが表現されることが多いものです。それらの表現に対しては、特に共感的に応答することが大切です。「Cさんの行動がとても理解できないんですね」「Dさんがそんなことを言ったのでムッとしたんですね」などのように、来談者の怒りを共感的に応答すると適切でしょう。

●カウンセラーへの恐怖を共感的に取り上げる

対人恐怖に苦しむ来談者のカウンセリングでは、怒りを探求してゆく前に、カウンセラーに向けられた対人恐怖を先に扱うほうが適切なこともあります。つまり、来談者が感じている語りづらさ、緊張感（カウンセラーから受け入れてもらえないんじゃないかという恐怖）、「ここではカウンセラーから認められるようなことを話さなければいけない」という思いが表現されたとき、それを共感的かつ受容的に取り上げることが大切です。取り上げ方としては、たとえば次のような言い方ができるでしょう。

「今ちょっと緊張して話しづらいとお感じでしょうか？」
「わたしから認められるようなことを話さないといけないという気がして、話しづらい感じがされているんで

「話すことが浮かばない感じでしょうか？」

来談者が話しづらさや緊張感を表現したとき、それを「いまーここ」で取り上げることが大切です。「来談者の緊張をほぐそう」とか、「話しやすくしてあげよう」とするのは非カウンセリング的です。来談者が緊張しようが警戒しようが、カウンセラーがそんな来談者をそのまま受け入れるとき、来談者にとっては他にはない無条件で受容的な人間関係になるのです。

なお、来談者が話しづらさや緊張感を表現する方法としては、「緊張しています」「頭が真っ白で何を話せばいいか分かりません」などと言語化して表現する場合もありますし、沈黙をしたり、焦った様子で「えっと、あの……」などと言葉が出ないなど、非言語的に表現する場合もあります。

いずれにしても、対人恐怖の苦しみを持つ来談者は、カウンセラーに対して恐怖と不信感を感じていますので、それらをカウンセリングで取り組むべきとても重要な題材だと見なし、共感的かつ受容的に応答することが大切です。もっとも、来談者がカウンセラーに対する感情を直接語るのは勇気の要ることです。ちょうど、A子さんがB男さんに恋心を直接伝えるのにとても勇気が要ったことと同じです。ですから、来談者のカウンセラーに対する信頼がまだあまり育っていない時点で、「わたしのことがまだ信頼できなくて話しづらいでしょうか」や、「わたしに認められるようなことを話さないといけないと思って、自由に話せない感じでしょうか」などのように直接的な質問をしたのでは、来談者は本心を答えることができません。

その場合は、カウンセラーへの恐怖にストレートに言及するのではなく、先に挙げたように、「今ちょっと緊張して話しづらいとお感じでしょうか」「いま戸惑って何から話せばいいか分からない感じですか」など、より直接的ではないマイルドな応答のほうが適切でしょう。すると、来談者とたとえば次のような対話へと進むことが考えら

139　第Ⅲ章　精神分析的傾聴カウンセリングの実際

れます。

古宮　戸惑っていて、何から話せばいいか分からない感じでしょうか？
来談者　はい……えっと、何でも話していいんですか……？
古宮　何でも、話そうと思われることがあればお話しなされればいいですが、そう言われても何を話せばいいか、分からない感じでしょうか？
来談者　はい……わたし、人見知りで自分のことはあまり話さないので。
古宮　人にご自身のことを話すのは苦手。
来談者　ええ、何か……どう思われるかとかね、気になったりして……。
古宮　どう思われるか分からないので、話しづらい感じですか？
来談者　そうですね。
古宮　ヘンに思われないかとか、気になるタイプなんで……？
来談者　わたしからも、もしヘンに思われたらイヤだな、という思いがおありでしょうか？
古宮　ええ、でも、考えすぎかな、という気がしてきました。自分でも分かってるんですけどね、そんなに気にする必要はないってね。
来談者　どう思われるかについて、そこまで気にする必要はないんじゃないか、という思いがしてこられたんですか？
古宮　そう思います。考えすぎてしまうんですよね、人の目を……。わたし、母親がすごく厳しいんですよ。（悩みごとを話し始める）それが関係しているのか分からないけど、クラスとか先生とかの目が気になるんです……。

140

そして次に、カウンセラーに対する怖れが共感的に明確化されました。次の部分がその過程を示しています。

来談者　ええ。

古宮　わたしからも、もしヘンに思われたらイヤだな、という思いがおありでしょうか？

来談者　そうですね。ヘンに思われないかとか、気になるタイプなんで……。

古宮　どう思われるか分からないので、話しづらい感じですか？

来談者　ええ、でも、考えすぎかな、という気がしてきました。自分でも分かってるんですけどね、そんなに気にする必要はないってね。

古宮　どう思われるかについて、そこまで気にする必要はないんじゃないか、という思いがしてこられたんですか？

来談者　そう思います。考えすぎてしまうんですよね、人の目を……。

すると、来談者のこころの状態に変化が起きました。自分のことを話すとカウンセラーから悪く思われるんじゃないかという怖れを、共感的に理解され、受け入れられることによってこころの自己治癒力が発揮され、現実検討能力が高まったのです。そのため、来談者のこころに、自分の怖れが非現実的であるという洞察が生まれました。その過程が次の部分です。

141　第Ⅲ章　精神分析的傾聴カウンセリングの実際

来談者は、カウンセラーの受容的なあり方を知覚することができて怖れが低下したため、悩みごとを話しはじめることができました。「カウンセラーから良く思ってもらえるような話をしないといけない、本音は話せない」という転移抵抗は、程度の差はあれ、すべての来談者のこころに初回面接から最後の面接まで、いつも存在しています。それが強いほど、来談者は大切なことを語ることができないため、カウンセリングの対話が意味の感じられないものになります。ですから、来談者の「本音が話せない」という転移抵抗を扱うことができないまま面接が続くと、そのうち中断します。ゆえに転移抵抗が強い場合、それを共感的・受容的に取り上げ、話し合うことが必要です。

しかし、早く取り上げすぎると、来談者は不安が高まり過ぎて防衛的になります。「本音が話せない」という転移抵抗を取り上げる理想的なタイミングは、カウンセラーが「わたしに本音を話しづらく感じておられるんでしょうか」というような介入をしたときに、来談者がカウンセラーへの恐怖を共感的に理解され、受け入れられたからであるときです。そのとき来談者はホッとします。

● 共感的理解の重要さ ●●●

カウンセラーが何と言って応答するか、というテクニックは重要です。来談者が表現している大切なポイントだけを簡潔に言葉にして返すことによって、対話が進んでいきます。反対に、最も大切なポイント以外のことを言葉にして返すと焦点がぼけますし、来談者の連想も止まってしまい、話しづらくなります。しかし、そのようなテクニック以上に重要なのは、カウンセラーの共感的理解です。

来談者の転移抵抗を取り上げる場面において、特に重要な共感のポイントは次の五つだと思います。これらをできるだけ来談者の身になって想像しながら応答するときにこそ、共感的な対話になると思います。

142

(1) 来談者が感じているカウンセラーへの怖れを、できるだけ自分のことのように想像すること。
(2) 来談者の怖れの底にある、カウンセラーに好かれたい、良く評価してほしい、受け入れてほしいという欲求を、自分のことのように想像すること。
(3) その欲求には、幼児が親から情緒的かつ身体的親密さを求める、広い意味で性的な質を帯びた愛情欲求が含まれている。来談者がカウンセラーに対して向けているその愛情欲求を、なるべく自分のことのように想像すること。
(4) 来談者は、カウンセラーの愛情を求める欲求に罪悪感を持っているため、その欲求の一部を（多くの場合は大部分を）、感じないよう抑圧していること。
(5) カウンセラーの愛情を幼児的に求める欲求の底にある、人々の愛情を求めてやまない慢性的な孤独感の苦しみを、自分のことのように想像すること。

これら五つのポイントをこころに置いて来談者の感情をありありと想像しながら応答するのと、それらが分からずただ来談者の言葉どおり「話しづらいんですね」と返すのとでは、対話はまったく違ったものになります。前者はカウンセリングになり、後者は単なる愚痴聞きになります。

ロジャースが、「カウンセリングにおいて重要なのは情緒的な関係性の質であり、それに比べると、来談者が何と言ったか、カウンセラーが何と言ったかという言葉は、最小限の重要性しかありません」[1]と述べたのも、これと同じようなことを言いたかったのでしょう。

●西本くんの葛藤●●●

では引き続き、西本くんとカウンセラーの対話を検討していきましょう。

古宮　初めてで、話しづらい感じでしょうか？
西本　はい。ぼく、慎重なところがあって。自分のことをしゃべるのは苦手なんで。
古宮　ご自身のことを話すのは苦手。
西本　はい。それに今は元気で、悩んでいるって感じじゃないし。
古宮　以前はしんどかったけど、この話し合いは要らないかな、という思いもおありですか？
西本　でも、ちゃんと解決したほうがいいことがあるような気がするし……。
古宮　しんどいお気持ちもあって、解決しなきゃ、とも思う。
西本　そうです。今は元気だけど、解決しなきゃいけない感じはします。でも、ちゃんとしたことを話せるかなって……。
古宮　ちゃんとしたことを話さないといけない、と緊張しておられる感じですか？

　この部分では、「苦しみを解決してもっと良い人生を送りたい」という自己実現を求める衝動（こころの自己治癒力）と、「変化は怖い。傷つくかもしれないから。だから変わらずにいたい」と求める衝動の葛藤が表現されています。自己実現を求める衝動が表現されている発言は、「ちゃんと解決したほうがいいような気がするし」と、「解決しなきゃいけない感じはします」の二つです。変化に抵抗する衝動の表れは、「今は元気で、悩んでいるって感じじゃないし」という発言です。彼はこころを探究したり感情を感じたりすることが怖く、苦しみや葛藤を抑圧して感じられないのです。
　また、「ぼく、慎重なところがあって。自分のことをしゃべるのって苦手なんで」と、「ちゃんとしたことを話せるかなって」という発言も、本音を語ってカウンセラーから否定されたり軽蔑されたりすることへの恐怖でもあります。これらの発言も、変化に抵抗する衝動を表現しているのであり、同時にこころを探究することへの恐怖でもあります。これらの発言も、変化に抵抗する衝動の表

れでしょう。

カウンセラーは西本くんの、「自己実現を求める衝動」と「変化を怖れて変わらないことを求める衝動」の葛藤を共感的に理解し、その理解を言葉で返しています。「しんどいお気持ちもあって、「以前はしんどかったけど、この話し合いは要らないかな、という思いもおありですか」と、「解決しなきゃ、とも思う」という発言です。このような共感的で受容的な対話が続いたため、西本くんの防衛は少しずつ緩み、自己実現を求める衝動がより強くなって、対話が進んでいきます。

● 非共感的な応答例 ● ● ●

ここで、カウンセラーの共感が足りない応答の例を挙げます。

古宮　慎重なところがあってご自身のことをしゃべるのが苦手なんですね。

西本　はい。ぼく、慎重なところがあって。自分のことをしゃべるのって苦手なんで。

西本くんのカウンセラーから受け入れてもらえない恐怖を、カウンセラーが自分のことのように想像しながら右の応答をするなら、共感が伝わり対話は促進されるでしょう。しかし、その共感がなければ来談者の言葉の機械的な繰り返しにすぎませんから、カウンセリングは進まないでしょう。

古宮1　それはよかったですね。
（または）
古宮2　今は悩みごとはないんですね。

西本　はい。それに今は元気で、悩んでいるって感じじゃないし。

西本くんの「問題を解決してラクになりたいけど、同時にそれはとても怖い」という葛藤を理解していない応答です。来談者が深い苦しみを隠して表面的に元気な様子を取りつくろっていることはよくありますが、それを見て来談者に、「あなたは問題がありません」とか、「カウンセリングは要らないと思います」と告げるカウンセラーがいるということを耳にすることがあります。また、西本くんがそんなカウンセラーのあり方に共通する理解不足を、露呈しているということを耳にすることがあります。また、西本くんが「今は元気」と語ったのは防衛の表現であり彼の本心ではありませんので、もしもカウンセラーが「元気なんですね」などと返すと、彼が語りたいことからは対話の焦点がズレていきます。

西本 でも、ちゃんと解決したほうがいいことがあるような気がするし……。

古宮1 ええ、ぜひ解決しましょう。

古宮2（または）はい、解決すべきことがあると思いますよ。

右は、西本くんの「自分のこころを本当に見つめるのが怖い」という怖れを、理解も受容もしていない応答です。カウンセラーは、「こころの問題に向き合い、それを解決するべきだ」という価値観を伝えています。カウンセラーが "正しいこと、すべきこと" を伝えると、来談者は本音を言う代わりに、カウンセラーの価値に合わせた言動をするようになります。西本くんの場合は、親御さんの「勉強して良い成績を取るのが良いことだ」という価値観に合わせて自分自身を殺して生きてきたパターンを、カウンセラーとの間で繰り返すことになります。すると、自分の本心を吟味する過程が起きないため連想も進まず、カウンセラーが求める "正しい" ことを話すようになったり、話すことが浮かばなくて困ったりするようになるでしょう。カウンセラーが西本くんに "正しいこと" を教えると、西本くんは「こころの問題に向き合ってそれを解決する

146

という"正しいこと"が怖い」という本音に向き合うことも、なぜ怖いのかを探求し解決することも、できなくなるのです。

●西本くんの躁防衛

では、続いて次の部分の検討に進みましょう。

西本　予約を取ったときはすごくしんどくって。

古宮　すごくしんどかった。

西本　でもここ2、3日はいい感じなんです。今朝は3時まで家でゲームをして、それからちょっと寝て学校に来たんで、からだは睡眠不足のはずですけど。

古宮　3時まで起きてて今朝から学校って大変でしょう？

西本　うん、でもいい感じなんで。でも授業中は、絵本で見た緑色のライオンのことばかり浮かんで、なんでかな……気持ちを話すとか、そういうことってあんまり要らないかなって感じがしてます。

古宮　気持ちを話す気にはならない。

西本　うん、ぼく、まだ1年生なんで、友達があんまりいなくて……。

古宮　友達があまりいない。

西本くんは躁状態にいることがうかがえます。わたしたちの自我は、うつ気分の苦しみに耐えられないとき、躁状態になることによって苦しみを麻痺させようとします。ですから、カウンセラーの「3時まで起きてて今朝から学校って大変でしょう？」という介入は的外れです。大変な苦しい現実と感情に向き合えないために躁状態になっているのですから。そのことを理解していれば、たとえば「ほとんど寝ずに今日は過ごしているんですね」のよう

147　第Ⅲ章　精神分析的傾聴カウンセリングの実際

な、彼の感情に言及しない応答をしたでしょうし、そのほうが適切です。

西本くんの躁症状はまた、「絵本で見た緑色のライオンのことばかり関係ないことばかり浮かんで」や、「気持ちを話すとか、そういうことってあんまり要らない」という発言にも表れています。現実から逃避しなければ自分を保てない苦しみがそこにあり、カウンセラーは、それほど深い来談者の苦しみに思いをはせることが大切です。

● 生きている苦しみに触れはじめる ●●●

躁状態は、内面に触れることを避ける目的で生まれる状態ですが、西本くんは躁状態ではあっても、カウンセリングが進んで内面に触れはじめます。西本くんにカウンセラーの共感と無条件の受容が少し感じられたため、カウンセリングが進展しているのです。

西本　この学校って、ギスギスしてると思いません？
古宮　ギスギスして居心地が悪いんでしょうか？
西本　教授って勉強のことばっかりだし、学生もそうなんです？
古宮　先生も学生も勉強のことばかりで、しんどい。
西本　そうなんですよ。

（このあと西本くんは、友達ができないことや、何を専攻するか決められないこと、などについて話す）

西本くんが右の部分で、「この学校って、ギスギスしてると思いません？」と発言したのは、カウンセラーがこの学校の雰囲気をどう感じているかを知りたいからではなく、彼が居心地悪く感じているということを分かってほしいからです。ですからこの場面で、学校がギスギスしているか否かについてカウンセラーが自分の考えを述べるのは、ナンセンスです。カウンセラーはそれを理解したので、「ギスギスして居心地が悪いんでしょうか？」と応答し

148

ました。

このときカウンセラーは、「この学校はギスギスして居心地が悪いんでしょうか？」とは応答しませんでした。ギスギスしている主語を、学校と限定することを避けたのです。これは適切だったと思います。というのは、西本くんがギスギスを感じているのはこの世の中すべてであり、彼がいつもそうしてギスギスして生きているその根本は、親との関係がギスギスしているからです。カウンセラーは、西本くんがいつもギスギスを感じている根本原因の悩みに共感的に思いをはせながら、学校に限定することなく彼の苦しみに応答しました。

● 怒りに触れはじめる ●●

カウンセラーのその適切な共感と応答によって、西本くんは怒りを少し表現することができました。「教授って勉強のことばっかりだし、学生もそうなんです」という発言がそうです。先ほど、対人恐怖の人は怒りを抑圧しているとお伝えしましたが、彼の抑圧されていた怒りが表現されはじめました。この時点で、怒りに対する怖れの両方に思いをはせながら、「先生も学生も勉強のことばっかりで、しんどい」と返しました。まだこの時点では、「腹が立つんですね」とか、「怒りを感じるんですね」といった応答は、直接的すぎたでしょう。西本くんは、怒りを怒りとして明確に感じることも、怒りに対する罪悪感もまだ明確にできず、漠然と「しんどい」と感じているようにカウンセラーに思えました。ですから、その共感を伝えるために「しんどい」という言葉で応答したのです。

カウンセラーが、西本くんの怒りと怒りに対する罪悪感について共感的かつ受容的な態度を維持していると、西本くんにとって怒りを抑圧する必要性が低下し、怒りをより感じて表現することができるようになります。そして、わたしの臨床経験では、セッションにおいて怒りをありありと感じ表現する過程を経るにつれ、対人恐怖の症状は徐々に軽くなっていきます。

●親への愛情欲求の転移

西本くんが、「先生も学生も勉強ばかりにこだわる」と怒りを感じていることからうかがえるのは、西本くんの親が勉強や成績に高い価値を置き、西本くんは「成績が良くないと愛してもらえない」と信じて育ってきたということです。つまりそれは、西本くんは「無条件に愛されている」という実感が少なく、「ぼくは本当は愛される価値の低い人間だから、良い成績を取ることによって価値を勝ち取らないといけない」と信じている、ということです。ですから、西本くんには「ぼくは本来は価値の低い人間だ」という劣等感があり、彼はそれに苦しんでいます。

「先生や学生が勉強ばかりこだわる」という西本くんの知覚は、ある程度は現実を正確にとらえたものかもしれません。しかしそれと同時に、その知覚には投影の側面もあるでしょう。「先生や学生が勉強ばかりこだわるから腹が立つ」という認知と感情は、西本くんが親に対して抱いているもので、それが学校の先生と学生たちへと転移されているという側面もあるのです。

また、西本くんがカウンセリングに来たのは、親の愛情と関心を求めての幼児的欲求を満たしてもらうことを求めてのことでしょう。彼はそのことを洞察してはいませんが、カウンセリングが進むにつれ、彼は激しい愛情欲求をカウンセラーに向けるようになります。

この時点でカウンセラーが共感的に理解すべき特に大切なことは、次の4点です。

（1）西本くんは、カウンセラーの愛情を強く求める幼児的な依存的な欲求と、その欲求をカウンセラーに向けざるを得ない原因である彼の慢性的な愛情飢餓の苦しみに、思いをはせること。

（2）彼の慢性的な愛情飢餓の源は、親の無条件の愛情があまり感じられなかったことであり、西本くんは親の言動から「成績が良くなければ愛してもらえない」と感じたこと。その痛みに思いをはせること。

150

(3) 西本くんは、幼児的な愛情欲求を満たすためにカウンセリングに来ている、ということ。彼自身はそのことにまだ気づいてないが。

(4) 幼児的愛情欲求をカウンセラーに向けているため、カウンセラーから好かれたい、カウンセラーの愛情を失いたくない、という強烈な欲求を抱いている。その依存的な愛情欲求に思いをはせること。

●こころの痛みを身体の苦痛に置き換える ● ● ●

セッション中ほどでは、カウンセラーの理解がかなりズレています。そのことについて詳しく見ていきましょう。

西本　試験期間中は体調が悪くて、しんどかったです。

古宮　風邪ですか？　それとも貧血とかそんな感じ？

西本くんは親から「勉強のできる子じゃないと愛さない」というメッセージを感じて育ったため、「成績が悪いと、ぼくは愛される価値のない人間だ」と感じられるのです。その恐怖のため、試験がすごくしんどいのです。来談者が、「学校でしんどくなった」とか、「試験中に苦しくなった」と語ったときは、来談者は親から受けた勉強や成績に過剰に価値を置くメッセージが原因となって苦しんでいるのかもしれない、という仮説を連想しながら話を聴くと、共感的理解に役立つことが多いと思います。

西本くんはしかし、「成績が悪いと、ぼくは愛される価値のない人間だ」と感じる苦しみを受け止めることができないため、それを身体的な苦しみや異常として経験します。こころの深い苦悩に本当に向かってそれを感じることに比べたら、からだの苦痛のほうがずっとマシなのです。ですから「（こころではなく）体調が悪くて、しんどかったです」と述べました。ところがカウンセラーはそれを理解せず、「体調が悪いとはどういう病気なのか」を

151　第Ⅲ章　精神分析的傾聴カウンセリングの実際

はっきりさせよう」として、「風邪か貧血か」という質問をしています。カウンセラーがこのように来談者の苦しみを理解しないことが、西本くんの苦しみの本質が理解できていなかったり中断したりする主な原因です。

西本くんは、苦しみをもっと理解して話を続けます。

西本 テストを受けている最中に、呼吸が荒くなって、倒れそうになったけど、ぐっと耐えたんです。
古宮 呼吸が荒くてしんどくなったけど、耐えたんですね。
西本 はい。（沈黙）

このカウンセラーの介入もまずいです。重要なのは西本くんの苦しみの訴えなのですが、カウンセラーは苦しみよりも、「耐えたんですね」のほうに力点を置いて返しています。西本くんの苦しみの表現に沿う応答は、「倒れそうなほどしんどくなったんですね」とか、「息が苦しくて倒れそうなほど苦しかったんですね」のようなものでしょう。

この例のように、来談者は気持ちの苦しさや辛さを分かってほしいのに、カウンセラーの注意がそこに向かず行動に向いてしまう例を、わたしはしばしば見ます。たとえば次のような対話です。

来談者 母に電話口で怒鳴ったんですよ。どうしてお父さんのことを悪く言ってばっかりなのって！
古宮 お父さんのことを悪く言うから、怒鳴ったんですね。

重要なことは、来談者の怒鳴るという行動ではなくて、その行動が表現している怒りという感情です。ですか

ら、その怒りを自分のことのように感じながら、「お母さんがお父さんを悪く言うので、我慢できないほど腹が立ったんですね」「お父さんの悪口を聞かされて、ものすごく腹が立ったんですね」のように、応答の声にその怒りを込めながら返すほうが適切です。

●カウンセラーの共感不足による詮索的な応答

西本くんとカウンセラーの対話に戻りましょう。カウンセラーの共感が欠けているため、西本くんは連想が湧かず、沈黙がちになりました。すると、カウンセラーは「話しづらいカウンセラーだと思われるんじゃないか」と不安になって焦ってしまい、沈黙を埋めようとして質問をします。カウンセラーはまた、西本くんの気持ちに細やかに共感するよりも、状況を明らかにしようとします。それが次の対話です。

西本　いえ、とくに。病院で診てもらったとか、診断されたとか、そういうことはないです。
古宮　呼吸が荒くなったということですけど、ぜんそくなど、そういう病気になったことはあるんですか？
西本　物理の基礎です。
古宮　何のテストだったんですか？

西本くんは「良い成績を取り続けなければ親から愛されない」という強い恐怖を抱いていますが、その恐怖に直面することが辛すぎてできません。カウンセラーにはそのことも理解できていないため、次の対話になりました。

古宮　緊張するんですかね？
西本　そうですかね……（西本くんはしきりに首を回したり肩を揉んだりする）
古宮　そうですか。じゃあストレスでなったんですかね？

153　第Ⅲ章 精神分析的傾聴カウンセリングの実際

西本　肩はこりますね。試験期間中も肩こりだったし。
古宮　勉強のことになると緊張するんでしょうか？
西本　どうかな？……

カウンセラーの共感が不足したため、西本くんは防衛的になりました。しかしこの場合は、西本くんはそれでも彼の苦しみをこのあと自発的に語ります。特に、健康度が高く、カウンセリングへの動機の高い来談者ほどそうです。カウンセラーに不足があっても、来談者はある程度まではそれを埋めてくれるものです。

西本　でも勉強はずっと無理してきた。
古宮　無理してきたことにご自分で気づいているんですね。
西本　単位が取れるか、就職できるか、考えると怖いです。
古宮　怖い。
西本　留年したり、ニートになったりしたら、自分がどうなるか分からない。
古宮　どうなるかわからない。

右の、「無理してきたことにご自分で気づいているんですね」というカウンセラーの応答もよくありません。このような言い方をすると、「気づくことが良いことです」というカウンセラーの個人的な価値観を伝えるからです。特に、カウンセリングを勉強したことのある来談者は、「気づきは良いことだ」という価値観を学んでいることが多いものです。そんな来談者に対してこのような応答をすると、来談者は「〇〇に気づいた、と言えばカウンセラーは認めて受け入れてくれるんだ」と感じて、実感も本当の変化も伴わず高度に知性化された〝気づき〟につい

て、たくさん話すようになることがあります。「わたしが男性が苦手なのは、父親が怖い人だからだと気づきました」とか、「他人と過去は変えられないから、自分が変わることが必要だと気づきました」などです。

このように、道徳的・倫理的に"良いことだ"とされている価値観を伝えてしまわないよう、カウンセラーは留意する必要があります。たとえば、「まじめに働いてこられたんですね」「お子さんをすごく愛しておられるんですね」「相手の立場に立つことが大切だと思われるんですね」などの応答をすると、来談者はそれらの一般的に"正しい"とされている価値観に外れる本音を話しづらくなります。

しかし、幸いこの場合は、西本くんには「気づきが大切です」というメッセージは伝わらなかったようです。彼には、「カウンセラーはぼくの苦しさを分かってくれている」と感じられたようです。そこで、より深い苦しみを語りました。それが、「単位が取れるか、就職できるか、考えると怖いです」という語りです。これは、「親は、ちゃんと単位をとって就職しなければぼくを認めないし愛さない。その期待に応えられないかもしれない」という恐怖を語ったものです。彼には、親から愛されない自分は存在している価値さえない、と思えるのでしょう。その思いが、「留年したり、ニートになったりしたら、自分がどうなるか分からない」という語りになっているのでしょう。その思いまたは、自分がどうなるか分からないというのは、「親の期待に添えなければ、ひどい絶望のあまり自分のなかにある激しい攻撃性が抑えられなくなり、自己破壊的なことをしたり、親を破壊したりしてしまうんじゃないか」という恐怖を語っているのかもしれません。

●カウンセラーへの不信感●●●

西本くんのカウンセラーに向けられた不信感は、ここまで検討してきた対話によって軽減されました。それによって彼は、悩みについて話しはじめることができました。次の語りがそうです。「予約を取ったときはすごくしんどくって」「ぼく、まだ1年生なんで、友達があんまりいなくて……」「そいつも母子家庭なんで」。

しかし、西本くんのカウンセラーへのおびえと不信感は、セッション中もずっと続いていました。そのことを示

155　第Ⅲ章　精神分析的傾聴カウンセリングの実際

すのが、セッション終了前の彼の次の言葉です。

西本 ここで話しているように、愚痴やしんどいことを人に話したいんです。でも、ぼくの話を聞いて相手の気が重くなったりすると悪いし、相手が責められたと感じてもイヤだし、分かってくれないかもしれないし。

古宮 聴いてもらいたいけど、ちゃんと聴いてくれるかどうか不安。

西本くんの右の語りは、次の四つの相反する思いを表現したものだと思います。

（1）人々への不信感があるためこころを開けない苦しみ。
（2）カウンセラーは他の人々と違い共感的で受容的なので話しやすい、というホッとする思い。
（3）そのことをカウンセラーに伝えることによって、カウンセラーから「良い来談者だ」と思われたい、という欲求。
（4）でもこのカウンセラーだって、ここまでは共感的で受容的な様子で聴いてくれたみたいだけど、もしも本音をさらに話すと、ぼくのことを好きではなくなったりするんじゃないか、ぼくを批判したり、分かってくれなくなったりするんじゃないか、という怖れ。

ここでカウンセラーは、（1）の人への不信感を言葉で返しました。それが「聴いてもらいたいけど、ちゃんと聴いてくれるかどうか不安」の応答です。（1）の不信感がこの場面では来談者にとって最も重大で、最も分かってほしいことだと思ったからです。

西本くんには、カウンセラーが彼の気持ちを彼の身になって共感的に理解していることが、ある程度は感じられ

てきました。そこで彼は悩みごとを語りたくなり、孤独感の苦しみをこのあと語りはじめます。

● 孤独感を婉曲に語る ●●●

西本 まだ1年生なんで、友達もあまりいなくて……。

古宮 友達があまりいない。

西本くんに友達があまりいない原因は、人にこころを開いて友達を作る能力が低いことです。しかし彼にはその現実に直面することは辛すぎます。そこで、友達がいない理由を「まだ1年生だから」と語っています。西本くんの語りに対してカウンセラーは「友達があまりいない」とだけ返し、「まだ1年生だから」という部分には反応していません。その理由は、「1年生なんで」というのは西本くんの本音ではなく、重要なのは彼の孤独感だからです。傾聴の応答ではこのように、来談者が表現していることの重要な部分だけを言葉で返すことが大切です。不要な部分まで返すと焦点がぼけてしまい、来談者にとって重要なことを語りづらくなります。良くない例の一つには、「まだ1年生だから友達があまりいないんですね」という応答があります。この場面では、カウンセラーは西本くんの孤独感を自分のことのように想像しながら、共感したことがらを適切に言葉にして応答しているので、西本くんの語りはさらに進みます。それを見てみましょう。

● 対人不信の苦しみを語る ●●●

西本 同じ授業を取っているヤツで、話をするようになったヤツがいるんです。そいつも母子家庭で、コイツなら分かってくれるかも、と思ってうちの親のことを話したら、「甘えてる」って言われて（笑）。家に帰ってからすっごくモヤモヤして……。

157 第Ⅲ章 精神分析的傾聴カウンセリングの実際

古宮　その人に、思い切って親御さんのことを話したのに批判されて、すごくモヤモヤしたんですね。

西本　余計なお世話だと思って。

古宮　腹が立った。

西本　すごく腹が立ったんです。何様だと思ってるんだって。

西本くんはクラスメートに、親子関係の苦しみを話したのに分かってもらえず、「甘えている」と言われてすごく腹を立てたのは、他者の関心と受容を強く求めているからです。彼が分かってもらえなければ、「そうなんだよな、オレ、甘えてるところがあるんだよな」で済み、腹を立てることはなかったでしょう。ここでカウンセラーが行う大切なことは、西本くんの他人の関心と受容を強く求めずにはおれない孤独感と、彼の怒りに想いをはせながら、耳を傾けることです。

カウンセラーが共感的かつ受容的に「腹が立った」と応答したので、西本くんに、「カウンセラーはぼくの怒りを理解し受け止めることができる」ということが伝わりました。そのため彼は、本音である怒りをさらに語ることができました。

さらに西本くんの語りは、悩みの核心に近づいていきます。対人不信の苦しみについて語るのです。

西本　友達は欲しいけど、距離を置きながらじゃないと付き合えないなって。

古宮　やっぱり人とは距離を置かなければ傷つく、と思ったんでしょうか？

西本　用心しないとね。身構えないと。

古宮　身構えないといけない、と。

158

西本くんは、クラスメートについて「距離を置きながらじゃないと付き合えない」と述べました。これは、クラスメートについて述べているだけではなく、彼の基本的な対人不信感の表現です。しかし、カウンセラーがそれを理解していないと、「一人の友達に"甘えている"と批判されたからって距離を置くなんて、極端だなあ」と、非受容的に受け取るかもしれません。少なくとも、この発言が彼の深い苦しみを表現しはじめた重要な発言であることは分かりません。その共感の欠如は来談者に伝わります。

さらには、共感が欠如したカウンセラーは次のような応答をするかもしれません。「誰もがその人のように、あなたを批判するわけじゃありませんよ」「どうやって距離を置くんですか」「あなたの不満をその人に話しましたか」。

「その人は、別にあなたを傷つけようと思って言ったわけじゃないと思いますけど」。

また、希望的な言い方で応答するカウンセラーがいます。この場合だとたとえば、「友達は欲しいけど、距離を置きながらじゃないと付き合えなくて」に対し、「人と距離を置かずに付き合いたいんですね」のようにです。同様に、「まだ１年生なんで、友達もあまりいなくて」に対し、「早く友達が欲しいですよね」という応答も希望的です。これらの希望的な応答には来談者の苦しみへの共感が欠けています。そのため表面的な対話になりがちです。

西本くんとのこの対話では、カウンセラーは彼の基本的な対人不信感が理解でき、人々に対する彼の不信感とおびえを想像しながら、「やっぱり人とは距離を置かなければ傷つく、と思ったんでしょうか？」と返しました。それが十分に共感的な応答になったので、彼は不信感について「用心しないとね。身構えないと」と、より具体的に語ることができました。

●**カウンセラーに向けられた不信感** ● ● ●

次に、西本くんの対人不信感が、カウンセラーに向けられていることが明らかになる対話が生じました。

159　第Ⅲ章　精神分析的傾聴カウンセリングの実際

西本　あの、もうすぐ（今日のセッションが）終わりですね。カウンセリングって、ぼくが思っていることを言うだけなんですか？

古宮　ちょっと物足りない感じがされますか？

西本　こうして話しているとどうなるのかな、と思って。

西本くんの「カウンセリングって、ぼくが思っていることを言うだけなんですか？」という発言は、質問ではなく、不満を婉曲に表現したものです。来談者がカウンセラーに本当の意味で質問をすることは、ほとんどありません。質問形式の発言は、そのほぼすべてが不満、依存欲求、または怖れが婉曲に表現されたものです。もっとも、来談者自身もそのことに気づいていないことが多いものですが。カウンセラーの共感が不十分なときに、来談者はよく質問をします。共感の足りないカウンセラーほど、来談者から質問をされたりアドバイスを求められたりするものです。

カウンセラーは、来談者の質問が何の表現であるかを理解し（推測し）、それを言葉で返すのが効果的な応答です。今の例では、「ちょっと物足りない感じがされますか？」の応答がそれにあたります。このときカウンセラーは、西本くんの質問が、「今日のセッションは物足りない。もっとカウンセラーから愛情が欲しい」という不満の表現だと理解したのです。そこからの対話で、西本くんのカウンセラーに対する不満がよく明確になっています。彼の「少し話しづらい感じです」という発言が、不満を表現したものです。

西本くんが不満を抱いた原因として、次の三つが考えられるでしょう。

（1）カウンセラーに対する西本くんの不信感が強いために、あまり本音を語ることができず、比較的差し障

160

りのないことしか語れなかった。それゆえ、本当の気持ちを話せてホッとしたという感覚はないし、ありのままの自分を共感的に理解され、受け入れてもらえたとも感じられない。そのため、今回のカウンセリング・セッションにあまり意味を感じられなかった。

（2）西本くんのカウンセラーへの愛情欲求が過剰なため、カウンセラーが提供できる以上のことを求めている。たとえば、簡単なアドバイスによって苦しみを解決してほしい、など。

（3）カウンセラーの共感に足りないところがあったか、もしくは共感はしていたが応答技術が拙（つたな）いため共感が伝わらなかった。そのため、セッションにあまり意味を感じなかったし、このままセッションを繰り返しても気持ちが変わるとは感じられなかった。

●西本くんの過剰な愛情欲求

右の三つの理由のうち、カウンセラーに対する、（1）不信感と、（2）過剰な愛情欲求が同時に存在します。対人不信の強い人は、他人に対して過剰な愛情欲求を抱えているものです。それゆえ、他人は自分の欲求を満たしてくれないと感じて傷つくし、再び傷つくことが怖くて対人不信になるのです。また、過剰な愛情欲求には攻撃性が同時に存在します。愛情を十分に与えてくれなかった親に対して、幼児期に感じた怒りがこころにあるからです。甘え欲求の強い人は、相手が甘えに応えてくれないとき、激しい攻撃性を発揮します。このことについて詳しく考察しましょう。

幼少期に親からの無条件の愛をあまり感じられなかった来談者ほど、そのことからくる慢性的な愛情飢餓感に苦しんでいます。そして、その苦しみを和らげようとして、人々の関心と愛情を求めます。しかし、そういう来談者が本当に求めているのは、幼少期の親からの心理的かつ身体的に密な愛情です。しかも、愛情剥奪の苦しみが乳幼児期や幼児期という人生の早い段階で起きた場合ほど、来談者は乳幼児が親から求めるような愛情を、今の周囲の人

たちから求めます。つまり極端な場合には、カウンセラーなど大切な人から、毎日24時間ずっと関心を向けてほしいと求めるのです。そのような幼児的な愛情欲求が、現在の大人の人間関係で満たされるはずがありません。ですから、来談者は人間関係において不満を抱かざるを得ないのです。

西本くんの「カウンセラーって、ぼくが思っていることを言うだけなんですか？」という発言は、愛情欲求の表現です。「カウンセラーからもっと話してほしい」ということであり、それは本当は、「もっとぼくに愛情と関心を与えてほしい」ということです。しかし、西本くんのこころには、カウンセラーに対してそのように依存的な愛情欲求を抱くことを禁ずる気持ちもあるでしょう。ですから、仮にカウンセラーが「わたしからもっともっと関心が欲しいのですか？」とこの時点で尋ねても、「そういうことじゃありません」と否定するだけで、有益な気づきにはならないでしょう。

ともかく、西本くんの質問は彼の愛情欲求の表現であり、彼が本当に求めているのは幼少期だったころの親の愛情です。そのため、カウンセラーが質問に答えたりアドバイスをしたりしても、西本くんが満たされることはありません。愛情飢餓感がいっそう募って、もっと、もっと、とさらに求めるようになることもしばしばです。そして募る愛情飢餓感が、さらに質問を重ねるという形で表現されることもよくあります。

来談者が質問をするのはほとんどの場合、来談者の依存的な態度を示しています。ですから、来談者が感じている依存せざるを得ない寄る辺なさに、共感することが大切です。

（3）のカウンセリングの共感不足は、カウンセリングが中断する原因として最も大きなものでしょう。ただ、完璧なカウンセリングなどあり得ませんし、完璧なカウンセリングができる必要もありません。問うべきは、来談者が「さらに時間とお金を使ってでも、またカウンセリングに来たい」と感じられるだけの共感的理解と無条件の受容ができ、それを来談者が感じられるよう応答ができたか、ということです。

162

●来談者の質問の意味

カウンセラーは、西本くんの質問が本当の質問ではなく不満の表現であること、その不満の底には寄る辺なさと依存的な思いがあることを理解していました。そこで、彼の不満を言葉にして返しました。「ちょっと物足りない感じがされますか?」という問いかけがそれです。この問いかけがきっかけになり、西本くんは質問によって間接的に表現していた不信感を少しだけ語ることができました。西本くんの「こうして話しているとどうなるかな、と思って」という発言がそれです。

来談者の質問は質問ではなく、不満、怖れ、依存欲求などの表現であることが分かっていないと、来談者の質問に答えることの無意味さが理解できないでしょう。たとえば「カウンセリングって、ぼくの思っていることを言うだけなんですか?」という発言に対して、「カウンセリングとは、来談者が自分の気持ちを話して気がついていくもので、カウンセラーはアドバイスをしません」のように、カウンセリングについて教えようとするカウンセラーがいます。しかしそういう応答では来談者は自分の思いを理解されないため、いっそう本音を語りづらくなります。そのため連想が湧かなくなり、さらに質問を重ねることがよくあります。または、カウンセラーの答えが理屈で、"正しい"ものであれば、来談者は理屈だけ納得せざるを得ません。すると、もっともらしい理屈を話すようになり、本心は話しづらくなります。そのようなカウンセリングは中断します。

●カウンセラーへの不信感の明確化

西本くんのセッションではここから、カウンセラーに対する彼の不信感がより明確になっていきます。

古宮　西本くんがお話しされた、人には身構えないといけない、と思って話しづらい感じが、こちらでもありますか?

西本　うーん……絶対ないとは言い切れない感じです。

163　第Ⅲ章　精神分析的傾聴カウンセリングの実際

古宮　まだちょっとわたしが信頼できない感じも、少し感じておられるんでしょうか？
西本　聴いてもらっている感じですが、今までにない感じで……ちょっと違うというか……。
古宮　少し話しづらい感じ。
西本　少し話しづらい感じです……先生のうなずく顔がちょっと怖い感じがしました（笑）。すいません。
古宮　わたしが怖く感じて、話しにくかった。
西本　はい……。ぼく、オンラインゲームにはまると、止まらなくなるんです。
古宮　そうなんですか。
西本　話しにくい感じはするけど、そういうことも話せたらなって思います。
古宮　今日は時間なので、怖くて話しづらいという感じはとても大切なことだと思いますので、また来週こうして時間を取って、もしわたしが怖い感じが気になるようでしたらそのことについて話し合えたら、と思いますが、いかがでしょう。
西本　カウンセリングって初めてだし、ぼくは人見知りなので、慣れるまでに時間がかかるかもしれません。初めてのことって、怖いです。
古宮　怖い。ご自身のことを話せるのは、時間がかかるかもしれない、と。
西本　そうかもしれません。分からないです。
古宮　じゃあ来週の木曜日、今日と同じ2時にお待ちしたいのですが、よろしいでしょうか
西本　はい、よろしくお願いします。
古宮　お疲れさまでした。
西本　ありがとうございました。

この場面でカウンセラーが行ったことは主に、西本くんのカウンセラーに対する陰性転移反応を共感的に明確化することです。「少し話しづらい感じ」「わたしが怖く感じて、話しにくかった」などの応答がそうです。カウンセラーへの不信感やおびえを共感的に理解され、受け入れられたことにより、西本くんのカウンセラーへの信頼感が高まりました。

すると西本くんは、「ぼく、オンラインゲームにはまると、止まらなくなるんです」と述べました。これは、「カウンセラーに転移欲求を充足されると、カウンセリングをやめられなくなるんじゃないか」という不安の表現だと思います。西本くんは不安な気持ちを共感的に理解され受容されたことによって、「もっと分かってほしい」「もっと関心と愛情を注いでほしい」と求める欲求が湧き上がってきそうになったのでしょう。すると、カウンセラーに依存的になってどこまでも愛情欲求を求めてしまいそうで、それが怖くなって、「ゲームがやめられなくなる」という連想が浮かんだのだと思います。

ところが、カウンセラーは西本くんのそのこころの動きを理解していなかったため、「そうなんですか」「やめられなくなりそうでちょっと不安なんですね」などの非共感的で反応の薄い応答をしています。より共感的な応答としては、「やめられなくなる」という本くんの激しい依存欲求と、その欲求への恐怖（罪悪感）を、できるだけ西本くんの身になって想像して理解することです。繰り返しお伝えしていますが、西本くんのその欲求には、幼児が親を広義の性的に求める執着的な性質があります。その質に思いをはせて、彼の苦しみを想像することが大切です。

しかし、何と言って返すかということよりもっと重要なことは、「カウンセラーに限りなく甘えたい」という西本くんの激しい依存欲求と、その欲求への恐怖（罪悪感）を、できるだけ西本くんの身になって想像して理解することです。

●**カウンセラーの積極的な働きかけ** ● ● ●

カウンセラーはこの場面で、陰性転移を共感的に明確化するとともに、より積極的な働きかけも二つ行っています。

165 第Ⅲ章 精神分析的傾聴カウンセリングの実際

その一つは、カウンセラーのことが怖いという気持ちを話したくなれば話し合いましょう、という呼びかけです。わたしは基本的に、カウンセラーが対話の内容を指定したり制限したりすることは、来談者の自由連想を妨げるので好きではありません。しかし、カウンセラーに対する不信感・不安感は、来談者にとって大変重要なことに感じられるものですし、それをある程度解決しなければカウンセリングが進みませんので、来談者にこの介入を行いました。それでも、カウンセラーに対する不信感について次回に話し合うかどうかは来談者が決められるよう、「もしわたしが怖い感じが気になるようでしたらそのことについて話し合えたら、と思いますが、いかがでしょう」と伝えています。

カウンセラーが行ったもう一つの積極的な介入は、次回の面接予約について「じゃあ来週の木曜日、今日と同じ2時に」と伝えていることです。「次回はどうしますか？」と来談者に尋ねるカウンセラーが多いようですが、その言い方は来談者には突き放したような言い方に聞こえることがあります。カウンセラーが再び話し合いの機会を持つのに積極的な気持ちであることは、控えめな言い方で伝えるほうがよいことが多いでしょう。

166

事例2 エディプス葛藤に苦悩する男子高校生

異性の親を広義の意味で性的に求めるエディプス葛藤の苦しみは、来談者の語りのなかにどのように表れるでしょうか。また、来談者のエディプス葛藤の苦しみにどう対応すればいいでしょうか。これらについて考察しましょう。

■来談者

佐藤くん（17歳、男性）高校3年生

■来談のいきさつ

佐藤くんは1年前から不登校になったため、担任の先生の勧めで心療内科に相談するとともに、公立の教育相談所に来談しました。医師からはうつ病の診断を受け投薬が行われていますが、はっきりした効果はありません。教育相談所では、これまで週1回のセッションを3回行いました。話した内容は主に、学校の先生たちや生徒たちへの怒り、趣味のオンラインゲームについてであり、家族については語られませんでした。4回目のセッションで、初めて家族について語りはじめました。そのセッションより抜粋します。

佐藤　ぼくが幼稚園のころ、母が家を出たんです。

古宮　そうなんですか、お母さんが出て行かれたんですか。

佐藤　はい、そのあと父はすぐ結婚したんで、ぼくは父とお義母さんに育てられたんです。父とお義母さんは仲

古宮　が悪くてしょっちゅうケンカをしていました。
佐藤　そうなんですね……。
古宮　（淡々とした様子で）父とお義母さんの間に妹が生まれたんですけど、お義母さんは妹ばかりをかわいがるんです。
佐藤　お義母さんは佐藤くんより妹さんばかりをかわいがったので、すごく傷ついたんでしょうか？
古宮　うーん……。妹ばっかりえこひいきされた。
佐藤　妹ばっかりえこひいきされたのは、いい気分じゃないですよね……。（沈黙）
古宮　ぼくの中に悪魔の部分があって。
佐藤　悪魔の部分？
古宮　はい……。妹がわがままを言ってケンカしたら、ぼくだけがお義母さんから責められて叩かれたりね。
佐藤　それが、ぼくの悪魔の部分というか黒い部分というか、そこにつながっているんです。
古宮　自分の中に、すごく悪い感情があると感じる。
佐藤　腹が立つって、良くないと思うんですよ。
古宮　腹が立つ気持ちが悪い感情だと感じる。
佐藤　うん……恨みとか。
古宮　恨む気持ちが、怖い。
佐藤　怖いですね……。
古宮　怖い。
佐藤　でもね、はっきり言ってね、お義母さんには恨みがあります。

佐藤　佐藤くんとしては、恨む気持ちは怖いけど、でも同時に、正直言うとお義母さんを恨んでいる。父も、コンピューターの仕事なんですけど、そっちが忙しくてかまってくれなかったんです。

古宮　お父さんもかまってくれなかった。

佐藤　お義母さんは妹をえこひいきするし、愛情なんか感じないっていうか。お義母さんの愛情は感じられないし、お父さんもかまってくれなかった。

古宮　寂しかった……。

佐藤　寂しかった。

古宮　（感情を込めて）腹も立ちますよ。

佐藤　本当に腹が立つ。

古宮　すごく不公平じゃないですか。なんでぼくばっかり叱られないといけないって、ずっと思ってました。不公平に叱られて、ずっと不満を感じてこられたんですね。

佐藤　ぼく、変わってるって言われるけど、宮沢賢治を尊敬してるんです。自分のことは後回しで困った人を助けたところが、すごいと思うんです。

古宮　自分のことは差し置いて他人を助けたことを尊敬する。

佐藤　思いやりのある人で、人を恨んだりしない人だと思うんです。

古宮　佐藤くんとしては、人を恨む苦しさをすごく感じておられるんでしょうか。

佐藤　はい……。恨むとか、憎むとか、そういうことって苦しいです。（涙）

古宮　恨んだり憎んだりすることに罪悪感をお感じなんでしょうか？

佐藤　自分が小さい人間みたいに思えて。担任の○○先生がね（ここから、担任の先生が佐藤くんをバカにする

169　第Ⅲ章　精神分析的傾聴カウンセリングの実際

古宮　ご自身の恨みや、満たされない寂しさや、不安があまりにこころに大きくて、耐えがたいほどなんでしょうか？

佐藤　親は分かってくれないし、担任の先生だってこんなこと話せないんです（泣）……悲しいです……交通事故で人が死ぬとか、殺されたほうも殺したほうもすごく辛いじゃないですか。そんな不幸が世の中にいっぱいあるのが、悲しいです。（泣）

■解説

佐藤くんは4回目のセッションまで、家族について話すことがありませんでした。そのことから、家族関係にまつわるこころの痛みがかなり激しいことが推測されます。そうでなければ、来談者は親や配偶者について、早い段階で語るものです。

●家族について話さないことの意味●●●

たとえ主訴が親子関係や夫婦関係に関連していないときであっても、来談者が父親と母親について、あるいは配偶者についてなかなか自発的に話さないとき、または話したとしても事実について簡単にしか話さないときは、親や配偶者や恋人について話さないこころの痛みがあるものです。また、配偶者や恋人について話さない来談者の多くは、性的なことへの禁止（罪悪感）が強いものです。このように、来談者がそれらのことがらについてみずから話そうとはしないという事実が、来談者を理解する重要な手掛かりになります。

来談者が家族について自発的に話さないとき、カウンセラーのなかには、家族のことを安易に質問する人がいます。しかし、わたしにはそれはあまり援助的なやり方には思えません。たとえば「インテーク面接（初回面接）では来談者について情報を得ることが必要だ」ということで、来談者がみずから話していないことがらについてまで、あれこれ尋ねることが多く行われています。そのことについて、わたしの考えをお伝えします。

●事情聴取では変化は起きない

カウンセリングにおいて意味があるのは、来談者が語ることによってこころに動きが生じることです。話すこと自体に意味があるわけではありません。もし、話をしたり情報を集めたりすること自体に意味があるなら、警察の事情聴取によって犯罪者は更生するはずです。面接が、情報収集のための事情聴取ではなく、来談者の成長と癒しをもたらす営みになるためにカウンセラーが行うことは、来談者の話についていきながら、来談者が経験していることを深く共感的に理解し、応答によってその共感を伝えることでしょう。

「インテーク面接で情報を集め、それをもとに見立てとカウンセリングの方針を立てて、以降のセッションに臨む」と考えるカウンセラーがいます。しかし、傾聴によるカウンセリングで大切なことは、来談者の家族構成とか、出生時の体重とか、いつからいつまで不登校になったとか、そのような表層的で形式的な〝来談者理解〟ではありません。そのような来談者理解から立てることのできる「見立てとカウンセリングの方針」を、ケース研究会などで何度も聞いたことがありますが、それはあまりに表層的で形式的なものにすぎず、決して来談者の深い変容と癒しを促進するものではありません。

治療的な見立てとは、来談者の経験をなるべく来談者の身になってありありと感じ味わう、共感的な来談者理解です。そしてまた、カウンセリングによる来談者の変容と癒しの過程は、初回面接から始まります。そうでなければ、初回面接が意味あるセッションにはならないでしょう。

171　第Ⅲ章　精神分析的傾聴カウンセリングの実際

●見立てとカウンセリングは同時に進む(2)

見立てとカウンセリングはいつも同時に進みます。「インテーク面接で情報を集めて見立てを立て、その後カウンセリングが始まる」のではありません。

来談者についての共感的理解がより広く深いものになる（見立てを立てる）につれ、そのより広く深い共感が来談者に伝わります。すると来談者の語りはより深まり、より深い情緒的な自己探求が生じるとともに変容が進みます。来談者はそれまでは気づいていなかった感情や思考を、よりありありと明確に感じるようになり、それを語ります（カウンセリングの進展）。それによって、カウンセラーはさらに広く深い共感的理解が進みます（見立てが進む）。同時に来談者にも、自分自身が感じていることについてより広く深い理解が進み、それが自己受容に通じます。自分自身への無条件の愛と受容が広がり深まる（カウンセリングの進展）。これが変容と癒しの過程であり、カウンセリングの過程です。

このように、来談者についての情報収集と見立て、そして変容と癒しの過程は、初回面接を含めすべてのセッションにおいて同時進行で起きています。ですから、一部のカウンセラーが考える、「初回の『インテーク面接』で情報収集をして見立てを立てるが、それはカウンセリングではなく（変容と癒しの過程ではなく）、初回以降にカウンセリングをする」というのは、来談者の経験から乖離したものです。来談者にとっては、カウンセラーとの間で起きるすべてが、さまざまなことを感じたり考えたりする経験であり、それによって影響を受けます。ですから、「カウンセリングではない情報収集」のセッションなどあり得ません。

ここで、話を佐藤くんのセッションに戻しましょう。

●カウンセラーが来談者に話させることの弊害

仮に、佐藤くんのカウンセラーがもっと早い時点で両親のことを尋ねたとしたら、お義母さんに育てられた事実についても、初回面接で話したかもしれません。しかし、それはあくまで情

172

報として話すだけですから、それによって癒しや成長に向かうこころの動きが起きるわけではありません。

それどころか、カウンセラーはその質問をすることによって、来談者に「事実を話すことが大切で、感情は大切ではありません」というメッセージすら伝えかねません。もしそうなれば、来談者は連想を自由に語ることを通してこころの動きを表現するのではなく、両親が何歳のときに離婚したとか、両親の職業など、表層的・形式的な事実を頭だけで話すようになるかもしれません。それでは治療的な感情の動きは生じません。

さらには、カウンセラーが佐藤くんに家族について話をさせたりすると、「佐藤くんは家族のことについてしばらく話すことができないほどこころが痛んでいる」という共感の重要なポイントが、カウンセラーに見えなくなってしまいます。来談者が何か重要なことがらについて話せないのは、話せない理由があるのです。話せないという事実が重要なのであり、話させればよいというわけではないのです。

以上の理由から、わたしは、来談者がみずから話しているのではないことがらについて質問したりして話させるのは、来談者の心理的変容をもたらすという点で、あまり援助的ではないことが多いと思います。かえって援助の妨げになることが多いと思います。

● 佐藤くんの転移反応 ●●●

この面接においてまず大切なのは、次のことを理解することです。それは、幼児は両親に心身ともに密着した愛情を強烈に求めるものですが、佐藤くんはその衝動がほとんど満たされなかったため、激しく深い寂しさと悲しみを感じたということです。そして佐藤くんは、彼のことを愛してくれなかった（と感じた）両親に対する強烈な怒りも抱いています。

佐藤くんが最初の3回の面接で、学校の先生と生徒らに対する怒りを主に語った事実は、何を示しているのでしょう。それは、彼の根本的な問題である愛情飢餓の苦しみと、その原因を作った両親に対する憎しみが、先生たちや生徒たちに向けられている、ということです。彼はこころのなかにある怒りを、先生や生徒たちに対する怒り

173　第Ⅲ章　精神分析的傾聴カウンセリングの実際

として意識しているのです。また、彼はまだ意識できていませんが、両親に求めていた愛情欲求を、学校の先生たちや生徒たちに求めてもいます。ですから、たとえば「すべての先生がいつもぼくに公平に接するべきだ」とか、「たとえばぼくが悪い態度を取ったり、または目立たなくしていたとしても、先生たちはぼくに好意と関心を持つべきだ」などのような過剰な期待を持っているでしょう。

●両親への怒りに関する罪悪感●●●

人は親への怒りに対して、罪悪感を抱くものです。佐藤くんも両親への怒りは、カウンセラーの無条件で受容的なあり方と共感的理解が高い程度に感じられるまでは、本当に感じることもできませんでした。その代わりに、より感じやすく語りやすい同級生や先生への怒りが、まず感じられ語られたのでしょう。

しかし、幼児が親の関心を求めるような愛情欲求は過剰なため、現在の人間関係では満たされません。そのときに、佐藤くんは傷ついたと感じたり、怒りを感じたりします。つまり、彼が先生や生徒たちとの関係のなかで感じてきた感情なのです。その傷つきや怒りは、本当は彼が親との関係で感じる傷つきや怒りなのです。それゆえに愛されていない」とか、「親に関心を持ってもらえない」と思ったときに感じる傷つきや怒りは、幼児が「親に愛されていない」とか、「親に関心を持ってもらえない」と思ったときに感じる傷つきや怒りは、幼児が親との関係で感じる傷つきや怒りなのです。それゆえ過剰です。

●転移に特徴的な、歪んだ認知について●●●

佐藤くんが先生や生徒の行動や態度に対して抱く考え方には、非現実的で歪んだ部分があります。そのことについて説明します。

子どもには親の気持ちや都合を察する能力はありません。ですから親の行動を自分本位に受け取ります。そのため子どもは、親が欲求を即座に満たしてはくれないとき、「お父ちゃん・お母ちゃんは、ぼく・わたしを大切に思っていない」と受け取ります。たとえば、幼児が就寝時刻になってもまだおもちゃで遊んでいたいとき、親はおもちゃを取り上げて寝かせるでしょう。そうしなければ、翌朝は睡眠不足のまま幼稚園や保育園に行くことになる

174

からです。また、幼児が歯磨きを嫌がっていても、親はむりやり子どもの歯を磨くこともあるでしょう。いずれも子どものためを思ってのことであり、親の愛情ゆえの行動です。しかし、子どもには親の思いが理解できないので、「お母ちゃんは意地悪をする」と受け取るでしょう。

あるいは、親が子どもに愛情を向けるこころのゆとりがないため、子どもに冷たく当たったり、きつく当たったりすることもあります。そのとき子どもには、親は子どもへの愛情はあるし、子どもに優しくして楽しく過ごしたい気持ちもあるが、今はそれを感じるゆとりがない、ということは理解できません。ですから「お父ちゃん・お母ちゃんはわたしを愛してないんだ」と解釈します。そしてそれがさらに、「愛してくれないのは、わたしが悪い子だからだ」という解釈につながります。

佐藤くんが幼かったころ、実母が家出をしました。彼はそのことについて、「お母ちゃんはぼくを愛していなかったから捨てたし、ぼくのことなんかどうでもいいと思っていた」と解釈したでしょう。そのうえ、お父さんはお母さんを引き留めませんでした。実母が出て行ったら、佐藤くんがあれほど激しく追い求めた母の愛情が失われるにもかかわらず、です。さらに幼い佐藤くんは、お父さんが実母にひどいことをして追い出した、というファンタジーを抱いたことさえあるかもしれません。そうだとすれば、佐藤くんにとってお父さんは敵なのです。少なくとも彼を愛することなく見捨てたのです。幼い佐藤くんは、お義母さんの理不尽な攻撃から彼を守ってはくれなかったのです。幼い佐藤くんにとって両親が敵であることの孤独感と恐怖は、いかほどのものでしょう。そのことを来談者の身になってひしひしと想像し感じながら耳を傾けることが、カウンセリングに必要な共感的傾聴です。

さらにお父さんは、佐藤くんにとってどうでもいい女性を家庭に引き込みました。佐藤くんには「お父ちゃんは、ぼくの気持ちを踏みにじって自分の欲求を優先させた」と思えたでしょう。

●エディプス葛藤の苦しみ●●●

佐藤くんのお父さんとお義母さんは、彼には立ち入ることのできない"夫婦"という親密な関係にあります。彼が強く求めているのに与えてもらえない「こころもからだも密な愛情」を、お父さんとお義母さんは互いに与え合い、自分だけが放って置かれているのです。少なくとも幼い佐藤くんのファンタジーではそうだったはずです。愛情飢餓に苦しむ幼い佐藤くんにとってそれは、じつに辛く苦しいことだったでしょう。

また、佐藤くんの「父とお義母さんは仲が悪くてしょっちゅうケンカしていました」という発言は、父とお義母さんへの嫉妬心を示す表現かもしれません。二人がよくケンカをしていたのは事実かもしれませんが、同時に、佐藤くんはお父さんとお義母さんに対する嫉妬があまりに苦しいので、それを感じないようにするために、「お父さんとお義母さんは仲が良くない」と信じたいという思いもあるでしょう。ですから、彼のお父さんとお義母さんは、実際には彼が信じているほど仲が悪いわけではない可能性もあります。そしてカウンセリングが進むにつれ、お父さんとお義母さんの関係について、それまで思っていたほど悪くはないと認識するようになるかもしれません。

●きょうだい葛藤の転移●●●

佐藤くんは、妹さんがお義母さんから愛されていることに憤りを感じています。お義母さんの愛情を求めて妹さんと争っているわけです。そのため彼は、人間関係において、きょうだい葛藤にまつわる問題や重荷を作って生きていくでしょう。そのことについて説明します。

きょうだい葛藤にまつわる問題や重荷とは、佐藤くんの同級生などに対する過剰な競争心と、負けることへの恐怖を抱きやすいということ、そのため他人に嫌われたり他人といざこざを起こしたりしやすい、ということです。

また、ささいなことで、自分が不公平に扱われていると感じたり、不当に低く評価されていると感じたりしやすいでしょう。その原因は、彼が「妹より『いい子』じゃないとお父ちゃん、お母ちゃんから愛してもらえない」と信じた過去の信念を、家庭外の現在の人間関係へと転移しているからです。

176

彼が信じている"いい子"とは、両親の期待や要求に沿う子ども、という意味です。ですから、もし彼が「泣いたりしない強い子じゃないと、お父ちゃん・お母ちゃんはぼくを愛してくれない」と感じたとすれば、彼は人前ではめったなことでは泣かないし、自分のことを"強い"人間であると見せようとするでしょう。そして同級生など他人にライバル心を抱き、弱い人間を見つけ出して「あいつは弱いやつだ」と軽蔑したり、攻撃したりするでしょう。

同様に、たとえば佐藤くんが幼いころ、「勉強のできる優秀な子じゃないと、お父ちゃん・お母ちゃんは愛してくれない」と感じたとすれば、彼は後の人間関係で、自分がいかに優秀であるかを人にアピールしようとするでしょう。それと同時に、「人より優秀でなければならない」というプレッシャーと、他人への競争心を強く感じるでしょう。そしてさらに、周囲の"優秀じゃない人"を探し出し、その人に対して軽蔑心と攻撃心を感じるでしょう。

あるいは、もし幼かった佐藤くんが、「優しくてにこやかで明るい子じゃないと、お父ちゃん・お母ちゃんは認めてくれない」と感じたとすれば、彼はいつも優しく明るくにこやかな人間であるかのように振る舞うでしょう。それと同時に、"優しく明るくにこやかじゃない人"を探し出し、こころのなかでその人に対して軽蔑心を感じるでしょう。

佐藤くんのこころには、そのようにして劣等感、優越感、怒り、軽蔑心、不安が渦巻いているため、人間関係が重荷になります。

● 異性への嫌悪感という陰性転移 •••

異性の親に対するエディプス的な愛情欲求と、それについての罪悪感が強い人は、異性に対して激しい嫌悪感を感じることがあります。たとえば、女子中学生が担任の男性教師のことを、「気持ち悪い」と激しく毛嫌いする場合がそうです。その女子中学生にとって、担任教師が彼女を性的に求めているように感じられるのかもしれません。

実際、教師が生徒を性的な目で見たりすることはありますから、女子中学生がそう感じるのは現実を正しく認識し

177 第Ⅲ章 精神分析的傾聴カウンセリングの実際

ているのかもしれません。しかしそれだけではなく、その女子中学生は可能性として、父親に求める愛情欲求がひどく不充足なまま育ち、愛情飢餓感に苦しんでいるため、父親からの心身ともに密接な愛情を求める強い欲求と、その欲求に対する激しい罪悪感の葛藤を抱いているということもあり得ます。

●怒りの感情に対する禁止●●●

ここで、カウンセラーの応答についてお伝えしたいことがあります。それは、「お義母さんは佐藤くんより妹さんばかりをかわいがったので、すごく傷ついたんでしょうか？」という応答は、佐藤くんの苦しさてとても感じられない、悲しみ、寂しさ、怒り、嫉妬などの感情にあからさまに触れすぎている、ということです。その応答は佐藤くんにとって脅威になりました。そのため彼は、「うーん……、妹ばかりえこひいきされている、いい気分じゃないですよね……（沈黙）」と、連想が進まず沈黙がちになり、語りの内容も、「いい気分という、控えめで防衛的なものになります。

佐藤くんの応答については、両親が彼を見捨てて妹を愛していることへの悲しみ、寂しさ、怒り、嫉妬などの感情は、フルには感じられないほど激しい、ということをカウンセラーが共感できていればよかったでしょう。彼は対話文中に示されているように、感情を込めず淡々としか話せないわけですから。そういう共感は、カウンセラーが来談者と一緒にいて、彼・彼女の気持ちを想像して感じるものです。このときカウンセラーが、感情に触れるのは苦しすぎる、ということを共感できていれば、その発言は、「お義母さんは佐藤くんより妹さんばかりをかわいがったんですね」ぐらいの、感情的に控えめな表現になっていたでしょう。

それに続く「妹ばかりえこひいきされた」および「佐藤くんのほうが、お義母さんに理不尽に叩かれた」とか「辛かったんですね」のような、カウンセラーの発言は、感情的に強い言い方ではありません。「佐藤くんのほうが、お義母さんに理不尽に叩かれた」とか「辛かったんですか？」という応答は、「お義母さんは佐藤くんより妹さんばかりをかわいがったので、すごく傷ついたんでしょうか？」という

178

感情の強すぎる応答によって、佐藤くんの抵抗が増大したことを受けて、あくまでお義母さんとお父さんの行動について述べただけで、彼の感情には触れていません。そのような応答のほうが、この瞬間の佐藤くんの状態をより良く理解したものでした。

それらの応答が適切だったため、佐藤くんは少し安心して感情を感じることができるようになり、怒りが込み上げそうになりました。すると、怒りに対する禁止がかかり、「ぼくの中に悪魔の部分があって」という発言になりました。カウンセリングの過程が進んでいます。佐藤くんの、怒りに対する禁止はとても重要なことですので、次にそれを詳しく見ていきます。

● 本当の自分は悪の存在だという感覚

佐藤　うーん……、妹ばっかりえこひいきされた。
古宮　妹ばっかりえこひいきされた。
佐藤　ぼくの中に悪魔の部分があって。
古宮　悪魔の部分？
佐藤　はい……。妹がわがままを言ってケンカしたら、ぼくだけがお義母さんから責められて叩かれたりね。
古宮　佐藤くんのほうが、お義母さんに理不尽に叩かれた。
佐藤　それが、ぼくの悪魔の部分というか黒い部分というか、そこにつながっているんです。

佐藤くんの、「ぼくの中に悪魔の部分があって」という発言は重要です。この発言が何を意味しているのかについて考察します。

彼は自分のことを悪の存在だと感じているのです。わたしたちの文化において人がそう感じるのは、多くの場

合、自分の攻撃心か性についてであり、そのことは佐藤くんにも当てはまりそうです。
攻撃心について、佐藤くんが義母に対して激しい攻撃心を抱いていることはここまで見てきたとおりで、彼はそれについて悪だと感じているでしょう。もっとも、彼は義母に加えて実母と父に対しても強い攻撃心があるだろうと推測できますが、それはカウンセリングが進むにつれやがて明らかになることです。
性については、佐藤くんは義母に対して攻撃心に加えて幼児的な性的接近欲求も抱いているかもしれません。そして、それについても悪だと感じている可能性があります。
佐藤くんは彼自身のことを悪だと感じているため、「本当の自分を人に知られたら嫌われるに違いない」と信じているはずです。それと同時に、彼が激しい攻撃心を抱かざるを得なかったためです。それゆえ、彼は慢性的な愛情飢餓を抱えています。つまり、佐藤くんは人々から好かれたくてたまらないと同時に、「人はぼくのことを知ると嫌いになる」と信じていますから、人々の好意を強烈に求めています。つまり、本当の自分を人に知られることがものすごく怖いのです。それゆえ、佐藤くんは対人恐怖の苦悩を抱えているはずです。

●うつ症状に至る感情の抑圧●・・

佐藤くんはうつ病と診断されています。そして彼の「ぼくの中に悪魔の部分があって」という発言に、彼がうつ症状に苦しまざるを得ない原因が示唆されています。
彼は、お義母さんに対する愛情を求める欲求を、かなり抑圧しています。彼がお義母さんに対する思いをいきいきと感情をこめて語ることがこれまでできていなかった（今もまだ十分にはできていませんが）ことから、それが分かります。
わたしたちは何らかの感情があまりに辛すぎるとき、それを感じないようにしようとして心的エネルギーを抑え込むことがあり、そのとき感情エネルギーが極端に低い状態になります。元気がなく何もする気にならない状態

180

で、それがうつ状態です。ただそのとき、モヤモヤと訳の分からないイヤな気持ち、モヤモヤ、イライラ、不安としか感じられないのです。誰について何を感じているのかが明確になると辛すぎるため、訳の分からないイライラや焦燥感は感じています。誰について何を感じているのかが明確になると辛すぎるため、訳の分からないモヤモヤ、イライラ、不安としか感じられないのです。

佐藤くんが持つ、お義母さんへの感情に対する罪悪感が解決されないことには、佐藤くんはその感情を語ることができません。もしくは語ったとしても、感情を抑えた表層的な語りにしかなりません。ですから、その罪悪感に取り組むことが大切です。

そこでカウンセラーは、「悪魔の部分？」と罪悪感を取り上げました。続く対話で佐藤くんは、「はい……。妹がわがままを言ってケンカしたら、ぼくだけがお義母さんから責められて叩かれたりね」と、お義母さんに対する怒りを少し語りはじめ、カウンセラーはそれに対して共感的に、「佐藤くんのほうが、お義母さんに理不尽に叩かれた」と応答しました。この対話を通して佐藤くんは、彼が「悪魔の部分」と呼んだ、怒り、憎しみについて、カウンセラーが共感的であることを少しは感じられたと思います。「それが、ぼくの悪魔の部分というか黒い部分というか、そこにつながっているんです」という発言がそうです。

しかしこの場面ではまだ、佐藤くんは悪魔の部分、黒い部分が何であるかについて具体的に語ることはできず、抽象的な言い方になっています。来談者がこのように抽象的な話しかできないときは、具体的に語り感情を感じることが、辛すぎるときです。カウンセラーはその辛さに思いをはせることが大切です。安易に「具体的に話してください」とか、「たとえばどういう意味ですか？」などと求めないほうが賢明です。

●怒りに対する罪悪感が語られる ● ● ●

カウンセラーは、佐藤くんの「ぼくの中に悪魔の部分があって」および「ぼくの悪魔の部分というか黒い部分というか、そこにつながっているんです」という発言の重要性を理解していましたから、「自分の中に、すごく悪い感

情があると感じる」と、ていねいに応答しています。するとそこから佐藤くんは、怒りに対する罪悪感を語ることができました。

古宮　自分の中に、すごく悪い感情があると感じる。
佐藤　腹が立つって、良くないと思うんですよ。
古宮　腹が立つ気持ちが悪い感情だと感じる。
佐藤　うん……恨みとか。
古宮　恨む気持ちが、怖い。
佐藤　怖いですね……。
古宮　怖い。
佐藤　でもね、はっきり言ってね、お義母さんには恨みがあります。

このカウンセラーの応答は適切でした。この対話によって、佐藤くんの怒りに対する罪悪感と禁止が徐々に緩んだため、この後お義母さんに対する怒り、憎しみをより明らかに感じ、語ることができました。「でもね、はっきり言ってお義母さんには恨みがあります」という発言がそれです。その恨みもカウンセラーは受け止め、「佐藤くんとしては、恨む気持ちは怖いけど、でも同時に、正直言うとお義母さんを恨んでいる」と返しています。その共感的なやり取りによってカウンセリング過程がさらに進み、佐藤くんはこれまで抑圧してきた寂しさと怒りをより明らかに感じ、語っていきます。

佐藤　お義母さんは妹をえこひいきするし、愛情なんか感じないっていうか。

古宮 お義母さんの愛情は感じられないし、お父さんもかまってくれなかった。
佐藤 寂しかった……。
佐藤 寂しかった。
古宮 すごく不公平じゃないですか。なんでぼくばっかり叱られないといけないって、ずっと思ってました。
古宮 不公平に叱られて、ずっと不満を感じてこられたんですね。
佐藤 （感情を込めて）腹も立ちますよ。
古宮 すごく腹が立つ。

佐藤くんはこれまで抑圧してきた寂しさとお義母さんへの怒りを感じ、語っています。来談者にとってこのように、抑圧しようとしてきた感情を自分のペースで徐々に明らかに感じて語り、その思いを共感的に理解され受容されると、気持ちが軽くなっていきます。カウンセリングに意味を感じられます。
このとき、佐藤くんの寂しさと怒りの苦悩を共感的に理解するために分かっておくべき大切なことは、幼児が親に愛情を求める衝動は、広義の性的な色彩を帯びた執着的なものだということです。それを理解して来談者の愛情欲求の生々しさを想像し、愛情飢餓の生々しい苦しみを想像することが、共感につながります。
対話の続きを考察していきましょう。

●怒りを感じることの苦しみ ●●●

佐藤 ぼく、変わってるって言われるけど、宮沢賢治を尊敬してるんです。自分のことは後回しで困った人を助けたところが、すごいと思うんです。
古宮 自分のことは差し置いて他人を助けたことを尊敬する。

183　第Ⅲ章　精神分析的傾聴カウンセリングの実際

佐藤　思いやりのある人で、人を恨んだりしない人だと思うんです。(涙ぐむ)
古宮　佐藤くんとしては、人を恨む苦しさをすごく感じておられるんでしょうか。
佐藤　はい……恨むとか、憎むとか、そういうことって苦しいです。(涙)
古宮　恨んだり憎んだりすることに罪悪感をお感じなんでしょうか？
佐藤　自分が小さい人間みたいに思えて。担任の○○先生がね（ここから、担任の先生が佐藤くんをバカにするような発言をした出来事について、怒りを込めて20分間ほど語る。そして、ひとしきり語り終えてから）でもね、先生も悪気はなかったんかなと思うんですよ。ぼくがもっと余裕のある人になったら、恨んだりしなくて済むのかなって……。ぼくって自分のことばっかりって感じ……。いつもそれでいっぱいいっぱいなんです。
古宮　ご自身の恨みや、満たされない寂しさや、不安があまりにこころに大きくて、耐えがたいほどなんでしょうか？
佐藤　親は分かってくれないし、担任の先生だってこんなこと話せないんです（泣）……悲しいです……交通事故で人が死ぬとか、殺されたほうもすごく辛いじゃないですか。そんな不幸が世の中にいっぱいあるのが、悲しいです。(涙)

この部分でも重要な内容がいくつも語られています。

まず、特に共感を示すことが重要なのは、引き続き語られている、怒りに対する佐藤くんの強い罪悪感です。彼は両親との交流のなかで、「お父ちゃん・お母ちゃんに腹を立てると愛してもらえない」と強く感じたはずです。彼はその恐怖を罪悪感として意識しています。怒りへの罪悪感が強いほど、怒りを十分に語ることができずカウンセリングが進みません。ですから、怒りに対する罪悪感を語り、それをカウンセラーに理解され受け入れられる過程が必要です。佐藤くんにとって怒りを感じることは、怒りへの罪悪感のためすごく

184

苦しいことなので、怒りを感じない"美しいこころの持ち主"の象徴として、宮沢賢治が選ばれたのでしょう。この対話で、佐藤くんは担任の先生への怒りを語っています。彼が最も激しい怒りを持っている重要な対象は親ですが、親に対する怒りは辛すぎるため、まだ語れません。この時点で感じることがしやすかったのは、担任の先生への怒りでした。カウンセラーはそのことを理解し、先生への怒りに特に共感的に応答することが重要です。

● 親の情緒的なケアを求められた子ども

佐藤くんは、宮沢賢治は自分のことを後回しにして人を助けたのに、それに比べて彼自身は自分のことでいっぱいだ、と言います。彼は、そんな自分に劣等感を感じているのです。そのことからうかがえるのは、おそらく彼は幼いころから、「人の気持ちを考えなさい」という厳しいしつけを受けたのだろう、ということです。親が子どもにそう要求するとき、本当は「人の気持ちをあなたが満たしなさい」と要求しているのです。親自身は母親）のニーズをあなたが満たしなさい」と要求しているのです。そのため幼かった佐藤くんに親を情緒的にケアするよう求めた、ということです。おそらく親自身が、慢性的な愛情飢餓感に苦しんでいたでしょう。自分がケアしてもらったという実感は乏しく、反対に親のケアをしなければならなかったからです。

佐藤くんが、自分のことばかりでこころがいっぱいだと語っているのは、親に愛されず見捨てられたことの悲しさ、寂しさ、怒りが、こころにいつも渦巻いている苦しみを表現したのだろうと思います。彼は日ごろ、楽しい気持ちや平和な気持ちになることは少なく、過去の寂しかった記憶や恨みを思い出したり、未来の不安な出来事を想像したりすることがとても多いのではないでしょうか。佐藤くんの、毎日、怒りや恐怖や不安のなかにいる苦しみを自分のことのように想像することが、共感になります。

また、佐藤くんのように親の愛情があまり感じられなかった子どもは、自分が愛してもらえるかどうか、子ども

のときのように見捨てられたり嫌われたりはしないかどうかが、いつも気になります。そのため、他者の気持ちや状況を、本当に相手の身になって考えたり理解したりするこころのゆとりがありません。佐藤くんが、「自分のことばっかりって感じ」と語ったのは、そんな彼の自身のあり方についての洞察を語ったものでもあるかもしれません。人を愛するゆとりに乏しいことの苦悩です。

●殺人的な憎悪の苦しみ ● ● ●

古宮　ご自身の恨みや、満たされない寂しさや、不安があまりにこころに大きくて、耐えがたいほどなんでしょうか？

佐藤　親は分かってくれないし、担任の先生だってこんなこと話せないんです（泣）……悲しいです……交通事故で人が死ぬとか、殺されたほうも殺したほうもすごく辛いじゃないですか。そんな不幸が世の中にいっぱいあるのが、悲しいです。（泣）

佐藤くんは、親が彼の苦しみを理解してくれないことの悲しさを語りました。続いて彼は、親に満たしてほしい愛情欲求を担任の先生に求めるという転移を起こしていますので、担任についての連想が湧きました。しかし、先生も十分な愛情を注いでくれない悲しみを語っています。

しかし、佐藤くんのこころにあるのは悲しみだけではなく、十分な愛情を注いでくれない親や教師に対する殺人的な憎悪もあります。それがこの対話の最後に出てくる、殺す、殺される、という連想を生んでいます。そして、親はつまり、彼は生きていることが辛くて死ぬことを考えざるを得ないほど苦しい、ということを表現しているとともに、憎悪があまりに強烈すぎて、もしそれが爆発したら人を殺してしまいかねないほどだ、という恐怖をも表現しているでしょう。それほどの苦しみを抱えて生きている苦悩を想像することが大切です。

186

●感情の葛藤

佐藤くんは、①攻撃的な憎しみ、②その憎しみに対する罪悪感、③親の愛情を求めてやまない愛情飢餓と孤独感の苦しみ、を感じることが苦しすぎるため、「思いやりのある人になりたい」と願っています。つまり、思いやりある人になろうとしている大きな理由は、憎しみや罪悪感などの苦しみを感じないようにするためでしょう。また、他人に優しくすることによって相手に好かれたい、という動機もあるでしょう。

そして、最後に佐藤くんが「そんな世の中が悲しいです」と語ったのは、愛情を十分に与えてもらえたとは感じられないため、寂しさに苦しまざるを得ない悲しさを語ったものでしょう。加えて、彼の無意識のこころには、怒りも愛情欲求も、それらに対する罪悪感もあるでしょうが、これらの感情を感じるのは辛すぎるため、「悲しい」という言葉でひとくくりにしています。彼のこころには、あまりに辛すぎるさまざまな感情があるため、一つ一つを明らかに感じることのないよう、避けざるを得ないのです。

佐藤くんは「こんな世の中が悲しいです」と語って泣いていますが、泣くという行動には、しばしば行動化の意味合いがあります。行動化とは、何らかの感情を感じるのが苦しすぎるため、それを感じないようにする目的で行動することを指します。来談者は泣くことによって、感情を語り感じることを無意識的に抑えていることが多いのです。カウンセラーは来談者が泣くと、「彼・彼女が感情によく触れているのであり、カウンセリングが進んでいる」と考えることが多いようですが、必ずしもそうとは言えません。泣いている来談者は、見かけほど感情を強く感じてはいないことが多いものです。わたしたちが本当に感情をひしひしと強く感じているときは、泣くことによって語りをやめるのではなく、ありありとそれを感じながら語るものです。

佐藤くんは泣きながら、「親は分かってくれないし、担任の先生だってこんなこと話せないんです」と言いました。そのとき彼のこころには、親への怒り、担任への怒り、そして怒りの底にある愛情欲求が湧き上がってきそうになったため、無意識のうちにそれらを抑えようとして泣いたのではないか、とわたしは考えます。

187　第Ⅲ章　精神分析的傾聴カウンセリングの実際

同様に、佐藤くんは「悲しいです……交通事故で人が死ぬとか、殺されたほうも、殺したほうもすごく辛いじゃないですか。そんな不幸が世の中にいっぱいあるのが、悲しいです（泣）」と言いました。そのときの彼には、先ほどお伝えしたように、愛情欲求、激しい寂しさ、怒り、それらに対する罪悪感がよりはっきり感じられそうになったので、それらの感情を「悲しい」という言葉であいまいなまま、まとめてしまうとともに、泣くことによって、感情をそれ以上語れなくしたのではないかと推測します。

佐藤くんのそのような苦しみを想像し、彼のそのあり方を受け入れることが治療的な傾聴には大切です。

188

事例3 親との同一化に苦しむ男性高校教師

幼い子どもは親が無条件に愛してくれるかどうかについて不安を感じると、親から愛されようとして親の価値観を丸ごと取り込もうとします。そのため、自分自身が分からなくなります。そんな来談者の苦しみについて理解を深めましょう。

■来談者

田中さん（40代、男性）高校の美術教師

■来談のいきさつ

生徒のことを相談するために、高校のカウンセリングルームに来談しました。そのうち、他の教員たちとの関係がうまくいかないという悩みを話すようになりました。その4回目のセッションから抜粋します。

田中　この相談室に入ると、「ぼくは教師なんだから、ちゃんと分かるように話さないといけない」という感じがして、今日が4回目ですけど、本当のことを話せていない感じがするんです。ここには、生徒についての相談という名目で来ているんですけど、この部屋には入りづらいんですよね。悩みごとって話しづらいし。

古宮　話しづらいし、本当のことはどうも話せていない。

田中　ええ、学校の相談室って入りづらいんですよね。先生たちのいる校舎の中ですからね。

古宮　他の先生たちから良くない目で見られそうで、気になるんでしょうか？

189　第Ⅲ章　精神分析的傾聴カウンセリングの実際

田中　ええ、……他の先生たちに話の内容が聞こえているわけじゃないんですけどね……。ぼくは言葉をアートとして使うのが好きで、だから趣味で短歌をしているんです。言葉を論理的に使えないといけないのは嫌いで、こころが痛む感じがするんですよね。でも、教師という仕事は言葉を論理的にきちんと発表できると安心なんです。ぼくは授業研究発表委員会の委員なんですけど、委員長の先生は、最近はやりのグループ討議とかグループ活動がいいと信じていて、学校にそれを広めようとしているんです。
　それも大切ですけど、その前に基礎的な学力をつけさせることが、絶対に必要だと思うんですよね。それはぼくも会議で言うんですけど、何か伝わらなくて、つい強い口調になってしまったんです。先週の会議でも、いま一つ伝わらなくて、つらえなくて傷ついたんだと思います……。
　それに、委員長は会議を独占しようとするし、他の先生たちも委員長に同調するんです。だからぼくの居場所がない……。
　でも、そもそも、ぼくは他の先生たちと、ものの見方や感じ方が何か違うような気がするんです。人と感じ方が違うって、学生のころから何となく感じてきたことなんですけどね。まじめな先生たちからは「ヘンな人」と思われているんじゃないか、とも思うし。
　でも、ほかの先生たちって、教師という仕事や責任について分かっていない面があるんです。何度もそんなことがあるんです。教師なのに、注意されたからって陰で悪口を言うなんて情けないですよ。週末に絵を描いたり、短歌を詠んだりするのはラクで楽しいんですけど、仕事がすごくしんどいんです。何がしんどいのか……。

190

古宮　仕事がなぜこんなにしんどいのか。

田中　ええ、ぼくは芸術家たちとは気が合うんですけど、学校ではぼくは変わった人と思われていると思うんです。英数国に比べて、美術ってバカにされている……

古宮　美術は、論理的な学問ではないから、バカにされるところなんで。ぼくのなかにねたむ気持ちもあるんですよね。

田中　ええ、学校は、論理性や正解が重視されるところなんで。ぼくのなかにねたむ気持ちもあるんですよね。

古宮　ねたみもある。

田中　ありますね。正直言って。ぼくも論理性や正解は価値があると思ってるんですたらラクだろうなって思います。それができる人って、優秀だと思われて評価されるから。そのなかだけで生きられが評価される世界だから、ぼくは教師に向いてないんじゃないかと思うんです。

古宮　田中さんとしては、自分があまり論理的ではないから先生たちからあまり評価されていないと感じて、しんどいんでしょうか。

田中　そうなんです。でも、ちゃんと論理性や正解が求められる世界につながっていたいんです。論理的でありたい、というお気持ちは強い。

古宮　そうなんです……。ぼくは仕事で手を抜くのが苦手で……。先生たちのなかにね、抜くところは抜いてラクそうに仕事をしている先生がいて、うらやましいんです。でもぼくは、しっかりやらないといけない、と思って力を抜けないんです。完璧症なんですよ。

田中　ええ、母は父を優秀だからって尊敬していました。

古宮　お母さまはお父さまを、優秀だということで尊敬しておられた。

田中　ええ、母は父を優秀だからって尊敬していました。

古宮　お母さまはお父さまが優秀だと尊敬しておられ、田中さんは「完璧にしないといけない」という不安がいつもある。

田中　そうなんです。母の「優秀じゃないとダメ」という思いがぼくに入っているような気がしてきます。

古宮　優秀でないとお母さまは認めてくれない、という思いがおおありでしょうか？

田中　ええ、……そうなんです。……母は論理的とか優秀じゃないと認めない人なんです。古宮先生はわたしが言っていることが分かりますか？

古宮　わたしから、論理的で優秀だと思われているか、気になる感じでしょうか？

田中　先生に分かるように話さないといけないような思いもおありなんでしょうか？

古宮　分かるように話さないと、わたしから評価されないような思いもおありなんでしょうか？

田中　あぁ……そうですね。先生の意見を聞きたいというか、先生の評価を求めています。でも、ただ分かってほしいだけ、とも思うんです。

古宮　両方おありなんですね。わたしから良く評価されたいお気持ちと、評価するのではなく、ただ分かってほしい、というお気持ちと。

田中　はい。先生の意見を言ってほしいというのは、ぼくの依存的な部分だと思います……。

古宮　わたしに依存的なお気持ちを感じる。

田中　ここに来続けているのは、分かってもらえているからだと思います……。先生とは、深いけど近くない感じがして、だから安心できている部分があります。

古宮　深いけど近くはない感じ。

田中　そうですね。他とは違う感じですね……。

古宮　今日は時間ですので、来週もまた火曜日5時にお待ちしたいと思いますが、よろしいでしょうか？

田中　はい、よろしくお願いします。

192

■解説

田中さんはまず、「本当のことを話せていない感じ」「この部屋には入りづらい」「悩みごとって話しづらい」と、カウンセリングに対する抵抗感を語っています。とても重要な発言です。

ここで大切なことは、田中さんの抵抗感と、抵抗感を持たざるを得ないこころの痛みに思いをはせることです。もしカウンセラーが、「難しく考える必要はありませんよ。気楽に入ってくださればいいし、悩みのない表層的なカウンセリングになってしまいます。来談者への共感と受容が欠けていますから、深まりのないカウンセリングになってしまいます。また、田中さんの気持ちを自分のことのようにありありと想像することなく「話しにくいんですね」というような、発言をなぞるだけの応答をしても、傾聴になりません。

では、田中さんの発言をどう共感的に理解し、どう応答すればカウンセリング過程が深まり進んでいくでしょうか。それについて考えていきましょう。

●口唇期的な愛情欲求 ● ● ●

田中さんは「言葉で物事を論理的に切るのは嫌いで、こころが痛む」「教師という仕事は言葉を論理的に使えないといけない」と語っています。その発言から、彼が親から「優秀で、論理的に話せないといけない」というメッセージを受け取ったことがうかがえます。そして彼は、親の愛情を求めてそのメッセージを取り入れて生きてきたのです。そうして作り上げた信念を人間関係一般へと広げており、「論理的に話せなかったり弱みを見せたりすれば、人々から悪く思われる」という恐怖を抱いています。

田中さんがカウンセラーに「本当のことを話せていない」理由は、親からのその転移がカウンセラーに向けられているためです。田中さんは、「論理的に分かりやすく話せなかったり自分の弱みについて話したりすると、カウンセラーから見下され、愛情を失うんじゃないか」と感じているのです。

193　第Ⅲ章　精神分析的傾聴カウンセリングの実際

●カウンセラーの愛情を求める

この後のカウンセリングで徐々に分かってきたことですが、田中さんのお父さんは数学の教師で、お母さんは国語の教師でした。特にお母さんが厳しい人で、彼女から、「有能で論理的な子どもでなければ認めない」というメッセージを田中さんは受け取り、それを取り入れて育ちました。

田中さんは、幼かったときにお母さんから求めて得られなかった愛情欲求をカウンセラーに向けているため、カウンセラーとの密接な愛情を求める欲求があります。それは、幼児がお母さんに身体的に密接な接触を求める、そんなレベルの口唇期的な愛情欲求です。しかしわたしたちにとって、親に対する口唇期的な愛情欲求には罪悪感が伴います。ですからその衝動は抑圧され、ほとんど意識上では感じられません。

ここで大切なことは、カウンセラーが次のことを理解することです。それは、田中さんのこころにはお母さんとの密接な愛情を求める衝動があり、その衝動はカウンセラーに向けられ、カウンセラーからの密接な愛情と関心を求めているということです。彼はカウンセラーにまで口唇期的な衝動を向けざるを得ないほど、強烈な愛情飢餓感を抱えて生きています。田中さんのその苦悩に想いをはせることが大切です。

そんな田中さんにとって、カウンセラーからの承認と愛情を失うことと同じ意味を持っています。それは彼には、とても恐ろしいことです。もっとも、田中さんにとって、お母さんとカウンセラーの愛情を求める激しい衝動をいきいきと感じるのは辛すぎることです。なぜなら、それを感じると愛情飢餓の苦しみを感じることになるし、また、愛情を求める衝動についての罪悪感も感じることになるからです。そのため、お母さんとカウンセラーの愛情を求める衝動の大部分は抑圧されており、意識されていないでしょう。そうやって抑圧された分だけ、感情が麻痺した状態で生活をしています。ときには、抑えつけられた感情が爆発し、人間関係を壊してしまうこともあるかもしれません。さらには、抑圧された感情が身体症状として現れることもあるかもしれません。感情が麻痺している分だけ、生きることへの情熱も喜びも充実感も感じられません。

194

●優秀でなければならないというプレッシャー●

田中　学校の相談室って入りづらいんですよね。先生たちのいる校舎の中ですからね。
古宮　他の先生たちから良くない目で見られそうで、気になるんでしょうか？
田中　ええ、……他の先生たちに話の内容が聞こえているわけじゃないんですけどね……。

　田中さんは「他人より優秀でなければならない」と信じているため、他の教師たちへ競争意識を抱かずにはおれません。そのためこころの壁を作って協力し合ったりすることが難しいでしょう。ですから彼は、他の教師たちとこころを割って本音を話をしたり、深い仲間意識や信頼感を持って協力したりすることが難しいでしょう。それゆえ孤独感を感じやすいし、孤立しがちです。また、彼は「優秀でなければならない」と信じていますから、カウンセリングを受けることについて、自分が優秀ではない劣った人間だという証拠であるかのように感じられるのでしょう。
　さらに、田中さんの右の発言は、きょうだい葛藤の痛みを表現したものでもある可能性があります。つまり、親の愛情を求めて、兄弟姉妹と競争せざるを得なかった過去の痛みです。彼は、「兄弟姉妹より優秀でなければ、お母さんは認めてくれない（愛してくれない）」と感じたこころの痛みを抱えて生きてきたのかもしれません。その痛みがもとになって、他の教師たちへの競争意識が容易に頭をもたげます。そのため、彼は同僚の教員らと仲間として協力することがいっそう困難になっており、職場での孤立感を招いている可能性があります。

195　第Ⅲ章　精神分析的傾聴カウンセリングの実際

● 母親への反発心と母親の愛情を求める欲求

田中 ぼくは言葉をアートとして使うのが好きで、だから趣味で短歌をしているんです。言葉で物事を論理的に切るのは嫌いで、こころが痛む感じがするんですよね。でも、教師という仕事は言葉を論理的に使えないといけないんです。研究発表などもありますしね。そんな場できちんと発表できると安心なんです。

大変重要な発言です。田中さんはここまで考察したように、お母さんの愛情を求める口唇期的な衝動と、それをめぐる葛藤に苦しんでいます。

田中さんのお母さんは論理ばかりに価値を置き、彼の自然な感じ方を認めませんでした（少なくとも田中さんは、そう感じていました）。ですから、「言葉をアートとして使うのが好き」で、「言葉で物事を論理的に切るのは嫌い」という発言は、そんなお母さんへの反発心を表現するものでしょう。そして、言葉で物事を論理的に切るところが痛むように感じるのは、お母さんに攻撃心を向けると愛情を失うのでそれができないため、無理に攻撃心を抑えつけようとしている苦しみを表しているのでしょう。

同時に田中さんは、お母さんから評価され愛される〝論理的な人〟になるために、言葉を論理的に使おうと努力しています。研究発表などの場でそれができたときには、「これでバカにされずにすむ」と感じて一時的に安心します。彼がそのとき感じる安心感の源は、こころの奥にある「論理的で優秀に振る舞えた。これでお母さんに愛される価値ある人間として振る舞うことができた」という無意識領域へと抑圧されている感覚でしょう。

196

●両価的な葛藤と劣等感

田中 ぼくは授業研究委員会の委員なんですけど、委員長の先生は、最近はやりのグループ討議とかグループ活動がいいと信じていて、学校にそれを広めようとしているんです。

それも大切ですけど、その前に基礎的な学力をつけさせることが、絶対に必要だと思うんです。

ぼくも会議で言うんですけど、何か伝わらないんですよね。先週の会議でも、いま一つ伝わらなくて、ついい強い口調になってしまったんです。こうして話していると、あのときぼくは自分の意見を分かってもらえなくて傷ついたんだと思います……。

それに、委員長は会議を独占しようとするし、他の先生たちも委員長に同調するんです。だからぼくの居場所がない……。

でも、そもそも、ぼくは他の先生たちと、ものの見方や感じ方が何か違うような気がするんです。人と感じ方が違うって、学生のころから何となく感じてきたことなんですけどね。まじめな先生たちからは「ヘンな人」と思われているんじゃないか、とも思うし。

でも、ほかの先生たちって、教師という仕事や責任について分かっていない面があるんです。だからぼくが注意すると、あとで陰口を言われる。何度もそんなことがあるんです。教師なのに、注意されたからって陰で悪口を言うなんて情けないですよ。

田中さんが、彼のものの見方や感じ方が人と違うように感じるのは、お母さんから論理性だけに価値を置かれ、彼の特徴である芸術的なセンスや非論理的な感覚を否定された（と感じた）からでしょう。彼は、自分の感覚について劣等感と否定的な思いを持たざるを得ないのです。しかし同時に、彼は自分自身の芸術的な感覚を大切にした

197　第Ⅲ章　精神分析的傾聴カウンセリングの実際

い、とも強く願っています。それゆえ、論理的であることについての彼の憧れは両価的です。つまり、論理性への憧れと同時に、それへの反発心もある、ということです。

田中さんは論理的になろうとすると同時に、そうなると彼自身の純粋な感性が死んでしまいそうに感じられるため、論理性への反発心があります。そのため、論理性を磨くことに対してブレーキをかけてしまいます。ですから田中さんは、論理的な自分についても芸術的なセンス豊かな自分についても満足できず、葛藤と劣等感を感じ続けてきたのでした。

●親への怒りと攻撃性の投影

会議で委員の先生たちが田中さんの意見に賛成してくれずに傷ついたのは、田中さんの持つ完璧な愛や理解を求める衝動が、満たされなかったからでしょう。百％理解され認めてもらえなんてことはあり得ませんから、田中さんはそのたびに傷つく、という経験を繰り返してしまいます。彼は特に、夫婦関係、親子関係、親しい友人との関係など、情緒的に親密な関係は、わたしたちの基底的な感情や衝動と、それらにまつわる葛藤が持ち込まれやすいからです。そしてそのとき、彼のことを百％理解してくれない人に対する怒りと攻撃性が出てきます。しかしそれは本来、お母さんに向けられたものです。ですからその怒りと攻撃性は、現実の人間関係には合わない過剰な反応です。

また、委員会において、委員長が独占するせいで居場所がなくなると田中さんが感じるのは、お母さんから彼の感じ方を認めてもらえず、彼の存在がないように感じられた、その感覚の再現かもしれません。または、田中さんの兄弟姉妹の誰かがお母さんに認められたのに田中さんは認めてもらえず居場所がないと感じた、きょうだい葛藤にまつわるこころの痛みの再現かもしれません。

198

●抑圧している攻撃性の発露

カウンセラーは、「田中さんの話は順序立っていて分かりやすいけど、いきいきした情緒があまり伝わってこないなぁ」と感じていました。それは、彼の「論理的に話さないとカウンセラーから認めてもらえない」という、転移に基づく抵抗からくるものだったのでしょう。つまり、カウンセラーから認めてもらおうとするあまり、「感情を感じ、自分にとって大切なことを話す」ということができず、「感情を抑えて論理的に分かりやすく話そう」とせざるを得なかったのです。

また田中さんは、「まじめな先生たちからは『ヘンな人』と思われているんじゃないか」と感じています。それは、「お母さんはぼくを、論理的な人間じゃないので悪く思っている」という認知が、"まじめな先生たち"へと広く転移され、「ぼくはまじめな先生たちから、論理的じゃないので悪く思われている」と感じるのです。そのように感じながら仕事をしなければならないのは、とても辛いことでしょう。

話を続けるうちに、田中さんのことを「ヘンな人」だと見なす"まじめな先生たち"に、怒りが湧き上ってきました。それは本来、論理性を偏重して彼の芸術的感覚を「ヘンだ」と軽んじた、お母さんに対する怒りです。抑圧している攻撃性を、彼が「教師として正しくない」と見なす同僚たちに向け、批判します。しかし彼は、同僚たちへの攻撃心がいかに不適切であるか、ということについての洞察はまだありません。「自分は正しいことをしている」と正当化しています。

田中さんは幼いころ、「親のものさしによる"正しい人間"でなければ愛してもらえない」と感じたのであり、そのこころの痛みが彼の攻撃性の底にあります。親が彼のことを「正しい」「正しくない」と攻撃したのと同じことを、彼は他の教師たちに行っているのです。

●劣等感の投影 ●●●

田中　週末に絵を描いたり、短歌を詠んだりするのはラクで楽しいんですけど、仕事がすごくしんどいんです。何がしんどいのか……。

古宮　仕事がなぜこんなにしんどいのか。

田中　ええ、ぼくは芸術家たちとは気が合うんですけど、学校ではぼくは変わった人と思われていると思うんです。英数国に比べて、美術ってバカにされているし……。

古宮　田中さんは、美術は論理的な学問ではないから、バカにされていると感じておられる。

田中　ええ、学校は、論理性や正解が重視されるところなんで。ぼくのなかにねたむ気持ちもあるんですよね。ねたみもある。

古宮　ありますね。正直言って。ぼくも論理性や正解は価値があると思ってるんです。そのなかだけで生きられたらラクだろうなって思います。それができる人って、優秀だと思われて評価されるから。学校って論理が評価される世界だから、ぼくは教師に向いていないんじゃないかと思うんです。田中さんとしては、自分があまり論理的ではないから先生たちからあまり評価されていないと感じて、しんどいんでしょうか。

田中　そうなんです。でも、ちゃんと論理性や正解が求められる世界につながっていたいんです。

古宮　論理的でありたい、というお気持ちは強い。

彼のお母さんは、論理的かつ優秀でなければ成功も幸せもつかめないと信じていたのでしょう。少なくとも田中田中さんが教師の仕事を負担に感じ、向いていないかもしれないと感じる原因について考察しましょう。

さんから見ると、お母さんはそういう信念の持ち主です。田中さんにとって仕事とは、お母さんが価値を置く論理性と優秀さの象徴です。彼は、お母さんから認められ愛される価値ある人間になるには、彼の芸術的なセンスや感覚は殺し、論理性を発揮して成功しなければならないと信じています。ですから、彼にとって仕事は、彼らしさを殺して成功しなければならない、息苦しく負担なものに感じられるのです。

また田中さんのお母さんは、芸術的なセンスや能力の価値を認めず論理性に価値を置く人で、田中さんはお母さんの愛情を求めるあまりお母さんの価値観を取り入れたので、美術は論理的な科目である英数国よりも価値が低い、と感じています。彼はその劣等感に直面することが辛すぎるため、劣等感を自分が持っているということに十分に気がつかず、周囲に投影します。その結果、「同じ職場の先生たちは、ぼくが美術教師だからぼくを低く見ている」と感じられます。被害妄想です。

● 周囲からの評価を過剰に求める ●

一方で田中さんは、こころの底にずっと抱えている愛情飢餓の苦しみを軽減させようとして、周囲の人々の評価を過剰に求めてしまいます。そんな彼にとって、「周囲の先生たちから低く見られている」という被害妄想は、大きな苦しみをもたらします。

つまり田中さんは、美術教師としての仕事について次のように感じているのです。「ぼくは仕事で成功し、お母さんに認められる価値ある人間にならなければいけない。失敗は許されない。そして仕事で成功するためには、ぼくの純粋な感じ方や考え方を押し殺さなければならない。だから、仕事が自分に合っていないように思える。また、ぼくが感じている愛情飢餓感は辛すぎるから、それを感じないよう周囲の人たちみんなから認めてもらわずにはいられない。ところが、周囲の人たちはぼくを軽蔑しているように感じられてしかたがない。だからいつも職場の人間関係がしんどい」。田中さんはこう感じているので、仕事がすごく負担だし、そもそも職種が自分に合っていないように思えるのです。対人恐怖の強い人は、人々から悪く思われる恐怖のため、職場にいることが大きな負

201　第Ⅲ章　精神分析的傾聴カウンセリングの実際

担なのです。

田中さんは、「ねたみがある」とも述べています。愛情飢餓感の強い人は、他人をねたみやすいものです。彼は、「学校では論理的な人間だけが評価されるところで、ぼくは芸術科目の教員だから評価されていない」と感じています。その感覚は、「ぼくはお父さんほど論理的じゃないから、お母さんはぼくを評価してくれない」という認識を、周囲の人間たちへと転移したものです。カウンセリングが進みお母さんのこころの葛藤が解決していくにつれ、職場で感じる負担感は軽減するでしょうし、さらには、美術教師という職業が自分に合っていると感じられるようになるかもしれません。

●母親との同一視 ●●

次に田中さんは、「ちゃんと論理性や正解が求められる世界につながっていたいんです」と述べています。お母さんの愛情を求めるあまり、「お母さんが求めるような子どもになろう」として、お母さんと強く同一化したことがうかがえます。お母さんが認める価値観の外に出ると愛情がもらえないと感じられるため、すごく怖いのです。そして彼は、お母さんに対するそのような認知、感情、行動をカウンセラーへと転移しており、論理的に話そうとしています。そのことを表現したのが、「先生に分かるように話さないといけないような感じが……しています」という発言です。カウンセラーへの転移反応を率直に語った、とても重要な発言です。このような発言には特に共感的に応答することが大切で、「論理的でありたい、というお気持ちは強い」が、それにあたる応答です。

●エディプス葛藤の苦しみ ●●

田中　母は父を優秀だからって尊敬していました。
古宮　お母さまはお父さまを、優秀だということで尊敬しておられた。
田中　そうなんです……。ぼくは仕事で手を抜くのが苦手で……。先生たちのなかにね、抜くところは抜いてラク

202

そうに仕事をしている先生がいて、うらやましいんです。でもぼくは、しっかりやらないといけない、と思って力を抜けないんです。完璧症なんですよ。

古宮 お母さまはお父さまが優秀だと尊敬しておられ、田中さんは「完璧にしないといけない」という不安がいつもある。

田中 そうなんです。母の「優秀じゃないとダメ」という思いがぼくに入っているような気がしてきます。

古宮 優秀でないとお母さまは認めてくれない、という思いがおありでしょうか？

田中 ええ、……そうなんです。……母は論理的とか優秀じゃないと認めない人なんです。

とても重要な情報が語られました。エディプス葛藤の苦しみです。

田中さんは幼いころ、次のようなファンタジーを抱いたでしょう。「ぼくはお母さんの愛情をこんなに求めているのに、お母さんはそれを十分には与えてくれない。なのに、お父さんには、ぼくが立ち入ることの許されない親密な愛情関係を提供している。それはお父さんが論理的で優秀な人だからだ。ぼくもお父さんのように優秀で論理的な人になって、お父さんと同じような人間になってお父さんの愛情も獲得しよう」。

田中さんは優秀でなければならないと信じているので、仕事に勤勉に取り組みます。

●非現実的な感じ方に直面しはじめる●●●

続いて田中さんは、「息を抜いてかまわないところで息の抜ける人がうらやましい」と思いつつも、仕事については完璧症だと述べます。彼は、自分の勤勉さが過剰であることを語りはじめました。これはカウンセリングの進展です。なぜなら、彼はそれまで勤勉はいいことだと信じ、「勤勉でなければならない」という彼自身の信念に、強迫的な不安があることには気づいていませんでした。ところがこのセッションにおいて、仕事における自身の勤勉

203　第Ⅲ章　精神分析的傾聴カウンセリングの実際

さについて、現実の必要性にそぐわない過剰な部分があるということに直面しはじめたのです。

このように来談者は、自分の行動や感じ方がこころの痛みや葛藤からきていることに気がつかず、「こうするのが当たり前だ」と思っていることが多いものです。それゆえカウンセリングを重ねるうちに、自分の行動や感じ方に非現実的な部分がある、ということに気がついていきます。そして次に、「自分が現実にそわない行動や感じ方をするのはなぜだろう」と、問題の根本的な原因へと自然に連想が進み、洞察が進んでいきます。

このままカウンセリングが進むと、田中さんは、お母さんの愛情を求める口唇期的な衝動をより強く、ありありと感じるようになるでしょう。さらに、彼の「勤勉に仕事をしなければいけない」という信念が、「お父さんのように愛されたい」というエディプス期の衝動からくるものであることに、より実感を伴って気づいていくでしょう。

●完璧症の底にある愛情欲求、怒り、不信感●●●

人が完璧症になるのは、「親の価値観に完璧に沿って、親の期待に完璧に応えなければ愛されない」と感じた幼少期の経験があるからです。それゆえ完璧症の人は、親の親密な愛情を強く求める愛情飢餓感があります。さらに親との関係によって、みずからに完璧を要求する超自我を作らざるを得なかったからです。親と愛情飢餓感の苦しみを抱き続けざるを得ない原因を作った親に対する、激しい怒りも抑圧されています。

完璧症の人にはさらに、「親でさえ自分のことを無条件に愛し受け入れてはくれなかったんだから、他人が自分のことを無条件に受け入れてくれるはずがない」という、他人への深い不信感もあります。カウンセリングにあたっては、それらのことを頭に入れて来談者の訴えに共感することが大切です。

田中さんのカウンセリングが進むにつれ、お母さんへの愛情欲求と怒りが感じられ語られるようになるし、お父さんへの怒りについてもおそらく同様でしょう。他人への不信感も表現されるでしょう。しかし、そのようなカウンセリング過程はすんなりと進むわけではありません。今まで直面することのできなかった辛い感情や衝動を感じ

204

応を共感的に明らかにすることがなければ、転移を充足するだけで終わることになります。そのことは、カウンセラーがさらに、「ええ、田中さんはとても論理的に分かりやすく話しておられますよ」とか、「田中さんは芸術的センスもおありですし、頭も良い方だと思いますよ」のように良い評価を与える応答をすれば、いっそう顕著になります。

カウンセラーが来談者の転移を充足すると、来談者には自分の反応が転移反応であることを理解することができなくなります。たとえばカウンセラーが、「はい、よく分かります」と答えると、田中さんには「はい、あなたは論理的に話せる優秀な人ですから、わたしはあなたを認めています」というメッセージだと感じられるでしょう。田中さんは、「カウンセラーから認めてもらえない」ことの恐怖から逃れるために、カウンセラーにそう答えてほしいのです。

たしかに、カウンセラーがそういう応答をすれば田中さんは安心するかもしれませんし、症状が軽くなることもあります。しかし、その軽快は一時的なものにすぎません。田中さんはカウンセラーのいっそうの承認を求めて、さらに依存的になるでしょう。質問や保証を求める発言が多くなったり、もっともっと、と承認を求めるようになったりするでしょう。

また、カウンセラーが「いいえ、あなたのおっしゃることがよく分かりません」と答えても同じことです。田中さんには「あなたは優秀ではなく論理的に話せないので、わたしはあなたを評価しません」というメッセージのように聞こえるでしょう。すると、田中さんは傷ついてカウンセラーにこころを閉ざすかもしれませんし、または、認めてもらおう、評価してもらおう、といっそう依存的になるかもしれません。

●洞察が深まる過程

しかしカウンセラーは、田中さんの転移を充足するのではなく、田中さんを理解することに専念しています。
カウンセラーのその態度が助けになって、田中さんは「先生の意見を言ってほしいというのは、ぼくの依存的な部

分だと思います」という気づきを得ています。

田中さんは、人々に対して同じように依存的な甘え欲求を抱き、それが満たされないときに傷つく、という経験を繰り返しているはずです。もしくは、そうして傷つくことが怖いため、人との間に心理的な壁を作るので、信頼や親密さのある人間関係が持てないという孤独に苦しんでいるでしょう。しかしカウンセラーは、他の人たちと違って田中さんに安易に転移充足を与えることをせず、彼の苦しみを深く理解しています。田中さんはそれを感じて、カウンセラーとの関係性を「深いけど近くない感じ」「他とは違う感じですね」と表現しています。カウンセラーは共感的に理解はしても、それ以上のことはしないからこそ、来談者にとって貴重なこころの支えになります。また、カウンセラーとのこのようなカウンセリング関係は、来談者は自立心を育むことができるのです。

●ラポールと治療同盟 ●●●

ここで、来談者とカウンセラーの関係性について補足したいことがあります。

カウンセリングにおいて、よく「ラポール」という言葉が使われます。これは来談者の、「このカウンセラーなら信頼して自分のことを話せる」という思いを指して使われるようです。しかし、ラポールという概念がそういう意味だとすれば、それだけではカウンセラーと来談者の関係には不十分です。

カウンセリングにおいては、いわゆる「ラポール」に加え、来談者がみずからのこころの動きを吟味し、それを言葉にする作業が必要です。田中さんはそれを行いはじめており、彼の、E「あぁ……先生の評価を求めていますね」、およびG「先生の意見を言ってほしいという」という発言が、そのことを示しています。

精神分析には、「作業同盟（working alliance）」とか、「治療同盟（therapeutic alliance）」と呼ばれる概念があります。これは、来談者がカウンセラーとの関係のなかで自分の感情や考えを見つめ、言語化しようと努力する、そのような〝同盟〟とも言える関係のことです。田中さんのこころには、いわゆる「ラポール」に加え、そんな動き

も生まれていることが分かります。

そのような同盟は、カウンセラーが来談者のこころに起きている動きを、一つ一つ共感的に理解しようとし続けるような態度から生まれます。すると来談者も同じように、自分自身のこころに起きていることを共感的、受容的に理解しようとする態度を徐々に身につけてゆくのです。カウンセラーが来談者を褒めたり、励ましたり、慰めたり、知的な正しい答えを安易に与えたりすると、カウンセリングに必須のその過程を妨害するのです。

● まとめることについて

セッションの終了時に、カウンセラーは「今日は時間ですので、来週もまた火曜日5時にお待ちしたいと思いますが、よろしいでしょうか?」とだけ告げて終了しており、このセッションのまとめなどはしていません。

わたしは大学院生のとき、「セッションを終えるときには話した内容をまとめましょう」と教わったことがあります。また、わたしが受けたカウンセリングでも、最後に「あなたは幼いころご両親との関係が薄かったけど、おばあさんにすごく愛されたのでその分だけこころの痛みが少なくてすんだ、という内容を今日は話し合いました」というようにまとめるカウンセラーがいました。

しかしわたしは、セッションを終えるときには田中さんとの対話のように「今日は時間ですので終わります」とだけ告げ、内容をまとめることはしていません。その理由をお伝えします。

わたしが行っている、来談者がこころを情緒的に探究していく過程を傾聴によってサポートしようとするカウンセリングでは、話すこと自体に意味があるわけではなく、話すことを通して生じる来談者の気持ちの変化に意味があります。そして、対話を通して変化し続ける来談者の思いに、共感的に寄り添い続けることがカウンセラーの仕事です。

ですから、たとえば、来談者が「母にすごく腹が立つんです!」と語ったときに、カウンセラーが「すごく腹が立つんですね」と応答すると共感的であっても、その10秒後、来談者の怒りが収まったときに同じ応答をしてもナ

ンセンスです。

したがって、セッションの終わりにその日の内容を繰り返すことは、わたしのカウンセリングの方法では意味がありません。カウンセラーが、「今日は、あなたがお母さんに腹が立つということについて話し合いました」のような、来談者の「いま―ここ」の感情を伴わない応答をすると、来談者に「カウンセリングではしゃべることが重要で、それに伴う感情は重要ではありません。もしそうなれば、来談者に対して感情が伴わないまま事実を話すよう、促してしまいます」というメッセージさえ伝えかねません。

●田中さんの苦しみを共感する重要なポイント

最後に、田中さんの苦しみを理解し共感するために大切なことをまとめます。

田中さんはお母さんからの愛情を、まるで幼児がお母さんの親密な愛情を求めるように、強烈に求めています。その口唇期的な愛情欲求をカウンセラーが理解し、愛情欲求の強さと、それが満たされない苦しみに思いをはせることが大切です。そしてその深い孤独感の苦しみゆえに、周囲の人たちに向けて「自分のことを完璧に理解してくれないと耐えられない」と、非現実的に完璧な愛情を求めてしまう。

さらに、その口唇期的な愛情飢餓という根底のうえに、お父さんとの同一化を求めるエディプス衝動があります。田中さんは、「お母さんから愛されるためには、お父さんのように論理的で優秀な人にならなければいけない」と感じて、論理的であること、優秀であることにこだわっています。しかし同時に、お父さんのように論理的で優秀になれば、それは彼の芸術的な感じ方を殺すことになるとも感じていますので、論理的で優秀になることに対してブレーキをかけています。

田中さんは、彼自身の芸術的感性について劣等感を感じているためその価値を否定し、お母さんへの怒りも抑圧し、さらにはお母さんの愛情を幼児的に求める衝動をも抑圧する、という葛藤の苦しみを抱えています。さらに、「お父さんのように論理的で優秀にならなければいけない」という思いと、「お父さんのようになるとぼくの良

さを殺してしまうから、それはしたくない」という思いのはざまで、身動きできない苦しみも抱えています。それらの苦しみを、なるべく自分のことのように想像しながら聴くことが大切です。

事例4　カウンセラーへの転移反応を起こす女子大学生

来談者のこころには、「カウンセラーに甘えたい」「カウンセラーの愛情、関心が欲しい」という、陽性転移が湧き上がります。その転移をどう理解し、どう対応すればいいかを検討しましょう。

■来談者

田辺さん（21歳、女性）大学3年生

■来談のいきさつ

田辺さんは、「ゼミの先生とうまくいかない」「大学が面白くない」「どんな仕事に就きたいか分からない」という主訴で、大学の学生相談室に来ました。その5回目のセッションの一部を抜粋して検討します。

（セッション開始時、田辺さんは椅子に座ると、カウンセラーからやや遠ざかるよう椅子を少し後ろにずらした）

田辺　今日、緊張して心臓がドキドキしました。

古宮　ドキドキして来られた。

田辺　はい……いろいろ話すことがあったと思ったけど、ここに来てみると、何もないような。

古宮　苦しい思いはあったのに、話すことが浮かばないんでしょうか。

田辺　そうですね……（10秒沈黙）……何か、頭とからだが切り離された感じ。ちょっと不安だったけど、大丈

212

古宮　先週のようにうまく話せなかった、また先週のように要領を得ない話になるかもしれないけど、いいですか？

田辺　うーん……それもあるけど……。ちゃんと話さないと、「分かりにくいヤツだな」と思われるんじゃないかって気が、ちょっとしたんです。

古宮　分かりにくいと思われるんじゃないかと少し不安になった。

田辺　ええ、やっぱりイヤですもの。「頭が悪いな」と思われたら。

古宮　頭が悪いと思われるんじゃないかと不安。

田辺　ええ……。でもヘンですよね、そんなことを気にするなんて……。

古宮　どう思われるか、必要以上に気になっている感じがされるんでしょうか？

田辺　ええ……。そんなに気にしなくて大丈夫ですよね……ちょっと落ち着きました。

古宮　動揺が静まってきた感じでしょうか？

田辺　はい。

古宮　人から悪く思われることがとても気になる。

田辺　そうなんです。気になるんですよね。

古宮　こちらでも、わたしから悪く思われないかと不安になったんですね。

田辺　ええ、でも今は、先生にはそれほど気を使わなくていい感じがします。あの、この前、おばあちゃんの法事があったんですけど（語りはじめる）。

（セッション終盤）

田辺　今日のおばあちゃんの話、また来週も話すかもしれませんけど、先生、来週まで覚えていられますか？

古宮　来週になっても、田辺さんのことを覚えていてほしい、というお気持ちですか？

213　第Ⅲ章　精神分析的傾聴カウンセリングの実際

田辺　うん、来週になって先生が忘れちゃってたら悲しいなと思って……本当に覚えていてくれますか？
古宮　わたしが田辺さんのことを覚えていないかもしれない、と。
田辺　はい。……ちょっと息が苦しい……。
古宮　わたしが田辺さんのことを来週まで覚えているかどうか、疑う気持ちになって苦しくなってきた。
田辺　……こんなふうになって……。
古宮　苦しい。
田辺　わたしってヘンかな、と思います。ヘンだなって……。
古宮　わたしが、田辺さんのことをヘンだと思っているんじゃないかって。
田辺　ええ、先生がわたしをヘンと思うんじゃないかって。それに前回、ここで話している途中で、「何だか先生に見張られているような気がする」って言ったじゃないですか？
古宮　ええ。
田辺　そんな感じがしたんです。
古宮　わたしから見張られておりヘンに思われるんじゃないか、と感じて話しづらかったのでしょうか？
田辺　ええ。そんな言い方はヘンかもしれないんですけど。

■解説
●性的な転移反応

田辺さんの「心臓がドキドキしました」という発言は、わたしには、性的な転移反応だと感じられました。来談者の性的な転移反応には、幼児が親に密着感を求めるような質がありますので、カウンセラーはその衝動が来談者にとってどんな感じなのかを想像し、できるだけ彼・彼女の身になってその感じを味わうことが、共感的な関係を

214

育てるために大切です。

しかし田辺さんは、カウンセラーとの心理的かつ身体的に密接な関係を求める欲求に直面することができなかったため、すぐに話題を変えました。なお、彼女の「頭とからだが切り離された感じ」という発言は、カウンセラーを性的に求める体の欲求と、「求めてはいけない」と頭で禁止している葛藤を、言語化したものでしょう。

また、田辺さんが口にした「ドキドキ」は、カウンセラーに対する恐怖の表れでもあります。田辺さんはその恐怖にも直面できないため、身体的な症状として認知しています。人は感情を抑圧せざるを得ないとき、しばしば身体症状が出ます。

●**行動化について**●●

さらに田辺さんは、椅子をカウンセラーから遠ざかるようにずらしました。行動化です。行動化とは、何らかの感情や衝動を感じると不安が高まりすぎて辛いので、そうなることを避ける目的で、感情や衝動を行動に移すことを指します。田辺さんが椅子をずらしたのは、カウンセラーに対する恐怖を行動化したものです。カウンセラーへの恐怖を軽減するために、カウンセラーから遠ざかったのです。

では、田辺さんは何を怖れているのでしょう。まず考えられることは、カウンセラーに向けて性的で依存的な衝動が湧き起こってくることへの恐怖です。つまり、「もっともっと甘えたい」「性的な親密さを含む近い関係になりたい」という思いが湧いてきそうで怖い、ということです。もし依存的になれば傷つきやすくなるからであり、カウンセラーが田辺さんの期待どおりの発言や行動をしないときには、「見捨てられた」とか、「愛してくれない」などと感じて傷つくからです。田辺さんは、恋愛を含めた今までの人間関係で、相手には満たすことができない過大な愛情欲求を向け、相手がそれをできないとき傷ついたと感じる、という経験を繰り返してきたであろうことが推測できます。

また、田辺さんが男性を求める衝動には、幼い女の子がお父さんとの心理的かつ身体的にも密接な関係を求める側面があるため、性的な衝動に対して近親姦的な罪悪感を無意識のうちに感じているでしょう。だから、カウンセラーに対して接近欲求を感じることが不安で、椅子を遠ざけたのかもしれません。

また田辺さんの行動化は、カウンセラーからの拒絶を怖れてのことかもしれません。彼女はカウンセラーに「関心を注いでほしい」「受け入れてほしい」「愛してほしい」という陽性転移反応を起こしています。そして、それは同時に「十分に注いでくれなかったらどうしよう」「十分に理解し受け入れてくれなかったらどうしよう」という恐怖を伴います。つまり、田辺さんはカウンセラーのことを、「十分に理解したり受け入れたりはしてくれない人かもしれない」と感じており、そのため傷つくのが怖くて、こころの距離を保とうとして椅子を遠ざけたのかもしれません。

その仮説はどうやら正しそうです。その後、カウンセラーからバカにされるんじゃないか、という不安が語られました。

●陰性転移

田辺　ちゃんと話さないと、「分かりにくいヤツだな」と思われるんじゃないかって気が、ちょっとしたんです。
古宮　分かりにくいと思われるんじゃないかと少し不安になった。
田辺　ええ、やっぱりイヤですもの。「頭が悪いな」と思われたら。
古宮　頭が悪いと思われるんじゃないかと不安。
田辺　ええ……。でもヘンですよね、そんなことを気にするなんて……。

ここで、カウンセラーがしばしば行いそうな、非共感的な対応について考えてみましょう。たとえば、来談者が

216

「話しづらさ」について言及したとき、「どうぞ安心してお話しくださいね。どんなことでお悩みですか？」または、「先週はちゃんと話しておられましたよ。今日は何について話したいですか？」のように、来談者が表現している話しづらさを無視して対話を進めようとするかもしれません。

しかし、それではカウンセリングになりません。その理由は三つあります。

（1）来談者が表現している、「人間への不信感」こそが、来談者について共感すべき中心的なポイントである。

（2）人間への不信感は、来談者がそもそもカウンセリングを求めてきた主訴に、深く関連している。人間への不信感こそが、遅かれ早かれカウンセリングの題材として話し合われる必要の出てくるポイントである。

（3）カウンセラーへの不信感が解決される過程が進むにつれ、来談者は、いかにもカウンセリングらしい話をするのではなく、本音を語ることができるようになる。

ここでのカウンセラーは、右のような非共感的な応答ではなく、田辺さんのカウンセラーへの恐怖という陰性転移を、共感的に明らかにしていく応答を続けました。

●陽性転移●●

前にお伝えしたように、陰性転移の裏にはカウンセラーのポジティブな関心や愛情を求める思いがあり、そのことがセッション終盤の彼女の発言に表れます。それについて考察して行きましょう。

217　第Ⅲ章　精神分析的傾聴カウンセリングの実際

（セッション終盤）

田辺　今日のおばあちゃんの話、また来週も話すかもしれませんけど、先生、来週まで覚えていられます？
古宮　来週になっても、田辺さんのことを覚えていますか？。
田辺　うん、来週になって先生が忘れちゃってたら悲しいなと思って……本当に覚えていてくれますか？
古宮　わたしが田辺さんのことを来週まで覚えていない、と。
田辺　はい。……ちょっと息が苦しい……。
古宮　わたしが田辺さんのことを来週まで覚えているかどうか、疑う気持ちになって苦しくなってきた。
田辺　……こんなふうになって……。
古宮　苦しい。
田辺　わたしってヘンかな、と思います。ヘンだなって……。
古宮　わたしが、田辺さんのことをヘンだと思っているんじゃないか、とお感じでしょうか？
田辺　ええ、先生がわたしをヘンと思うんじゃないかって。それに前回、ここで話している途中で、「何だか先生に見張られているような気がする」って言ったじゃないですか？
古宮　ええ。
田辺　そんな感じがしたんです。
古宮　わたしから見張られておりヘンに思われるんじゃないか、と感じて話しづらかったのでしょうか？
田辺　ええ。そんな言い方はヘンかもしれないんですけど。

　田辺さんの「来週まで覚えていられます？」という発言は、カウンセラーの記憶力を査定するための質問ではもちろんありません。彼女がその質問によって間接的に表現しているのは、「カウンセラーに、わたしのことをずっ

218

と考えていてほしい」という、カウンセラーの愛情を求める過剰な欲求がなければ、来談者は大切なセッションの時間を使ってこのような質問はしないものです。というのは、セッションの時間は限られているため、来談者は自分のことを話したくてたまらず、それ以外のことに時間を使うのはもったいないと感じるものだからです。

カウンセラーには、愛情を求める田辺さんの気持ちが想像できたので、「来週になっても、田辺さんのことを覚えてほしい、というお気持ちですか？」と、質問によって表現されている本心を、共感的なこころもちで言語化して確認しました。その介入によって、田辺さんは「先生が忘れちゃってたら悲しい」と、カウンセラーの愛情を求める欲求を感じ、言語化することができました。

●怒りの抑圧

田辺さんが悲しいのは、カウンセラーは彼女が求める強い関心を注いでくれないかもしれない、と思ったからです。それに加えて、次のような防衛過程も田辺さんのこころに生じているかもしれません。

田辺さんには、「人はわたしに十分な関心を注いでくれない」という、対人不信感があります。そのため、「このカウンセラーだってやっぱり、わたしに十分な関心を注いでくれないだろう」という考えが湧いたのでしょう。そして、そのことの寂しさと、十分な関心を注いでくれないカウンセラーへの怒りを感じそうになり、それを抑え込もうとして息が苦しくなったのでしょう。なお、田辺さんが怒りを怖れる理由は、怒りを表現して罰せられた経験があるからでしょう。たとえば、親に対して腹を立てたらさらに攻撃されたり、口を利いてくれなくなったようなことがあったのかもしれません。または、田辺さんの怒りに親がひどく不安になっておろおろしてしまい、子どもだった田辺さんもとても不安になったのかもしれません。

そのような出来事が、こころの発達段階の後になってから起きたのであれば、怒りの感情について、現実的な判断と対処ができます。たとえば、「今腹が立っているけど、この人に怒りを表現すると攻撃して返されるからここは黙っていよう」「でもあの人なら、怒りを言葉で表現すれば分かってくれるからそうしよう」といったようにです。それに比べて、怒りの表現を罰される経験が発達の早期にあり、しかも罰されたことによるこころの痛みが深く激しいほど、怒りそのものについて怖れや罪悪感を持つようになります。そのため、怒りが湧きそうになると、怒りについて現実的な対処をするゆとりが持てず、それを感じないよう抑圧してしまいがちになります。田辺さんはまさにそうでしょう。

●性愛化された愛情欲求●●●

田辺さんは、「来週まで覚えていられます？」という発言によって、「わたしにずっと関心を抱き続けていてほしい」という欲求を間接的に表現していますが、その欲求は幼児が親に向けて持つ欲求です。それがカウンセラーに向けられるのは、幼児期の愛情欲求がひどく不充足だったため、その愛情飢餓を今もこころに抱えているからです。そして、親の愛情を求める幼児的な衝動が、カウンセラーに対して転移されていますから、カウンセラーの愛情と関心を執拗に求めます。

つまり田辺さんは、愛情飢餓の苦しみを和らげようとして、カウンセラーに対し、幼児的な性愛化された愛情欲求を充足してほしい、と求めています。

●陰性転移が再び語られる●●●

田辺さんが「先生に見張られている」と感じるのは、親が受け入れないような感情、衝動、考えなどを抱いて罪悪感を感じた経験（つまり、親に見張られていると感じた経験）を、今のカウンセラーに向けて再体験しているのでしょう。さらには、そう語っているまさにその瞬間に、受け入れがたい感情、衝動、考えをカウンセラーに対して感じている可能性も高く、それはおそらく性愛化された愛情欲求でしょう。

220

田辺さんは「先生がわたしをヘンと思うんじゃないかって」と語っています。その発言は何を表しているでしょうか。田辺さんは、性愛化された愛情欲求に対して彼女自身が感じている罪悪感をカウンセラーに投影し、「カウンセラーは、(親と同じように)性的な衝動は悪いものだという価値観を持っているから、性的な愛情を求めるわたしを否定的に感じている」と感じているのでしょう。そしてそのような陰性転移反応は、「カウンセラーが気に入るような内容を話さなければ拒否される」という不安を伴っており、不安を語って感じ、カウンセラーに共感され受容されることが必要です。

ですから、田辺さんの「先生がわたしをヘンと思うんじゃないかって」って言ったじゃないですか?」「そんな感じがしたんです」という『何だか先生に見張られているような気がする』って言ったじゃないですか?」「そんな感じがしたんです」という発言が、「わたしから見張られておりヘンに思われるんじゃないか、と感じて話しづらかったのでしょうか?」という発言です。

田辺さんの陰性転移について、特に重要な共感のポイントは次の二つです。一つめは、カウンセラーに理解されたい、受容されたいと強く求める性的な色彩を帯びた欲求。二つめは、カウンセラーに理解・受容されないかもしれない、という恐怖です。この二つの思いを、できるだけ自分のことのように想像し味わいながら、応答することが大切です。カウンセラーの共感が来談者に伝わるほど、来談者はより安心してこころにあることを語り、内面を探求していくことができますし、その過程を通して変化が生じてきます。

●愛情欲求についての共感的な応答の例 ● ● ●

田辺さんのように愛情飢餓感が強い人ほど、恋愛や夫婦関係で問題が多くなります。相手に過剰な愛情欲求を満たすことを求め、対等な関係のパートナーではそれを満たすことはできないので、そのとき相手を激しく攻撃します。来談者がそのような出来事や感情を語ったときには、特に共感的かつ受容的に応答することが大切です。

221 第Ⅲ章 精神分析的傾聴カウンセリングの実際

最後にその例を五つ挙げます。

【例1　19歳、女性】
来談者　わたしって寂しがり屋で……いくら水を飲んでも渇きが癒せない感じで。
古宮　すごく寂しくなるし、こころの渇きが癒せずに苦しい。
来談者　でもお母さんに話しても、「甘えてる」と言われるし。
古宮　お母さんは分かってくれず、批判的なことを言うんですね。
来談者　そうなんです！

【例2　41歳、男性】
来談者　妻にすごく腹が立って、ワーっとなってしまって、いろんなものを投げつけたんです。
古宮　ものすごく腹が立って、もう、訳が分からないほどになった。
来談者　妻もすごく怒り出して、怒鳴り合いのケンカになったんです。
古宮　奥さんも受け止めてくれず怒り出すから、本当に腹が立ったんですね。
来談者　そう、本当に……それで、妻がとうとう実家に帰ってしまって……。

【例3　27歳、女性】
来談者　わたし、異性に思わせぶりな態度を取ってしまって、友達にも、度がすぎてるって言われるんです。
古宮　異性の関心がすごく欲しい。

222

来談者　一人の男性じゃ満たされなくて。

古　宮　複数の男性を求めずにはいられないほど、寂しくて満たされない……。

来談者　でも本当は、一生愛せる人が欲しいんです。

【例4　30代、男性】

来談者　孤独な気持ちがずっとあって、心理学を勉強したり、心理学のセミナーに出たりしてるんです。

古　宮　寂しさを癒すために心理学を学んでいるのですね。

（共感が伝わりづらい応答）

古宮1　ずっと寂しくて苦しいんですね。

古宮2　心理学を学んでおられるのは、ずっと寂しくて苦しいからなんですね。

（より共感的な応答2例）

【例5　30代、女性】

来談者　正直言って、すごく寂しいんです。セックスをすると、そのときだけは求められているとか、こころがちょっと埋められるって感じられるんです。でもすぐ空しくなるんです……。

（共感が伝わりづらい応答）

古宮　孤独だからセックスをするんですね。

（より共感的な応答）

古宮　空しいセックスだと分かっていても、セックスせずにおれないほどすごく寂しくて苦しいんですね。

事例5 子どもに対する抑圧された怒りに悩む男子小学生の母親

親が、抑圧された怒りを子どもにぶつけながら、そのことを認めることができず、不安を感じることがしばしばあります。そんなこころの動きを、どう共感的に理解できるかを検討しましょう。

■来談者

桜井さん（35歳、女性）小学6年生の男の子の母親

■来談のいきさつ

息子さんが時々、朝起きられず学校やクラブに遅れることが続きました。そこで心療内科に受診させたところ、心配した桜井さんが、息子さんに悩みはないかを尋ねても、何も言いません。しかし、桜井さんは「息子がこころを閉ざし、思っていることを言ってくれない」ことについて心配が収まらないので、スクールカウンセラーに相談に行きました。その初回面接の中ほどの対話を抜粋します。

桜井　息子が、自分の考えや気持ちを言わないんです。だから夫がイライラしちゃって。

古宮　そうなんですか。

桜井　夫の怒り方ってヒステリックなんですよ。わたしが「頭ごなしに言ってもダメだから話せるようになるまで辛抱強く待つしかないよ」と言っても、やっぱり息子にきつく言うんですよ。だから、わたしが息子の話

（とても心配そうな様子で語る）

225　第Ⅲ章　精神分析的傾聴カウンセリングの実際

を聴こうとすると、「お父さんに話したい」と言うんです。なのに、実際に夫と二人になったら黙ってしまってしゃべらないんです。

古宮　ご主人は我慢強く息子さんの話を聴こうとしないし、息子さんも気持ちを話さないので、どうしようもない感じなんでしょうか？

桜井　息子はわたしにも話さないし、どうしていいか……。

古宮　桜井さんにも分からない。

桜井　打つ手がないんですよね。人に相談したら、「あなたのご主人は、イライラを分かってほしいからキツくなるんじゃないですか？」って言われたんです……。たしかにわたしは夫の話を聴いていなかったと思うんです。

古宮　ご主人の話を聴いていないと思われるんですね。

桜井　ええ……でも、解決法が見いだせないんですよね……息子がなぜ黙り込むのか、分からなくて……。

古宮　息子さんの気持ちが分からないんですね。

桜井　子どもは去年、学校に時々行き渋ったことがあったんです。でも今年、新しいクラスに変わってから休まず行けるようになったんですけど。

古宮　家事をしていて、子どものことをずーっと考えている自分に気がついたんです。去年あの子が休みがちになったとき、すごくしんどかったなーって。子どもが不登校とか、犯罪を犯すとか、もしそんなことになったら、わたしの存在がなくなるように感じてたんです。本当にぞぉーとして、すっごく怖かったんです。桜井さんの存在が否定されるようで、ものすごく怖い。

桜井　問題のある息子さんになったら、桜井さんの存在が否定されるようで、ものすごく怖い。

古宮　夫は子どもに私立中学を受験させるつもりなんです。わたしは、勉強、勉強って押しつけるのはどうかと思うんですけど……。でも、夫のほうが会社勤めだから社会のことをよく知っているし……やっぱり学歴は

大切だって夫が言うので……。中学受験をするなら放課後は勉強しないといけないと思うんですけど、あの子は学校から帰ると、友達のたかしくんの家に遊びに行くんです。でも、そこに行くには交通量のすごく多い道路を通るし、不良がたむろしているような場所もあるし、心配なんですよね。あの子には何も言ってないですけど……。それに、たかしくんのご家庭って、こんな言い方をするとあれなんですけど、教育熱心じゃないというか、勉強にいい加減な家庭みたいなんです。

■解説
●共感のズレがカウンセリング過程を阻害した例

桜井さんは、次の発言で何を伝えようとしているのでしょう。「わたしが息子の話を聴こうとすると、『お父さんに話したい』と言うんです。なのに、実際に夫と二人になったら黙ってしまってしゃべらないんです」。彼女は、黙り込んで話さない息子さんに対する何らかの感情を表現していますが、それはどんな感情でしょうか。それを来談者のペースで明らかにできる応答が、適切な応答です。

発言を受けてカウンセラーは、「ご主人は我慢強く息子さんの話を聴こうとしないし、息子さんも気持ちを話さないので、どうしようもない感じなんでしょうか？」と応答しました。それはつまり、「ご主人は息子さんに対してヒステリックに怒るし、桜井さんは彼の気持ちを話さないから困っているんですね」、「ご主人は息子さんに対して話を聴いてあげていない」という意味の応答です。そのため対話が深まらないものになりました。桜井さんはその少し後「夫が言いたかったこととはズレていました。わたしは夫の話を聴いてあげていない」という意味の発言をしました。カウンセラーの理解は、内省と洞察のように思えるかもしれませんが、それは彼女が「夫の話を聴いてあげるべきだ」という、「正しいこと」「あるべきこと」を語っただけであり、対話のなかで実感を持って感

227　第Ⅲ章　精神分析的傾聴カウンセリングの実際

じはじめたことではありません。ですから、桜井さんの感じ方も行動も変わらないでしょう。また、それに続く彼女の発言もやはり広がりも深まりもなく、話が止まってしまいます。

桜井さんが「わたしが息子の話を聴こうとすると、『お父さんに話したい』と言うんです。なのに、実際に夫と二人になったら黙ってしまってしゃべらないんです」と語ったとき、彼女がカウンセラーに分かってほしかったのは、息子さんが彼女のことを信頼してこころを開いてはくれないことへの怒りです。そこで、桜井さんの怒りを共感的に明確化する応答としては、「息子さんの話を聴いてくれるつもりなのに、気持ちを話してくれないんですね」というものがありうるでしょう。こう応答すると、次のように対話が深まったかもしれません。

古宮　息子さんの話を聴こうとしているのに、気持ちを話してくれないんですね。

来談者　ええ、わたしは気を使って話しかけているのに、何で言わないんでしょうね（イライラした様子になる）。

古宮　息子さんの気持ちも分からなくて不満。

来談者　ちょっとは話してくれたらね、手の打ちようもあるかと思うんですよ。わたしも夫もできることはしているつもりなんです。あの子は小さいころからああで、思っていることを言わないもんだから、こっちが気を使わないといけないんです……。（さらに子どもへの怒りを話す）

また、次の部分のカウンセラーの応答は、機械的で共感が足りない感じがします。

桜井　ええ……でも、解決法が見いだせないんですよね……息子がなぜ黙りこむのか、分からなくて……。

古宮　息子さんの気持ちが分からないんですね。

桜井さんが訴えていたのは、次の三つのうちのいずれかでしょう。

（1）黙り込む息子さんへの怒り。
（2）息子さんがこころを開いてくれないことの悲しみと傷つき。
（3）息子さんがなぜこころを閉ざすのかを息子さんの身になって理解したいという思い。

右の三つの可能性のうち、（1）の怒りと（2）の悲しみは、カウンセリング初期の来談者の感情として多いものです。それに対して、カウンセリングが進んでこころにゆとりが出てくると、母親は（3）のように、子どもの気持ちを本当に子どもの身になって考えようとしはじめるものです。ただし、桜井さんにはまだそのゆとりはなかったので、（1）か（2）だと理解して応答するのが適切だったろうと思います。

ともかく、カウンセラーが、このときの桜井さんは何を訴えていたのかを彼女の言葉、表情、声の様子などから感じとり、それを簡潔に言葉で返せばより共感的だったでしょう。たとえば次の三つの例がありうるでしょう。

「息子さんが黙りこむのでイライラする」
「息子さんがこころを開いてくれないのがすごく気になるんですね」
「息子さんがこころを開いてくれないので寂しくお感じなんでしょうか？」

●子どもへの怒りの放出と軽減

桜井さんのこころに息子さんへの怒りがあることは確かでしょう。しかし親にとって、子どもへの怒りを認めるのは辛いものです。子どもに腹を立てると、親として愛情が足りないように思えて罪悪感がかき立てられるからで

す。そのため桜井さんは、息子さんに対する怒りを感じることも話すこともできませんでした。来談者によっては、「こんな子は嫌い！」とか、「こんな子どもは要らん！」といった怒りについて、それを感じることも話すことも辛すぎてできず、とても抽象的で分かりづらい話をすることがあります。そんな来談者に対しカウンセラーは、分かりづらくしか話せない来談者の葛藤の苦しみに想いをはせ、受容的で理解的な態度を保持することが、傾聴によるカウンセリングでは大切です。

ところがカウンセラーによっては、話が分かりづらいからということで「具体的にはどういうことですか」と尋ねたり細かなことがらについて質問をしたりする人がいます。そのあり方は、来談者の苦しみへの共感も受容も足りないあり方です。来談者は些末な事実ばかり話すようになったり、カウンセリングに来なくなったりするでしょう。

話を戻しましょう。桜井さんは、息子さんへの怒りを感じることが辛すぎてできません。しかし、親が子どもへの怒りを抑圧し、感じなくなったからといって、子どもへの攻撃として表現されます。反対に、子どもへの抑圧された怒りは、巧妙で分かりづらい歪んだ形で表出され、子どもへの攻撃として表現されます。たとえば、子どもに対して「心配だから」と友達と遊ばせなかったり、楽しみを禁止したり、必要以上にきつく叱ったりするなどです。そして親はそのことについて、「子どものため」と正当化して自分自身を納得させるのです。

親は、子どもへの怒りを語り、しだいに怒りの奥にある、子どもがこころを開いて本音を語ってくれないことの寂しさや、子育てに失敗しているんじゃないかという不安や焦りなど、より深い思いを徐々に語れるようになります。たとえば、桜井さんが息子さんへの怒りの底で感じていたのは、息子さんから好かれ信頼されてはいない悲しみであり、寂しさでしょう。

怒りを抑え込もうとする今までのあり方よりも、怒りの底にある、子どもと一つながりたいのにそれができない悲しみや寂しさをはっきしょう。そのあり方が歪んだ形で放出され、子どものこころを傷つけ続けるで

230

りと感じるほうが、親は子どもに優しくなれます。カウンセリングの対話を通して、親のこころにその変化が生まれます。桜井さんはそれらの深い思いを話し、感じるにつれ、子どもに対する怒りが減ります。すると、こころにゆとりができて、徐々に「なぜあの子はわたしに話せないんだろう」と、本当に子どもの身になって考えることができるようになります。

カウンセラーが子どもに対する桜井さんの怒りを察することができなかった理由は、カウンセラー自身が怒りを抑圧していたからかもしれません。カウンセラー自身も、「怒りを抑圧しなければ人を攻撃してしまい嫌われるんじゃないか」という怖れを持っていたのかもしれません。カウンセラーが来談者と同じ未解決の葛藤を抱えているとそれが援助の邪魔をしますし、カウンセラーはそういう来談者に出会うものです。

● "良い母親" であるための苦悩

桜井　子どもは去年、学校に時々行き渋ったことがあったんです。でも今年、新しいクラスに変わってから休まず行けるようになったんですけど。

家事をしていて、子どものことをずーっと考えている自分に気がついたんです。去年あの子が休みがちになったとき、すごくしんどかったなーって。子どもが不登校とか、犯罪を犯すとか、もしそんなことになったら、わたしの存在がなくなるように感じてたんです。本当にぞおーっとして、すっごく怖かったんです。

古宮　問題のある息子さんになったら、桜井さんの存在が否定されるようで、ものすごく怖い。

桜井　夫は子どもに私立中学を受験させるつもりなんです。わたしは、勉強、勉強って押しつけるのはどうかと思うんですけど……。でも、夫のほうが会社勤めだから社会のことをよく知っているし……やっぱり学歴は大切だって夫が言うので……。中学受験をするなら放課後は勉強しないといけないと思うんですけど、あの子は学校から帰ると、友達のた

231　第Ⅲ章　精神分析的傾聴カウンセリングの実際

桜井くんの家に遊びに行くんです。でも、そこに行くには交通量のすごく多い道路を通るし、不良がたむろしているような場所もあるし、心配なんですよね。あの子には何も言ってないですけど……。

それに、たかしくんのご家庭って、こんな言い方をするとあれなんですけど、教育熱心じゃないというか、勉強にいい加減な家庭みたいなんです。

桜井さんの、「子どもが不登校とか、犯罪を犯すとか、もしそんなことになったら、わたしの存在がなくなるように感じ……（中略）……すっごく怖かったんです」という発言は、彼女が根本的な恐怖に直面して、それを語った重要な発言です。

では、なぜ桜井さんは、子どもが不登校になったり犯罪を犯したりすると自分がなくなると感じて、ひどく恐ろしくなるのでしょう。それは、子どもを良い子に育てることによって良いお母さんだと認められなければ、自分の存在価値が感じられないからだろうと思います。そこで、ご主人は子どもの気持ちを無視して勉強を押しつけるが、逆に自分は、子どもの意思を尊重する良い母親だと信じています。「わたしは、勉強、勉強って押しつけるのはどうかと思うんですけど」と述べているのはその表現です。そして、学歴主義という価値観はすべてご主人だけが持っている、と信じています。

しかし、桜井さんのそれらの認知は、「自分のことを学歴にとらわれない良い母親だと信じたい」という強い欲求から来るものですから、現実を正しく認識したものではありません。ひょっとすると、ご主人は桜井さんが信じているほど固い学歴主義ではなく、子どもの志望校選択や受験に際して、意外に寛大な姿勢を見せるかもしれません。

232

●固い道徳的信念が、自分のこころにウソをつかせる

桜井さんは本音では、息子さんに「成績優秀で偏差値の高い学校に行ってほしい」と願っているので、放課後に勉強もせず遊びに行く息子さんと彼の両親のことを軽蔑しています。

桜井さんは、「怒ったり、学歴で人を判断したり軽蔑したりしない、正しい人間でなければならない」という信念が非常に強いのです。そのため、息子さんに高い成績と学歴を求めている事実も、放課後に勉強せず遊びに行ってしまう息子さんに腹を立てている事実も、自分自身に対して認めることができません。さらには、たかしくんと彼のご両親のことを軽蔑している事実も認められません。

この、息子さんへの怒りとたかしくんへの軽蔑心は、「訳の分からない不安」として感じられています。「怒りも軽蔑心も感じてはならない」と信じているため、自分が感じているのは怒りと軽蔑心であるという事実を否定せずにいられないのです。それらの抑圧された感情が不安を呼び起こしているので、桜井さんは強い不安に苦しんでいます。

言い換えると、息子さんが放課後に勉強せず、たかしくんのところに遊びに行くと怒りが湧き上がりそうになるし、たかしくんと彼の両親に対して「けしからん人間だ」という軽蔑心が湧き上がりそうになるのですが、怒りや軽蔑心は怖くて不安なので、「わたしのこころに、訳の分からない不安が湧き上がっている」と感じるのです。しかし、訳の分からない不安はあまりに恐ろしすぎるので、訳が分かろうとします。そこで桜井さんは、「息子が交通量のすごく多い道路や、不良がたむろする場所を通るから、わたしは不安を感じるんだ」と合理化しています。桜井さんは、本当は息子さんに、たかしくんのところに遊びに行くことを禁止して勉強させたいのに、それを認めることができないのです。ですから今後、「たかしくんの家に行く道が危険だから」などともっともらしい理由を持ち出して、たかしくんと遊ぶことを禁止するかもしれません。

桜井さんは、本音では息子さんに高い成績と学歴を求めており、勉強しないことに腹を立てているのにそれを認めることができませんから、息子さんは矛盾するメッセージを受け取って混乱しています。仮に、桜井さんが彼女の価値観を息子さんに一方的に押しつけるならば、息子さんは反抗したり文句を言ったりできるでしょう。しかし、桜井さんは子どもの気持ちを尊重する母親であるかのように振る舞うので、息子さんは反抗さえできず、本音も話せないのです。桜井さんの相談内容である「息子がこころを閉ざし、思っていることを言わない」という問題は、そうして生まれているのでしょう。

さらに、桜井さんの相談内容には、息子さんの愛情を広い意味で性的に求めてやまない原因である孤独感、空虚感の苦しみが表れています。次節でも引き続き桜井さんの事例を取り上げ、そのことについて考察を進めましょう。

234

事例6 息子を性的に求める思いに苦しむ男子小学生の母親

親が子どもに向ける愛情欲求は、しばしば広義の性的な色彩を帯びます。その欲求を共感的に理解できるよう、来談者のこころの動きについて考察しましょう。

■来談者

桜井さん（35歳、女性）小学6年生の男の子の母親

■来談のいきさつ

来談者は前節と同じ桜井さんです。ここでは、彼女の5回目セッションの一部を抜き出して検討します。

桜井　わたし、主人の機嫌がちょっと悪いとすごく不安になるんです。そういうとき子どもに注意が向いて……ちゃんと小学校に行ってるかな、とか気になるんです。

古宮　ご主人の機嫌が悪いと怖くなるし、そういうときにお子さんのことが心配になる。

桜井　そうなんです。去年、子どもが休むことが増えたとき、先生から「大丈夫ですか？」って電話があって。ちょっと話して電話を切ったあと、ぞぉーっとすごく恐ろしくなって。

古宮　すごく恐ろしくなった。

桜井　子どもが時々学校に行けなかったので、先生に申し訳なかったんです……。

古宮　すごく罪悪感を感じたんですね。

235　第Ⅲ章　精神分析的傾聴カウンセリングの実際

桜井　そうなんです。あの子が小さいとき、夫婦が仲良くしているところを見せられなくって、それであの子が神経質な子どもになって、去年は学校にちょっと行けなくなったんじゃないか、と罪悪感を感じてすごくお辛い。

古宮　息子さんを傷つけてしまったんじゃないか、と思うんです。(涙)。

桜井　それにわたしも、ついついイラッとして当たったりしたこともあったんです。(涙) ……

(沈黙)

古宮　先生は、お子さんはおられますか？

桜井　子育てが正直、すごくしんどくて。

古宮　子育てをしたことがないと、そのしんどさが分かるのかな、と思って。

桜井　すごくしんどい。

古宮　わたしに桜井さんのことを理解できるかどうか、ちょっと分からない感じがされますか？

桜井　でも、先生は分かってくれている感じがします。夫婦仲が良くないと、子どもに感謝の気持ちで接するようにしよう、子どもに期待してしまったり、イライラをぶつけてしまったりするので、主人には感謝の気持ちで接するようにしよう、子どもに期待してしまったり、イライラをぶつけてしまった。

古宮　期待しすぎのところがあるんでしょうね……ついつい厳しいことを言ったり期待してほしい母親でありたいんですけどね(涙) ……。子どもは親を信頼しすぎのところがあるんでしょうね……。

桜井　信頼してほしいです。でも来年は中学生になるから、自立が大切ですよね……。

古宮　息子さんを自立させないといけない。

桜井　小学生じゃなくなるんでね。でも、まだまだ子どもなので。自立できるのかなって……。

236

古宮　お子さんの自立を考えると、不安なお気持ちが湧いてくるんでしょうか？

桜井　息子が自立することって、何だか……不安もあるんです……。正直言って、頼れなくなる心細さと言うんですか……。もちろん自立は大切ですけど、主人が子どもに厳しすぎるところがあるんです。もっと優しさもないと、子どもに負担だと思うんです。

■解説

●激しい愛情飢餓感による転移反応

桜井さんは、ご主人の機嫌が悪いとすごく不安になると訴えています。彼女がそんな強い不安を感じざるを得ないのは、ご主人から見捨てられると生きていけなくなると感じられるほどの、激しい愛情飢餓感を抱えて生きているからです。幼児は親に見捨てられると生きていけませんから、親に見捨てられることは文字どおり死の恐怖の体験です。ですから幼児期に愛情欠如の経験をすると、こころに深い傷が残ります。その愛情剥奪の恐怖が後の人間関係において再燃し、恋人、配偶者、親友、先生や尊敬する人などから、嫌われたり見捨てられたりしたと思ったとき、激しい恐怖に襲われます。

桜井さんは、幼少期からの慢性的な愛情飢餓の苦悩を抱えて懸命に生きており、その苦悩が湧き上がるのは、ご主人の愛情を失う恐怖を感じるときです（「主人がちょっと機嫌が悪いとすごく不安になるんです」）。そして、そんなときに息子さんに注意が向くと語っていますが、それは夫に求めるべき愛情を息子さんに求めていることの表れです。愛情飢餓感と空虚感を、息子さんによって埋めようとしているのです。

ここで重要な共感のポイントは、息子さんの愛情を強く求めずにいられないほど強烈な、桜井さんの愛情飢餓の苦しみだと思うのです。

次に桜井さんは、担任の先生からの電話のあと、「ぞぉーっとすごく恐ろしくなって」と話しています。なぜそれ

ほどまでに恐ろしくなったのでしょう。

桜井さんが感じたのは、担任の先生から「息子を不登校にしてしまうダメな母親だ」と思われたことへの恐怖だと思います。そのことが表れているのは、彼女の「時々学校に行けなかったので、先生に申し訳なかったんです」という発言です。子どもが学校に行けずに苦しんでいるのは子ども自身とその親ですから、当事者が先生に対して罪悪感を感じる必要はありません。桜井さんの、「先生から悪く思われているんじゃないか」という恐怖の、歪んだ表れです。

桜井さんにとって担任の先生から悪く思われることが、「ぞぉーっとすごく恐ろしく」なるほどこたえるのは、担任の先生に対して性的な色彩を帯びた好意を抱いていたからである可能性があります。幼児的な愛情飢餓感の苦しみの強い人は、他者に対して容易に依存的な転移反応を起こさずにおれません。

なお、人がそのような転移反応を向ける相手は必ずしも異性とは限りません。同性に対して性的な色彩を伴う愛情欲求を感じることも、珍しくありません。

●子どもへの性的な愛情欲求●●●

続いて桜井さんは息子さんの自立に言及します。彼女の連想は、先生との電話の後ぞぉーっと恐怖を感じた出来事から、息子さんの自立のことへと進みました。その動きは何を表しているでしょう。それは、息子さんの自立を阻んできたのが彼女自身であることに、うすうす気がついているということだろうと思います。しかしそのことに直面するのは辛すぎてできません。そこで桜井さんはその後、「自立は大切だ」という陽性転移の行動化（転移抵抗）です。「カウンセラーから良い母親だと思われたい」というもっともらしい一般論を語りました。それは、「カウンセラーから良い母親だと思われたい」という陽性転移の行動化（転移抵抗）です。口唇期に母親の温かい安定した愛情を十分に感じられなかったり、エディプス・コンプレックスの解決が不十分なままになったりしている親は、自分の子どもに向けて性的な色彩を帯びた愛着を感じがちです。そのような性的な色彩を帯びた愛着が強いほど、子どもに嫌われることが怖くなるし、子離れが辛いものになります。一方で、子

238

どもに向けて性的な愛着を感じるのが怖くてそれを抑圧するため、子どもへの愛着があまり感じられない人がいし、子どもに対して攻撃的になる人もいます。その攻撃性は、子どもへの愛情を感じないようにするための反動形成によって生じるものです。

●引きこもりに苦しむ人の、異性親を性的に求める欲求●●●

引きこもりの人の場合には、子どもと異性親の間にお互いを性的に求める衝動と、それに対する罪悪感や嫌悪感の葛藤がしばしばあります。たとえば引きこもりになっている男性のなかに、成人期に達していても、母親に対して子どものように甘えたり、ときに身体的接触を求めたりする人がいます。

また、母親が自分の持ち物を触ると、非常に激しく怒る人もいます。それは、母親に持ち物を触られることは、自分のペニスやからだを触られることであるかのように感じられるからです。その嫌悪感から激しく怒るのです。男性がそんな感じ方をするのは、母親との密着した身体的接触を含む愛情欲求と、それに対する強烈な罪悪感があるからでしょう。そういう男性は、母親に対して過剰な攻撃性を見せますが、その攻撃性の裏には、母親の愛情を幼児的に求める衝動があるのです。

同時に、引きこもりの人は、同性親に激しく反発することもよくあります。その反発心は、同性親は異性親の愛情をめぐるライバルだと感じる、エディプス的敵意からくるものかもしれません。

もっとも、ここまで述べてきた異性親への性的なものを含む愛情欲求と、それに対する罪悪感と嫌悪感、および同性親に対するライバル的敵意は、引きこもりの人のこころのなかでは無意識領域へと抑圧されており、自分では気づいていません。

●子どもを傷つけたと罪悪感を感じる苦悩●●●

桜井さんは、夫婦が仲良くなかったから子どもが不登校になった、と述べています。その連想の流れは何を示しているでしょう。

239　第Ⅲ章　精神分析的傾聴カウンセリングの実際

桜井さんは、ご主人の愛情が十分だと感じられなかった愛情欲求が過剰で、ご主人に満たしうるものではなかったでしょう。そして桜井さんは、ご主人に対する怒りを息子さんにぶつけたのであり、そのことをうすうす感じているため、「わたしが子どもを傷つけた」という罪悪感が生まれます。カウンセラーはその罪悪感の苦しみに共感し、「息子さんを傷つけてしまったんじゃないか、と罪悪感を感じてすごくお辛い」という応答によって共感を伝えることができました。「夫婦仲が良くないと、子どもに期待してしまったり、イライラをぶつけてしまったりする」と語ることができました。

● カウンセラーへの陰性転移抵抗と陽性転移抵抗 ● ● ●

桜井 それにわたしも、ついついイラッとして当たったりしたこともあったんです。（涙）……

古宮 （沈黙）

桜井 先生はお子さんはおられますか？

古宮 わたしが桜井さんのことを理解できるかどうか、ちょっと分からない感じがされますか？

桜井 子育てが正直、すごくしんどくて。

古宮 すごくしんどい。

桜井 子育てをしたことがないと、そのしんどさが分かるのかな、と思って。

古宮 わたしに桜井さんのしんどさが分かるのかどうか。

桜井 でも、先生は分かってくれている感じがします。

桜井さんは「先生はお子さんはおられますか？」と質問しています。これはもちろん、カウンセラーの家族構成

240

を調査したくて尋ねているわけではありません。「それにわたしも、ついついイラッとして当たったりしたこともあったんです（涙）」という、息子さんへの怒りを感じて表現した重要な発言に対してカウンセラーが無言だったため、桜井さんはカウンセラーの受容も共感も感じられなくて連想がしかたなく続いたのです。

仮に、カウンセラーが、桜井さんの息子さんへのイライラを自分のことのように想像して感じながら、「息子さんに当たらずにはおれないぐらい、すっごくイライラしたんですね」のように応答していれば、桜井さんは「お子さんはおられますか？」と質問することはなく、怒りをさらに正直に語っていたかもしれません。

この対話では、桜井さんは息子さんへの怒りに強い罪悪感を感じていますので、それをカウンセラーへ投影し、カウンセラーに対して怒ると、カウンセラーはわたしのことを悪い母親だと思うんじゃないか」と不安になったのです。そこで、桜井さんの不安に思いをはせながら、「わたしが桜井さんのことを理解できるかどうか、ちょっと分からない感じがされますか？」と尋ねました。すると、桜井さんにカウンセラーの共感が伝わったので、「子育てが正直、すごくしんどくて」と、苦しみを語ることができました。さらにカウンセラーは、その後も共感的で受容的な応答を続けていますので、彼女は「でも、先生は分かってくれている感じがします」と語りました。

また、桜井さんは、子どものことを心配しているとか、子どものためを思っている、ということを感じさせる発言を繰り返し行っています。それは、「カウンセラーに、子どもを愛する良い母親だと思われたい」という、陽性の転移反応によるものです。それは同時に、「わたしは子どもを愛している」と思い込むことによって、息子さんに対する怒りを抑圧しようとしていることも示しているでしょう。

●転移抵抗の取り上げ方とタイミング

桜井さんの「主人には感謝の気持ちで接するようにしよう、と思っているんです」という発言も、カウンセラーから良く思われたいという陽性転移の表現でしょう。事例1の西本くんのケースでわたしは、「転移抵抗が続くよ

241　第Ⅲ章　精神分析的傾聴カウンセリングの実際

うなら、適切な時期にそれを共感的に明確化し、話し合う必要がある」とお伝えしました。同じことが桜井さんとの対話についても言えます。桜井さんの陽性転移は抵抗として働いているようです。つまり、カウンセラーに好かれたいという思いのせいで、カウンセラーから良く思われるような発言を行うようです。桜井さんから良く思われたいことが話したいことが本当に話したいことが話せず、カウンセリングは進みません。

桜井さんの転移抵抗を共感的に明確化する適切なタイミングは、彼女が、「カウンセラーに好かれようとするあまり、本音が語れない」という思いにうすうす気づいたときです。それを見計らって、たとえば次のように応答します。

「わたしから悪く思われないようなことを話さないといけない、というお気持ちがされるんでしょうか？」
「わたしから良く思われないんじゃないか、と思うと話しづらい感じがされるんでしょうか？」
「わたしから理解されなかったらどうしよう、と不安なお気持ちでしょうか？」

ただし、来談者の抵抗を明確化するときに特に大切なことは、来談者の抵抗のもとになっている、カウンセラーの愛情、承認、好意を求める執着的な陽性転移の気持ちと、さらにその底にある愛情飢餓の苦しみに思いをはせることです。本質はテクニックではなく、共感的理解にあります。

しかしこの場面では、カウンセラーはその介入をしませんでした。桜井さんにとって、カウンセラーの承認と愛情を求める気持ちは怖すぎて、まだ意識できていない、と判断したからです。カウンセラーの愛情を求める気持ちは、来談者にとって意識化しづらいことが多いものです。

たとえば、カウンセラーが「あなたはわたしから好かれたいんですね」または、「わたしに不満をお感じでしょうと、カウンセラーへの怒りは、来談者にとって意識化しづらいことが多いものです。か？」と応答したとします。来談者がこれらの介入に応え、カウンセラーの愛情、受容、承認をどれほど強く求め

242

ているかについて語ることができたり、またはカウンセラーへの不満を語ることができたりするには、かなりの信頼感が必要です。桜井さんのカウンセラーに対する信頼感は、この時点ではまだ不十分だとカウンセラーは判断したため、抵抗を共感的に明確化する介入は行いませんでした。

●怒りの抑圧

桜井さんの「主人には感謝の気持ちで接するようにしよう、と思っているんです」という発言は、ご主人への怒りを抑圧しようとする防衛の表れでもあるでしょう。「感謝する」という、道徳的に立派な教えによって怒りを否定しようとしているのです。そこに彼女の、怒りに対する恐怖と罪悪感がうかがえます。

またこの発言は、息子さんに対する怒りを防衛するものでもあるでしょう。息子さんに怒りを感じることが怖いのです。ところが桜井さんは、ご主人への愛情欲求を満たしてもらえず腹が立つと、その怒りを息子さんにぶちまけてしまうのです。ですから息子さんに腹を立てないようにするため、ご主人に怒りではなく感謝の思いを持とう、と努力しているのです。

また彼女の、「夫婦仲が良くないと、子どもに期待してしまったり、イライラをぶつけてしまったりする」という発言は、息子さんに対する攻撃性が非現実的であることについての洞察を示しています。その洞察を深めはじめているのは、とても重要な変化です。そこでカウンセラーは、その重要なポイントに応答することを選びました。

古宮　息子さんに期待し、イライラをぶつけてしまった。
桜井　期待しすぎのところがあるんでしょうね……ついつい厳しいことを言ったりできないと良くないので、子どもから信頼される母親でありたいんですけどね……。
古宮　息子さんからすごく信頼された（涙）……。子どもは親を信頼

桜井さんは「子どもは親を信頼できないと良くないので、信頼されたい」と発言しています。桜井さんの本音は、「息子の愛情が欲しい」ということでしょう。彼女は息子さんに過剰な愛情欲求を寄せ、それが満たされないときに息子さんを攻撃するせいで、息子さんから避けられており、そのことが寂しくてならないのでしょう。しかし桜井さんは、息子さんの愛情を求めてやまない欲求に対して罪悪感があり、それゆえ、その欲求に気づくことができません。その罪悪感は、息子さんの愛情を求める欲求に、広い意味で性的な欲求が含まれているために生じているのかもしれません。それはつまり、幼児が親を求めるような質がある、ということです。

そこで、桜井さんは息子さんに気づくことを避けようとして、「子どもは親を信頼できないと良くない」と語っています。つまり、「わたしが息子の信頼を求めるのは、あくまで息子のためだ」と合理化しているのです。しかし、彼女の本音は、息子さんから「お母ちゃん大好き！」と求められたい、ということでしょう。桜井さんのように強い愛情飢餓感のため息子の愛情を求めてやまない親は、子どもの気持ちやニーズを、子どもの身になって理解するゆとりが持ちづらいものです。そのため、子どもの気持ちを傷つけてしまいがちで、親子関係に困難が生まれます。

カウンセラーはこの場面で、息子さんからすごく信頼されたい」と共感を伝えることができました。そこで桜井さんは、息子さんの愛情をそこまで強く求めざるを得ない桜井さんの苦しみに想いをはせ、ゆくこと（つまり、息子さんが桜井さんを必要としなくなって、息子さんの愛情が得られなくなること）に対する不安を、語りはじめることができました。

古宮　息子さんを自立させないといけない。
桜井　信頼してほしいです。でも来年は中学生になるから、自立が大切ですよね……。
古宮　息子さんからすごく信頼されたい。

244

桜井　小学生じゃなくなるんでね。でも、まだまだ子どもなので。自立できるのかなって……。

古宮　お子さんの自立を考えると、不安なお気持ちが湧いてくるんでしょうか？

桜井　息子が自立することって、何だか……不安もあるんです……。正直言って、頼れなくなる心細さというんですか……。もちろん自立は大切ですけど、主人が子どもに厳しすぎるところがあるんです。もっと優しさもないと、子どもに負担だと思うんです。

　桜井さんの、「（息子から）信頼してほしいです。でも、来年は中学生になるから、自立が大切ですよね」という発言によって、息子さんに信頼してほしいという思いが、息子さんの自立を阻むものであることに、うすうす気づいていることがうかがえます。そして、「でも、まだまだ子どもなので。自立できるのかな」という発言には、「本音はまだ自立してほしくない」という桜井さんの本音が表れています。それに続く、カウンセラーの「お子さんの自立を考えると、不安なお気持ちが湧いてくるんでしょうか？」という応答は、桜井さんの孤独感と不安についてのカウンセラーの共感を伝えるものです。桜井さんはカウンセラーの共感が感じられたので、息子さんの自立が不安であると語ることができました。

　さらに重要な発言が続きます。「正直言って、頼れなくなる心細さというんですか……」がそうです。桜井さんはここまで、「息子のため」と話してきましたが、ここで初めて、息子さんが自立すると彼女自身の愛情欲求が満たされなくなる、という本音に少し直面し、それを語ることができたのです。それは、「子どもを自立させるのが親として正しいあり方である」という、桜井さんの超自我（道徳感）に反する思いです。彼女は本当に感じている不安に、一歩開かれたのです。

　すると、ご主人への怒りが湧いてきたのです。ご主人が息子さんを自立させようとすることへの怒りです。「優しさもないと、子どもに負担だと思うんです」という発言が、その怒りを表しています。ひょっとするとご主人は、

245　第Ⅲ章　精神分析的傾聴カウンセリングの実際

桜井さんが息子さんにしがみついて自立を妨げていることを、感じ取っているのかもしれません。そのことにご主人は危機感を抱き、息子さんの自立を促そうとしている可能性があります。桜井さんが強く感じているのは、「主人には私にもっと優しくして、愛情を注いでほしい」という欲求です。夫が愛情を注いでさえくれれば、慢性的な愛情飢餓の苦しみがなくなる、という幻想を抱いています。桜井さんのように慢性的な愛情飢餓の苦しみが強い人は、その苦しみから逃れることに精いっぱいで、子どもを含め、他人の気持ちや状況を思いやるゆとりはなかなか持てません。ですから、あらゆる人間関係で多くの困難を持ちます。

桜井さんのカウンセリングにおいて特に大切な共感のポイントは、次の三つです。

(1) 彼女の慢性的な愛情飢餓の苦悩に想いをはせ、それをできるだけ彼女の身になって想像すること。

(2) 彼女はその愛情飢餓の苦悩を感じないようにしようとして、息子さんの愛情を求めている。その欲求には、幼児が親の親密な愛情を求めるような、広い意味での性的な執着があることを理解し、それがどれほど強烈で、かつ苦痛であるかを想像すること。

(3) 彼女は同時に、その執着的な愛情欲求に対して強い罪悪感があるため、その愛情欲求を意識するのはかなりの苦痛を伴うということを理解すること。そして同時に、その罪悪感の苦しみを想像すること。

カウンセラーが桜井さんの気持ちに思いをはせ、十分に共感的に傾聴していけば、彼女の気持ちに徐々に変化が生まれます。愛情飢餓の苦しみが和らぐとともに、ご主人への過剰な期待が減少し、息子さんの自立をより純粋にサポートできるようになっていくでしょう。

246

事例7 恋愛が続かないと悩む女性会社員

エディプス的な愛情欲求の不充足が、どのように恋愛に困難をもたらすのか、そしてどのようにカウンセリングにおける抵抗になるのかについて、考察しましょう。

■来談者

野口さん（28歳、女性）会社員

■来談のいきさつ

野口さんは、身体的・言語的暴力をふるうご主人と、2年前に離婚しました。離婚後、激しい不安と孤独感のため心療内科を受診し、それ以来抗うつ剤の投薬を受けています。最近、恋人と別れてからふさぎがちになったので、開業カウンセラー・オフィスに来談しました。服装も化粧もやや派手な印象の女性です。

彼女は初回セッションでは、ご主人から受けた暴力について主に話しました。

野口　夫の暴力はすごく激しくて、顔をなぐられて腫れ上がったり、お腹をけられたりもしました（涙ぐむ）。罵倒もされて……「出て行け！」とか、「お前なんか何の取り柄もないやつだ」とか。床に押し倒されて、馬乗りで首を絞められたこともあったし（泣く）……殺されると思いました。我慢できなくて、夫が会社に行っている間に家を飛び出して、シェルターに逃げ込んだんです。

（野口さんはその後、シェルターを出てから今日までどうやって暮らしてきたかについて話す）

247　第Ⅲ章　精神分析的傾聴カウンセリングの実際

野口さんはカウンセリングが進むにつれ、次のような苦しみを語るようになりました。自分自身のことが嫌いなこと、職場で突然怒りが込み上げて止まらなくなることがあること、寂しさのあまり複数の男性たちと肉体関係を持ち、セックスの後は強い空虚感に苦しむこと。彼女は、「男性って結局はセックスだけを求めてくるんです」と、落胆と怒りを感じています。

さらに、野口さんは彼女の生い立ちについても語るようになりました。そして3回目のセッションで、淡々とした口調で次の内容を語ります。

野口　あの、わたしがまだ1歳のときに、母はガンで亡くなったそうなんです。わたしは覚えていないんですけど、父と、母の親戚から聞きました。それに、わたしもガンにかかったことがあるんです。19歳のとき、スキルス性胃ガンになって。会社の検診で初期のときに見つかったので、手術で胃の3分の1を切って治ったんですけどね。

母が亡くなった後、わたしが3歳ぐらいのときに父が再婚して、義理のお母さんがうちに来たんです。わたしより6歳上の義理の兄を連れてうちに来たんです。義理のお母さんは、わたしもガンにかかったので、運動神経も抜群だったし、勉強もできる子どもでした。義理のお母さんは兄をかわいがって、わたしには明らかに冷たかったんです。父は仕事に忙しくて子育てにはタッチしなかったので、わたしを義理のお母さんから守ってくれることはありませんでした。

わたしが4歳ぐらいだったと思うんですが、兄が小児白血病になったんです。当たり前ですけどね。それで、近所に住んでいた祖母（母方）がわたしの世話をするようになって、わたしの世話はほとんどできませんでした。兄の看病はそうとう大変だったみたいです。両親は兄の病室で寝泊まりするようになって、わたしの世話はほとんどできませんでした。兄の看病を主にみてくれました。でも兄は他界して……。白血病と分かってから数カ月しか経っていなかったと思

248

（セッション中ほどの対話から抜粋）

野口　義理のお母さんは恋愛にすごく厳しい人で、わたし、中学と高校では男子と話すことはあまりなかったんです。短大ぐらいから恋愛は普通にしたと思うし、人からは男性との付き合いに慣れてるように見られるけど、本当は男性と話すのは苦手なんです。
わたしが小さいころ、家に父とわたしと二人だけだったとき、父が「ひざの上に乗っておいで」と言ったことがあるんです。お父さんは寂しいんだって思って乗ってあげたら、胸とか下腹部を触ってきたことがあって、わたしは喜びながら嫌がっているフリをしたんです。今思うとすごく異常なことって思うんですけど。

（セッションの終了時刻が近づき、最後に野口さんはこう言った）

野口　先生、わたし変われますか？
古宮　変われるかどうか不安なんでしょうか？
野口　はい。変わらないといけないのかなって。それに、負担に思えて。
古宮　え、どういう意味ですか？
野口　わたしのこんな悲しい人生について話すと、先生の負担になるから話しづらいんです（涙）。先生のこ
ろに負担をかけるのが怖いです。（泣）
古宮　野口さんの悲しみを話すと、わたしに負担をかけてしまいそうで怖い。
野口　はい……悲しいです。（泣）
古宮　話すことがすごく悲しい。
野口　先生の負担もあるけど、わたしも悲しいです。（泣）

249　第Ⅲ章　精神分析的傾聴カウンセリングの実際

古宮　今すごく辛い。

野口　でも、必要な感じがして……。話すことによって、辛かった過去を終わらせるのが必要な感じがします。

古宮　まだ過去になっていなくて、今も苦しみをお感じでしょうか？

野口　ええ……こころの底のほうに、苦しみたいなものが潜んでいます。

古宮　はい。大切なお話の途中ですが、時間ですので、来週水曜日の1時にまたお待ちしたいですが、よろしいでしょうか？

野口　はい。よろしくお願いします。

■解説

野口さんのこころには、さまざまな辛い感情があることが推測できます。それらがどんな感情なのか、そしてそれらの感情がどう生まれたのかについて、考察してゆきます。

まず、実のお母さんからも義理のお母さんからも、温かい保護と愛情を得ることができなかった寂しさと悲しみがあるでしょう。野口さんにとって複数の男性たちとの肉体関係はたいへん空虚なものであるにもかかわらず、寂しさのあまりそれらを手放すことができずにいます。

次に、義理のお母さんが野口さんよりも義理の兄をかわいがって、わたしには明らかに冷たかったんです」の激しい怒りも、義理の兄への嫉妬も、感じたでしょう。

●性への罪悪感●●●

野口さんは、「義理のお母さんは恋愛にすごく厳しい人」だと述べています。これは、義理のお母さんが野口さんの性的な衝動を受け入れなかったことを示しているでしょう。野口さんは性に対して強い罪悪感を持つようにな

250

り、それが「中学と高校では男子と話すことはあまりなかったんです」と述べていることから分かるように、異性への不安になりました。

野口さんの性への罪悪感について、さらに詳しく考察しましょう。野口さんを性的に求める衝動と、それに対する罪悪感の葛藤だと思います。彼女は、子どものころにお父さんからからだを触られた経験について、「わたしは喜びながら嫌がっているフリをしたんです」と述べていますが、「喜びながら」という言葉によって、彼女のなかにある、お父さんを性的に求める欲求を暗に示しています。

●男性への不信感●●●

野口さんは、セックスのあと空虚感に苦しめられるし、さらに「男性って結局はセックスだけを求めてくるんです」と、落胆と怒りを感じています。彼女がそうして悩む主な原因は次の三つでしょう。

一つめとして、野口さんのように、口唇期的な愛情飢餓感に基づく親への性的な愛情欲求が強い人は、性関係の相手に対して、成熟した大人の性関係ではなく、幼児的な性衝動の充足を求めます。また、異性を求める質が親姦を求める質があるため、性衝動への罪悪感があります。ですから、野口さんはセックスの後、強い罪悪感にさいなまれますし、セックスをしても満たされないのです。

二つめの原因は、野口さんは幼いころにお父さんから性的な関心を得られた経験から、男性の愛情を得るには自分の性的な魅力を使う必要がある、と学んだことです。それと同時に、彼女は性衝動が過剰に刺激されたために、男性たちとの関係がすべて性的な色彩を帯びたものに見え、セックス以外の側面では男性の愛情が感じられないのです。そのため野口さんは「男性はセックスだけを求める」と不満を感じているにもかかわらず、性的な魅力をアピールすることによって男性をひきつけています。彼女の服装はやや露出が多く派手めですし、化粧も濃いめです。しかも彼女は後に、（本書では省略しましたが）男性とは、パーティーやインターネットの出会い系サイトで出会うことが多い、と述べました。つまり、彼女は性的な出会いを求める男性の多い機会で、自分の性的な魅力で出

251　第Ⅲ章　精神分析的傾聴カウンセリングの実際

よって男性たちと出会っているのです。しかし、性衝動への罪悪感と禁止が強いため、自分が性的な魅力を能動的にアピールしている、という事実については気づかないよう否認しています。

三つめの原因は、野口さんの男性不信です。彼女は、セックスだけではなくこころも満たされる恋愛を求めていますが、その欲求と同時に男性への不信感があります。すなわち、「男性は本当のわたしを知ったら嫌いになる」という深い信念があるのです。そのため、女性と情緒的に親密になることのできる健康な男性には、無意識のうちに恐怖を感じます。しかし、彼女と同じように人への不信感の強い男性であれば、親密になることがないため不安が少ないのです。

以上の三つの理由から、野口さんは、情緒的な親密さを求め育むことのできる男性とは、恋愛関係が結びづらいのです。そのため、彼女の恋愛と結婚は非常に不満足なものになっています。

●父親への怒り●●●

野口さんのこころの深みには、お父さんに対するかなりの怒りもあります。激しいエディプス葛藤の苦しみを作るような養育をされたことへの怒りです。そのことについて考察しましょう。幼い野口さんは、「わたしがこれほどまでに求めている愛情を、お父さんはわたしには与えてくれず、義理のお母さんに与えている」と思ったでしょう。そのため、お父さんと義理のお母さんへの強烈な敵意があるでしょう。

野口さんはまた、「自分のことが嫌い」という感覚にも苦しんでいます。それは防衛によって生まれた感覚であり、その原因は二つあると思います。

一つめは、先ほど挙げたお父さんを性的に求める近親姦的欲求でしょう。その欲求のため、彼女は「わたしは汚い、悪い人間だ」と感じるのです。彼女の、自分自身の存在そのものを否定せざるを得ない苦しみが想像できるで

252

しょうか。

　二つめの原因は、彼女を十分に愛さなかった（と感じた）お父さんと義理のお母さんへの怒りを抑圧しようとして、「わたしは悪い子だ」という信念を発達させたことでしょう。「自分が悪いんだ」と解釈すれば、お父さんと義理のお母さんへの怒りを感じずにすみますし、それとともに、「良い子になればいつか愛してもらえる」という希望を維持していられます。お父さんと義理のお母さんが彼女を愛することができない人たちであれば、彼女は永遠に愛情を得ることはできません。それはあまりに絶望的で恐ろしく、とても受け入れられないことです。それに比べれば、自分のことを悪い子だと感じる苦しみのほうがマシなのです。

● 「わたしが死ぬべきだった」という信念 ● ●

　本書には載せていませんが、野口さんはこの後のカウンセリングで、こころの奥に、「死ぬべきだったのは、本当は義理のお兄ちゃんじゃなくて、勉強も運動もできず人気もない、わたしのほうだったんだ」という信念があることが明らかになりました。その信念はどのように生まれたのでしょう。

　野口さんのお父さんと義理のお母さんにとって義理の兄の死はあまりに辛すぎるもので、彼らは義兄の死後、あまりの悲しみのため、野口さんに十分な愛情を注ぐことができなかったことが想像できます。しかし、お父さんと義理のお母さんにその不満を訴えることは、幼い野口さんにはできませんでした。彼らにいっそうの負担をかけることはしたくなかったし、愛情を要求したのに得られなければいっそう辛くなるからです。そこで、お父さんと義理のお母さんへの怒りを抑圧することが必要になりました。そうして、「本当は、優秀な義理の兄じゃなくて自分が死ぬべきだった」という信念のほうが、愛情をくれない親を憎むことよりも耐えやすかったのです。幼い野口さんにとっては、「自分は劣っているから自分が死ぬべきだ」と信じることのほうが、愛情をくれない親を憎むことよりも耐えやすかったのです。

　さらに、野口さんが自分自身のことを嫌いだと感じて苦しむ原因として、お父さんと義理のお母さんへの怒りの抑圧とともに、先ほど考察した、お父さんを性的に求める衝動に対する罪悪感もあるでしょう。野口さんは無意識

253　第Ⅲ章　精神分析的傾聴カウンセリングの実際

的に、「お父さんを性的に求める自分は汚い」と感じているということです。

また、野口さんのこころの奥には、彼女を残してガンで死んだ、実のお母さんへの怒りもあるはずです。子どもを亡くした親が、子どもが自分より先に死んで喪失の悲しみを味わわせることについて、怒りを感じることがよくあります。それはごく自然な反応なのですが、死んだ子どもに腹を立てるのは理屈に合わないし、死んだ子どもへの愛情を否定するように思えて、親はその怒りを抑圧してしまいがちです。すると、心身の不調や夫婦関係のいざこざなどの原因になってしまいます。野口さんのこころにも同様の、実のお母さんへの怒りがあるでしょう。

●うつ症状の原因●●●

野口さんのこころは、両親に対する憎しみも、お父さんへの性的な衝動も感じないようにする分になります。うつ感情に襲われると世界がどんより灰色に感じられ、言葉に表せない重苦しい気分を生み出したのだと思います。うつ感情に襲われると世界がどんより灰色に感じられ、言葉に表せない重苦しい気分になります。感情をいきいきと感じないようにする目的で、感情エネルギーを無意識のうちに抑圧するために生じます。もしも野口さんが感情をいきいきと感じたりしたら、ここで考察している、お父さん、実の母親、義理のお母さんに対する強烈な憎しみ、それに対する罪悪感、強烈な愛情飢餓感の苦しみ、お父さんを性的に求める衝動、それに対する罪悪感などすべてを、ありありと感じてしまうことになります。それは今の野口さんには耐えられないことです。うつ気分の苦しみには、「訳の分からない」不安、イライラ、焦燥感、罪悪感があるものですが、それは、自分が本当は何を感じているのかが分かると耐えられないからです。

そして、野口さんの、「わたしが死ぬべき」という信念は、19歳でスキルス性胃ガンになるという形で現象化しました。しかし、ガンの経験を通しても、こころの深くにある「わたしは死ぬべきだ」という信念が解決することはありませんでした。彼女のその信念は「暴力夫に殺されそうになる」という形で、再び現象化したのです。[※1] 彼女は夫の暴力を受けながらも、深い孤独感のために、夫のもとを去ることがなかなかできなかったのでしょう。

254

●変化への不安

野口　先生、わたし変われますか？
古宮　変われるかどうか不安なんでしょうか？
野口　はい。変わらないといけないのかなって。それに、負担に思えて。

野口さんの「わたし変われますか？」という質問は何の表現でしょう。二つの可能性が考えられると思います。

（1）今日のセッションに意味を感じなかったので、これ以上セッションを重ねても変化があると思えない、という不満。その場合、カウンセラーは「今日お話し合いをしましたが、気持ちに変化を感じないので、このお話し合いを続けることにあまり意味がないようなお気持ちもおありでしょうか？」というような応答が適切でしょう。

（2）「カウンセラーの期待に応えて良い方向へ変化する良いクライエントでなければ、認めてもらえないんじゃないか」という不安。その場合には「変わらないといけない感じがされるのでしょうか？」というような応答がいいでしょう。

カウンセラーには、そのいずれなのかがよく分からなかったので、「変われるかどうか不安なんでしょうか？」と返しました。すると野口さんは、「はい。変わらないといけないのかなって。それに、負担に思えて」と答えました。

*1 わたしは、暴力を受ける人がすべて、「自分は死ぬべきだ」と信じていると主張するわけではありません。

た。どうやら、変化することをカウンセラーから求められていて、変化しなければ〝良いクライエント〟だと認めてもらえないのではないか、という不安の表現だったようです。

しかし、野口さんはその思いについてさらに詳しく述べることをせず、「それに、負担に思えて」と、話題を変えています。彼女にとってカウンセラーの愛情を求める依存欲求に直面するのは、現時点では辛すぎることでした。ここに彼女の、親に対して愛情を求めることができないという転移のパターンが繰り返されています。また、カウンセラーへの愛情欲求に性的な欲求が含まれており、それについての罪悪感が湧き上がったのかもしれません。

●カウンセラーに向けられた対人不信感と性的な陽性転移●●●

カウンセラーには、野口さんの「負担に思えて」という発言の意味が理解できませんでした。そこで「え、どういう意味ですか？」と問うています。そこから見ていきましょう。

古宮　え、どういう意味ですか？
野口　わたしのこんな悲しい人生について話すと、先生の負担になるから話しづらいんです（涙）。先生のこころに負担をかけるのが怖いです。（泣）
古宮　野口さんの悲しみを話すと、わたしに負担をかけてしまいそうで怖い。
野口　はい……悲しいです。（泣）
古宮　話すことがすごく悲しい。
野口　先生の負担もあるけど、わたしも悲しいです。（泣）
古宮　今すごく辛い。

256

野口さんは、自分の悲しい人生について話すと、カウンセラーの負担になるし自分も悲しくなる、と語っています。カウンセラーの負担になるというのは、本当はカウンセラーの好意を失う恐怖を語ったものでしょう。そのことについて考察します。

野口さんは強烈な愛情飢餓感を抱えているため、他人に対して愛情欲求を満たすよう過剰に求めてしまいます。しかし彼女の要求は非現実的に高いため、相手はその要求に応えることができません。ところが、彼女は怒りを感じることを自分に対して許すことができないため、怒りを抑圧して他者へと投影し、「他人がわたしに怒っている」と認識します。それが、対人恐怖が生じるメカニズムです。その認識がカウンセラーに向けられているので「カウンセラーもわたしに怒るんじゃないか」と怖れています。

野口さんはまた、「他の人々もわたしと同じ葛藤を抱えている」と信じています。つまりカウンセラーについて、「カウンセラーにとってわたしの話を聴くのは、怒りを抑圧しようともがいている、怒りとそれを押し殺そうとする葛藤という負担を担うことだ」と感じるのです。それらのこころの動きが、「先生の負担になるから話しづらいんです。先生のこころに負担をかけるのが怖いんです」という発言になっています。つまり彼女の本意は、「わたしの気持ちを正直に話したりすると、先生は負担になるあまり怒り出しそう。それが怖い」という意味でしょう。

野口さんは、男性カウンセラーを求めて来談しました。彼女がカウンセリングに対して不信感を感じるのは、カウンセラーの愛情を強く求めていることの裏返しです。また野口さんは男性に対して容易に性的な接近欲求を感じますから、彼女にとってカウンセリングに通うのは、男性と触れ合いたいという欲求を満たす意味もおそらくあるでしょう。

● 何についてどう感じているかを明確化できない苦しみ ●●●

野口さんは「悲しい」という言葉を繰り返し使っています。これは、かなり防衛的なあり方を示しています。彼

女がこの対話において「悲しい」と言うとき、彼女が感じているのは悲しみだけではなく、さまざまな受け入れがたい感情や欲求であいまいな言葉でひっくるめてしまい、あいまいなままにしているのだと思います。しかし、それらに直面することが辛すぎるため、「悲しい」という言葉でひっくるめてしまうのでしょう。彼女が感じているかもしれない受け入れがたい感情や欲求とは、激しい愛情飢餓感、カウンセラーの愛情を性的に求める欲求とそれについての罪悪感、父・実母・義母に対する憎しみとそれについての罪悪感、自己嫌悪感でしょう。野口さんには、それらの感情や欲求よりも、悲しみのほうが受け入れやすいのでしょう。つまり、「憎んでいる」とか、「カウンセラーを性的に求めている」という自己像は、とても醜く受け入れがたく感じられますが、「悲しんでいる」という自己像であれば、受け入れやすいのでしょう。そこで「悲しい」という大きなラベルで、彼女の感情すべてをひっくるめてしまうことによって、自分のさまざまな感情を明確に感じることを避け、あいまいにしているのだと思います。

カウンセラーは野口さんのその辛さを高い程度に共感し受容し、それを伝えることができています。そのため野口さんのこころに、「辛くても自分の感情をちゃんと見つめ、葛藤の源を探求して、苦しみを解決したい」という自己治癒力が湧いてきました。そのことを表しているのが、この対話の終わりのほうの「話すことによって、辛かった過去を終わらせるのが必要な感じがします」「こころの底のほうに、苦しみたいなものが潜んでいます」という発言です。

カウンセラーの十分な共感と受容がこの後も続けば、野口さんのカウンセリングは少しずつ進展し、彼女のエディプス的葛藤、両親への怒り、男性不信、対人不信、うつ症状などに少しずつ変化が起きていくでしょう。

事例8 "良い来談者"を演じようとする女性会社員

「自分を理解したいから」とか、「成長したい」「教育分析を受けたい」といったような理由で、カウンセリングを求める来談者がいます。そういう言い方は防衛の表れです。そのような来談者は何をどう防衛しているのか、そしてそんな彼・彼女にどう共感できるのかについて、考察しましょう。

■来談者

三好さん（40代、女性）会社員

■来談のいきさつ

三好さんは、「カウンセラーになるために教育分析を受けたい」とのことで、開業カウンセラーのもとを訪れました。その初回セッションの最初の部分を抜粋します。

古宮　初めまして、古宮です。
三好　初めまして、三好と言います。よろしくお願いします。
古宮　よろしくお願いします。三好さんは、どういうことでお越しになろうと思われたんですか？
三好　はい、あのー、自分を理解したいと思って来たんです。
古宮　はい、はい。
三好　はい、はい。
古宮　いつかカウンセラーになりたい気持ちもあるので、教育分析というんですか。過去のことは自分のなかで

259　第Ⅲ章　精神分析的傾聴カウンセリングの実際

は解決したと思うので、罪悪感や自己嫌悪について整理したいんです。

古宮　ええ、そうです。若いころから心理学に興味があって、そういう本をよく読むんです。摂食障害とか、親子関係のこととか。

三好　心理学をよく学んでおられるんですね。

古宮　はい……先生は本は出されてますか？

三好　いいえ。

古宮　うらやましい。

三好　本当はうらやましい。

古宮　でも、本当はうらやましいんだなって。

三好　若い女性を見ているとイライラする。

古宮　本当はうらやましい。

三好　人と気さくにしゃべられる人がうらやましいんです。わたし、小さな輸入会社で事務をしているんですけど、新しく入った若い女性とかアルバイトの女子大生とか、すぐに他人と打ち解ける人がいるんです。そういう人を見ているとイライラするんです。仕事中にふざけて笑ったり、敬語もちゃんと使えないし。

古宮　本当はうらやましい。

三好　あ、すいません。わたし心理学の本を読んで、いろいろ気づきがあったんです。うらやましさを感じているんだな、と気づいたり。たとえば、すぐにイライラするところがあって、そういうときって本当はうらやましさを感じているんだな、と気づいたり。

古宮　本当はうらやましい。

三好　そんなことを思っている自分に自己嫌悪を感じてしまって……それでイライラして食べ過ぎちゃったり。

古宮　自己嫌悪とイライラですごく辛くて、食べずにいられないお気持ちになる……

三好　自己嫌悪は他にもあって、わたし、職場ではいちおう部下もいる立場なので、本当は自分の意見を言って部署を引っ張っていかないといけないのに、それができなくて自己嫌悪に陥るんです。

古宮　ご自身の意見を言って引っ張っていかないと、と思うけど、できないご自身をすごく責める。

三好　人の目が気になるんですよね……。

古宮　悪く思われているんじゃないか、と不安になるんでしょうか。

三好　部下も、表面ではわたしに対して取りつくろっているけど、本当はわたしにイラついてるんじゃないかと思ったり。それに、仕事でミスをしたら上司から怒られそうで、ビクビクしているんです。考えすぎなのは分かってるんですけど。

古宮　部下も上司も腹を立てたらどうしよう、とすごくビクビクしてしまう。

三好　何かビクビクしてしまうんですよね。

古宮　怖い。

三好　怖いです……。あの、話が変わるんですけど……わたしはかつて離婚していまして、今お付き合いしている人がいるんですけど、その人ともうまくいっていなくて。わたし、甘えるのが下手なんですよね。キツい態度を取るし、すぐ機嫌を悪くするっていうか……妹がいるんですけど、妹は正反対で、すごく甘えるのが上手だから、父も母もわたしたちが小さいときから、妹がおねだりするとものを買うけど、わたしはおねだりもしない子どもだったんです。そんな妹がうらやましいと思ってたんだ、って最近気がついたんです。

古宮　妹さんが甘えるのが上手で、ご両親から良くしてもらえたのが、本当はうらやましかった。

三好　子どものときのわたしって、正義の味方って感じで、悪いことをした子を先生に言いつけたり、学級会でその子を責めたりしたんです。それで小学生5、6年生のときに仲間外れにされたり、イジめられたりして。だから中学校に入ってからは、目立たないようにすごくおとなしくなって。

■解説

●「自分を理解したい」と語る来談者の本心

ときどき、三好さんのように、「自分を理解したい」とカウンセリングに来る来談者がいます。しかし、それは防衛が働いた言い方であって、「自分を理解したいから来ました」と言う来談者も、本当は何らかのこころの苦しみからラクになりたいと願って、カウンセリングに来ているのです。さらに深いレベルでは、人がカウンセリングに通う本当の目的は、主訴がどうあれ、自分のことを共感的に理解してもらい、ありのまま受け入れてもらいたいからです。言い変えれば、人は無条件の愛を求めてカウンセリングに来るのです。

ですから、来談者が「自分を理解するためにカウンセリングに来ました」と言うのは、「苦しみに直面するのは怖すぎる」「こころに苦しみがあると認めることすら怖すぎる」という抵抗の表現です。カウンセリングが、単に「自分を理解する」という知的なレベルを超えて深くなると、こころの底にある愛情飢餓感、怒り、劣等感、罪悪感などの辛すぎる気持ちに触れそうで、それが怖いのです。

また、「自分を理解したいからカウンセリングを受けるんです」という言い方には、「カウンセラーから心理的に異常な人、弱い人だと思われたくない」という転移抵抗も働いているでしょうし、そこには、カウンセリングを受ける人たちに対する偏見もうかがえます。

なお、ここで「転移抵抗」と言うのは、三好さんはカウンセラーから好かれたい、受け入れられたい、という思い（陽性転移）のために、自分の問題の源に直面してそれを解決するのではなく、カウンセラーから好かれるように話そうとする（抵抗）、というこころの動きを指しています。

262

● 「教育分析です」と語る抵抗 ●

同様の転移抵抗は、三好さんの「教育分析」「罪悪感や自己嫌悪について整理したい」という発言にも表れています。教育分析とは、カウンセラーになろうとしている人や現役のカウンセラーが、トレーニングの一環としてカウンセリングを受けることを指しますが、「教育分析です」と言うのは先ほどと同じく、「自分には本格的なカウンセリングを通して取り組むようなこころの問題はないと思いたい」という気持ちから、異常ではなく健康な人だと思われたい」という気持ちが込められています。

カウンセラーは三好さんのそのような思いを理解することが大切で、(わたしは教育分析はしたことがない。困ったな) などと内心思ったりするのは、共感がズレていると思います。「普通のカウンセリング」と「教育分析」には、何の違いもないと思います。*2

● 過去のこころの痛みを避けようとする抵抗 ●

また、「過去のことは自分のなかでは解決したと思うので」という言葉にも、三好さんの抵抗が表れています。本当に過去のわだかまりが解決されていたら、そんなことを口にしようとさえ思いませんし、彼女がこの後に語る罪悪感も自己嫌悪も、持つことはありません。三好さんが「過去のことは解決した」と言うのは、過去に関連する辛すぎる感情があるが、それに直面するのは怖すぎる、という訴えでしょう。さらに、この言葉は、カウンセラーに対する陰性転移の萌芽でもあるかもしれません。来談者はしばしば、「カウンセラーは過去を掘り返そうとしている」とか、「辛い感情に無理に向き合わせようとしている」と感じているものです。

なお、来談者がカウンセラーに対してイラ立ったり反抗的になったりするときはしばしば、「カウンセラーが私

*2 ユング派のセラピストなど、通常のカウンセリング・心理療法と教育分析は、内容や進め方などの点で異なると考える人たちもいます。しかし、そういうセラピストも、「教育分析のために来ました」という来談者について、そう言って防衛せざるを得ない不安を理解し、共感することが大切だと思います。

263 第Ⅲ章 精神分析的傾聴カウンセリングの実際

に批判的な気持ちを感じている」とか、「カウンセラーが私に怒っている」と（時に無意識に）感じています。そして、その傷つきや見捨てられる恐怖を感じないようにする防衛として、カウンセラーに怒りを向けているのかもしれません。その気持ちに思いをはせることが、共感には大切です。

三好さんの「罪悪感や自己嫌悪について整理したい」という発言も、抵抗の表現です。そのように話すと、カウンセラーから「この人は自分のこころに向き合おうとする人だ」と、良く評価してもらえると感じているのです。

もし抵抗がなければ、このような整理された冷静な言い方はせず、すでに罪悪感や自己嫌悪について、感情を込めて話しはじめているでしょう。

● 罪悪感の苦しみに共感する ●●●

カウンセリングでまず大切なのは、主訴の苦しみに共感することです。三好さんは罪悪感と自己嫌悪の苦しみについて語っており、この時点ではまず、その苦しみに共感することが大切です。カウンセラーは「罪悪感や嫌悪感があるのを感じておられる」と、共感的な様子で応答しました。これは適切な応答でしょうが、「罪悪感でお辛いんでしょうか？」という応答のほうが、辛さに言及しているぶんだけより共感的だったかもしれません。ただし、その返し方が三好さんの苦しみにあまりに単刀直入に切り込みすぎるのでなければ、ということですが。その判断は、三好さんと一緒にいて感じるカウンセラーの感覚によって行います。

三好さんは続いて「ええ、そうです。若いころから心理学に興味があって、そういう本をよく読むんです。摂食障害とか、親子関係のこととか」と述べました。それは、「若いころのこころの苦しみを感じて苦しかった」といううことの表現であり、かつ、彼女の苦しみは摂食障害と親子関係に関連するものではないか、と推測できます。防衛的だった三好さんが、苦しみに言及しはじめることのできた重要な発言です。彼女にそれができたのは、カウンセラーがその前に行った「罪悪感や自己嫌悪感があるのを感じておられる」という応答から、共感が感じられたためでしょう。

264

●評価を伝える非共感的な応答

このような、来談者の苦しみを語る発言には、特に共感的に応答することが大切です。しかしカウンセラーはここで、「心理学をよく学んでおられるんですね」と返しました。これは次の二つの理由から、拙い応答です。

一つめの理由は、三好さんの「若いころから心理学に興味があって」という発言が、「長年にわたってこころの苦しみを感じてきた」という訴えであることを、理解していないことです。この発言は、彼女がカウンセリングを受けに来た理由である苦しみ（主訴）を伝えるものですから、そこに表現されている苦しみに共感することが重要です。しかし、彼女のこの発言からではどんな苦しみなのかが分かりませんから、それを語りやすくするような応答のほうがよかったでしょう。

たとえば、「摂食障害や親御さんとの関係など、こころについて関心を持ってこられたんですね」という応答が考えられるでしょう。ただしそのとき、「この方はきっと長い間、苦しんでこられただろう」と思いながら、その共感が伝わるような表情や声のトーンで応答することが重要です。それがなく、単に客観的事実を繰り返すだけの非共感的な応答では、カウンセリングになりません。または、「三好さんは若いころから感じてきた苦しみについて語りたいんだ」と感じたら、もっとストレートに、「若いころから摂食障害や親御さんに関係する苦しみを、感じてこられたんでしょうか？」のように応答するのもよいでしょう。

それら右のような応答を共感的な様子で行えば、三好さんは苦しみをより素直に語ることができたかもしれません。

「心理学をよく学んでおられるんですね」というカウンセラーの応答がまずい二つめの理由は、それが評価的なニュアンスを伝えることです。三好さんの、「心理学の本をよく読んできた」という発言の底には、そう話せばカウンセラーから受け入れられる、という思いもあったかもしれません。もしそうだとすれば、三好さんは親から、「熱心に勉強するならばあなたを受け入れる」というメッセージを受け取って育ったはずです。ですから、カウンセラー

265　第Ⅲ章　精神分析的傾聴カウンセリングの実際

の「心理学をよく学んでおられるんですね」という発言は、三好さんに「このカウンセラーもわたしの親と同じく、わたしのことを無条件では受け入れず、よく勉強すれば受け入れてくれるんだ」というメッセージを伝えたでしょう。この拙い応答のため、抵抗が増加しました。三好さんの次の質問にそれが表れています。

● 転移と抵抗の表れとしての質問とカウンセラーの陰性転移

抵抗が表れている質問とは、「先生は本は出されてますか？」です。三好さんは抵抗が高まって自分のことを話すことができなくなったため、質問をしたのです。そのときカウンセラーが、その質問が何を婉曲に表現したものであるかを明らかにする応答ができればよかったのですが、単に「いいえ」と答えるだけに終わっています。カウンセラーがそうしてしまったのは、ひょっとすると「わたしは本を書いたことがないから、三好さんから低く評価されているんじゃないか」と逆転移の不安を感じ、それに対処できなかったからかもしれません。

では、三好さんの「先生は本は出されてますか？」という質問は何の表現だったでしょう。三好さんは、勉強、読書、成績などに価値を置く親の価値観を、そのまま内在化したことがうかがえます。親の価値観に沿って低く評価したものであり、そのまま内在化したことがうかがえます。三好さんはその価値観に沿って、カウンセラーに「本を出した立派なカウンセラー」であることを求める思いが湧いたのでしょう。本を出したカウンセラーだったら尊敬するし、そうでなければ軽蔑するのです。三好さんはカウンセラーの「いいえ」という返答を受けて、「あ、すいません」と謝っていますが、それは彼女が「失礼なことを尋ねてしまった」と思ったからであり、その質問が失礼だと思ったのは、そんな三好さんの思いを共感的に明確化する方向の応答としては、たとえば、「わたしが本を出しているカウンセラーならいいな、という思いをちょっとお感じになったということでしょうか」ぐらいが適切だったでしょう。

しかしこの対話では、カウンセラーはそのことの共感的明確化ができず、「いいえ」と答えただけになったため、三好さんの、「このカウンセラーは本を出している立派なカウンセラーなのかを知りたい」という思いを、対話の

266

なかで明らかにすることはできませんでした。その思いは本当は、「立派な尊敬できるカウンセラーのカウンセリングを受けたい」という願いであり、さらにその底には、「立派な尊敬できるカウンセラーに頼って甘えたい」という依存的な愛情欲求があります。ですが、カウンセラーは共感することなく「いいえ」と答えるだけになったため、三好さんのこころには、「このカウンセラーは尊敬できないカウンセラーで、わたしの頼って甘えたいという欲求を満たすことはできないんじゃないか」という陰性転移反応が生まれたでしょうし、その陰性転移反応はこのあと重要な抵抗として働き続けたはずです。つまり三好さんは、「このカウンセラーは尊敬できない、信頼できない」という思いをこころのどこかでずっと感じながら、話していったはずです。

しかし、三好さんはその陰性転移を語ることはできませんでした。そして話題を変えています。カウンセラーへの信頼感がまだ不十分だからです。カウンセラーへの陰性転移はいつか表現されますから、そのときに受容的・共感的に取り上げ、話し合うことが大切です。それを取り上げることができないままだと、カウンセリングは中断します。

● 主訴を語りはじめる ● ●

三好　人と気さくにしゃべられる人がうらやましいんです。わたし、小さな輸入会社で事務をしているんですけど、新しく入った若い女性とかアルバイトの女子大生とか、すぐ他人と打ち解ける人がいるんです。そういう人を見ているとイライラするんです。仕事中にふざけて笑ったり、敬語がちゃんと使えないし。

古宮　若い女性を見ているとイライラする。

三好　でも、本当はうらやましいんだなって。

古宮　うらやましい。

三好　そんなことを思っている自分に自己嫌悪を感じてしまって……。それでイライラして食べ過ぎちゃったり。

267　第Ⅲ章　精神分析的傾聴カウンセリングの実際

古宮 自己嫌悪とイライラですごく辛くて、食べずにいられないお気持ちになる……。

三好さんはやっと、主訴の苦しみを語りはじめることができました。カウンセラーの共感と受容的な態度がある程度、三好さんに伝わりつつあることがうかがえます。主訴は「自己嫌悪」「イライラ」「過食」です。三好さんは「カウンセラーから異常だとか弱い人間だと思われたり、軽蔑されたりするのがとても怖い」という転移がとても強いため、それらの苦しみを語ることがこの時点までできなかったのです。彼女は親から、「強くなければならない」とか、「有能でなければ認めない」といったようなメッセージを受け取って育ったはずです。なお、わたしがここで"主訴"と呼ぶものは、カウンセリング受付票に来談者が記述したことがらに限らず、来談者が苦しい、辛いと感じていることがらを指しています。たとえば三好さんの場合には、カウンセリング受付票の主訴の欄には、「教育分析」「自分を理解すること」「こころを整理すること」などと書いたかもしれません。しかし、わたしがここで主訴と呼ぶのはそれではなく、三好さんが本当は苦しんでいる「自己嫌悪感」「イライラ」「過食」を指しています。

繰り返しますが、カウンセリングにおいてまず大切なことは、主訴の苦しみに共感することです。三好さんとのここまでの対話では、カウンセラーの次の応答が、彼女の苦しみに共感を示す応答です。

「若い女性を見ているとイライラする」
「うらやましい」
「自己嫌悪とイライラですごく辛くて、食べずにいられないお気持ちになる……」

●攻撃心とその抑圧 ●●●

三好さんは、人と気さくにしゃべることができず、人を警戒しおびえ続けずにはいられない苦しみを表現してい

268

ます。「人と気さくにしゃべられる人がうらやましいんです」という発言がそうで、それは彼女の対人恐怖を語ったとしても重要な発言です。彼女が「うらやましい」と言うのは、気さくにしゃべることのできる若い女性社員への、嫉妬と攻撃心を表現したものでしょう。しかし、嫉妬と攻撃心を感じることは自分自身に対して許せないため抑圧し、「うらやましい」とだけ感じています。

三好さんが、他人と気さくにしゃべることのできる人に攻撃心を感じるのは、親から、「わたしの気に入らないことを言ったら承知しない」というメッセージを受け取ったため、人と気さくにしゃべることができないからでしょう。しかし、彼女は攻撃心について罪悪感を持つ自分自身に嫌悪感を抱くのです。つまり罪悪感と自己嫌悪は、攻撃心を抑圧するための防衛によって生じているのです。

三好さんはさらに、食べ物をからだに詰め込むこと（食べること）によっても、攻撃心を抑えようとしています。カウンセリングが始まったばかりのこの時点では、罪悪感と自己嫌悪の苦しみに共感的に思いをはせながら「自己嫌悪とイライラですごく辛くて、食べずにいられないお気持ちになる」と応答しており、適切な応答です。

それに対して、「自己嫌悪とイライラで食べ過ぎてしまうんですね」という応答もありうるでしょう。しかしそれは、食べ過ぎてしまう、という行動に重点を置く表現なので、本当は自分も若い女性たちのように性を楽しんだり、男性たちの注目を受けたりしたいのに、それを求める衝動を自分に許すことができないのかもしれません。

● 性への憧れと罪悪感 ●●●

また三好さんが、他人と気さくにしゃべる「若い女性」と「女子大生」に対して怒りを感じるのは、性的なことに対する憧れと罪悪感の葛藤があるからかもしれません。つまり、本当は自分も若い女性たちのように性を楽しんだり、男性たちの注目を受けたりしたいのに、それを求める衝動を自分に許すことができないのかもしれません。

●怒り

三好 自己嫌悪は他にもあって、わたし、職場ではいちおう部下もいる立場なので、本当は自分の意見を言って部署を引っ張っていかないといけないのに、それができなくて自己嫌悪に陥るんです。
古宮 ご自身の意見を言って引っ張っていかないと、と思うけど、できないご自身をすごく責める。
三好 人の目が気になるんだと思うんですよね……。
古宮 悪く思われているんじゃないか、と不安になるんでしょうか。
三好 部下も、表面ではわたしに対して取りつくろっているけど、本当はわたしにイラついてるんじゃないかと思ったり。仕事でミスをしたら上司から怒られそうで、ビクビクしているんです。考えすぎなのは分かってるんですけど。
古宮 部下も上司も腹を立てたらどうしよう、とすごくビクビクしてしまう。
三好 何かビクビクしてしまうんですよね。
古宮 怖い。
三好 怖いです……。

この部分に入って、三好さんはさらに主訴の苦しみを語っており、カウンセリング過程が展開しています。主訴の苦しみに共感的に応答することが特に大切で、右の対話部でそれにあたる共感的応答は、次の四つです。

「ご自身の意見を言って引っ張っていかないと、と思うけど、できないご自身をすごく責める」
「悪く思われているんじゃないか、と不安になるんでしょうか」

「部下も上司も腹を立てたらどうしよう、とすごくビクビクしてしまう」

「怖い」

ここで三好さんが表現している重要なことの一つは、彼女のことを良く評価しない職場の人たちへの怒りです。「職場の人たちは、わたしが意見を言うと否定するだろう」と感じています。そのことへの怒りがありますが、三好さんは怒りや攻撃性に対する罪悪感がとても強いため、「わたしが悪いんだ」と解釈することによって、他人への攻撃心を感じないようにしているのです。そして、抑圧された攻撃心が対人恐怖の症状の源になっています。彼女が本当に感じているのは、「人の目が気になるんだと思うんですよね」と、対人恐怖の苦しみが連想されたのです。彼女は、自己嫌悪でも「ビクビク」する対人恐怖でもなく、周囲の人たちへの怒りなのです。

三好さんはさらに重要なことを語っていきます。

● 抑圧された攻撃性を恋人に向ける

三好　わたしはかつて離婚していまして、今お付き合いしている人がいるんですけど、その人ともうまくいっていなくて。わたし、甘えるのが下手なんですよね。キツい態度を取るし、すぐ機嫌を悪くするっていうか。妹がいるんですけど、妹は正反対で、すごく甘えるのが上手だから、父も母もわたしたちが小さいときから、妹がおねだりするとものを買うけど、わたしはおねだりもしない子どもだったんです。そんな妹がうらやましいと思ってたんだ、って最近気がついたんです。

古宮　妹さんが甘えるのが上手で、ご両親から良くしてもらえたのが、本当はうらやましかった。

三好　子どものときのわたしって、正義の味方って感じで、悪いことをした子を先生に言いつけたり、学級会でその子を責めたりしたんです。それで小学生5、6年生のときに仲間外れにされたり、イジめられたりして。だ

271　第Ⅲ章　精神分析的傾聴カウンセリングの実際

から中学校に入ってからは、目立たないようにすごくおとなしくなって。

三好さんは職場での問題について話していましたが、ここで話題を恋人とのことに変えました。このような場合、後に語られる問題のほうが、より深刻で重要であることがしばしばあります。つまり、職場のことよりも恋人との不仲のほうが辛く苦しい問題なのに、性に対する罪悪感のため、カウンセラーの無条件の受容と共感を十分に感じられるまでは、恋人のことを話せなかったのかもしれません。もしそうだとすれば、これから語られる恋人についての話題は、三好さんにとってかなり重要かつ繊細で傷つきやすい話題ですから、カウンセラーはそのことを頭に置いて、特にていねいにかつ共感的に話を聴いていくことが大切になります。

三好さんは恋人と不仲であることに関して、彼女自身が「キツい態度を取る」「すぐ機嫌を悪くする」と述べています。このことから、彼女が普段は抑圧している攻撃性を、恋人に過剰にぶつけていることが推測できます。つまり彼女は親から、「勉強を熱心にする子じゃないと受け入れない」「敬語を正しく使うなど、失礼のないきっちりした子じゃないと受け入れない」といったメッセージを受け、無条件に愛された実感に乏しく育ちました。愛情を求めても得られず傷ついたので、「甘えると傷ついてしまう」と学んだのです。彼女の「わたし、甘えるのが下手なんですよね」という発言は、そのトラウマによる恐怖を表現しています。

三好さんは無条件の愛情をあまり得られなかったと感じているため、強い愛情飢餓感を抱きながら生きています。それはとても辛すぎるので、愛情飢餓を満たすことを恋人に求めます。しかし、その幼児的な愛情欲求は過剰なため、恋人にはそれを満たせないことがよくあります。そのとき、本来は（彼女のことを無条件に愛さなかった）親に対して抱いている攻撃心を、恋人に向けるのです。それが恋人への攻撃になります。三好さんが離婚したのも、前夫に同様の甘え欲求と攻撃心を向けたことが一因だった可能性が高いでしょう。

272

● 攻撃心の発揮と、攻撃心への罪悪感

三好さんは攻撃心に対して大きな罪悪感があるため、「キツい態度を取る」こと、「すぐ機嫌を悪くする」ことについて具体的には語れません。そのためすぐ妹さんの話に変えました。カウンセラーは不用意に、「どうして不仲になったんですか?」「彼氏さんについて詳しく教えてください」などと尋ねたりしないことが大切です。そのような非共感的で侵襲的なあり方をすると、三好さんはおびえてしまい、カウンセリングが中断する可能性が高まります。

次に三好さんは、妹さんのことについて「すごく甘えるのが上手だから、……そんな妹がうらやましいと思ってた」と語ります。妹さんをうらやましく感じる思いは、攻撃心を伴っているでしょう。しかし、妹さんへの攻撃心について語ると、カウンセラーから悪く思われたり批判されたりするんじゃないか、という転移抵抗が働いたため、妹さんへの攻撃心は語れませんでした。

しかし、妹さんに対する攻撃心を直接語ることはできなくても、小学生のときの "正義の味方" としての攻撃的な行動については語ることができました。表面的には、妹さんの話題から小学校の話題へと、無関係の話題に変わったように見えます。ですが三好さんの連想においては、同じ攻撃心について一貫して語っているのです。

小学生だった三好さんが "悪い子" のことを先生に密告したり、学級会で責めたりしたのは、彼女自身が親から "悪い子" だということで、激しく攻撃されたことの怒りがもとになっています。三好さんはおそらく、妹さんに対しても同じように過剰な攻撃心を向けたでしょう。同様に、恋人に対しても離婚した前夫に対しても、攻撃心を向けたはずです。

三好さんは小学生のときにイジメられたと語っています。彼女は、過剰な攻撃性のためにクラスメートたちとの人間関係を壊してしまった可能性があります。そのとき、彼女と同じようなこころの痛みを抱えた子どもほど三好さんに強く反応し、三好さんを嫌ったり攻撃したりしただろうと思います。いじめられることは誰にとってもすご

273 第Ⅲ章 精神分析的傾聴カウンセリングの実際

く辛いことですが、愛情飢餓感の特に強かった三好さんにとって、いじめられるのはいっそう辛かったはずです。

カウンセリングが進むと、その辛さが徐々に語られるでしょう。

最後に、このセッションの特徴をお伝えします。それは、短い時間に、とても重要なことがたくさん語られていることです。たとえば、三好さんが最初に語った、職場の若い女性たちへのイライラに関連するだけで、もっと多くの時間を費やしても不思議ではありません。彼女がさまざまな重要な話題について語った理由は、特定の話題についてじっくり語るとそれにまつわる感情が湧きそうになり、それに耐えられなかったからでしょう。攻撃心とそれにまつわる罪悪感の葛藤、性への憧れと罪悪感の葛藤など、そのいずれにも辛すぎて直面できないのです。また、三好さんは過去に、共感的で受容的なカウンセリング（またはそれに類するセッション）を受けた可能性があります。その経験から、「カウンセラーは、正直に話せば理解して受け入れてくれる」とある程度感じているため、重要なことがらをたくさん語ることができた可能性もあります。

次の事例では、過去のカウンセリング体験が今のカウンセリング過程にどのような影響を及ぼすかについて考察しましょう。

274

事例9　前カウンセラーからの転移反応を現カウンセラーに示す女性公務員

来談者が以前にカウンセリング、またはそれに類する援助を受けたことがある場合は、そのカウンセラーに対する認知、感情、態度が現在のカウンセラーへと転移されます。そんな転移反応をどう理解し、それにどう対応すれば援助的でしょうか。それを考察しましょう。

■来談者

神田さん（40代、女性）公務員

■来談のいきさつ

神田さんは、「職場の人間関係が嫌いで、毎日が楽しくない」とのことで、産業カウンセラーのもとを尋ねました。その2回目セッション中盤の対話を抜粋します。

神田　わたし、前にもカウンセリングを受けたことがあるんです。

古宮　ああ、そうなんですか。

神田　いろいろしんどいことがあったので……カウンセリングを始めてはやめるってことを繰り返してきたんです。

古宮　そうですか。

神田　気持ちを話せそうなカウンセラーがいなかった、と言うか、気持ちを分かってくれない感じで……。

古宮　今までのカウンセラーはしんどさを理解してくれなかった。

神田　気持ちを話せなくて……。

古宮　気持ちを話す気にはなれなかったんですね。

神田　昨日から頭痛と肩こりがひどくて……緊張性のものなんですけど。

古宮　今日のお話し合いのことを思うと緊張して、頭痛と肩こりでしんどい思いで来られたんでしょうか。

神田　前に、知り合いに紹介してもらった男性カウンセラーのところに通っていたんですけど、途中から、親切を超えて、やたら馴れ馴れしくなってきたんですよ。

古宮　馴れ馴れしく？

神田　わたしに携帯電話の番号を渡して、「いつでも電話してきたらいいよ」と言ったり、そのうち夜にわたしの携帯に電話をしてきたり、最初はヘンだとは思ったんですけどね、でも向こうは専門のカウンセラーだし、と思って、

古宮　そうなんですか。

神田　（嫌悪の表情を浮かべて）わたしに対して心理的にしがみついてくる感じがして。

古宮　しがみつく感じ。

神田　ええ……。

古宮　あのカウンセラーに教えてもらうなんて想像できない。

神田　「あなたはカウンセラー向きだから、わたしがカウンセリングを教えてもいい」って言ってきたり。でも、あのカウンセラーに教えてもらうなんて想像できない。

古宮　そぐわない感じでしょうか。

神田　いやだな、と思ったんです。それに、カウンセリング中にわたしが辛い出来事について話していたら、わ

276

古宮　たしの手を握ったりもしたんですか。

神田　ええ、からだにまで触れてきたんですか。

古宮　ええ、手を触れてきてもそのままでわたしは話し続けたんですけど、友達に話したら、「それヘンだよ」と言われて、やっぱりヘンだよね、って。（怒りが込み上げている様子）

神田　やっぱりこれはヘンだ、と。

古宮　そうなんですよ！　腹が立ってきて。

神田　腹が立つ。

古宮　でも、すっごく怖いところもあって。

神田　すごく怖いところ？

古宮　カウンセリング中に、嫌いな同僚のことを話してたんですよ。そうしたらそのカウンセラーは、「同僚を責めるんじゃなくて、あなたが変わらないといけません」と言ったり、何か他の話のときには「あなたが考えすぎです」とか。

神田　叱られるよう。

古宮　すっごく怖くて。

神田　すごく怖い。

古宮　そう言われると縮み上がっちゃって……。でも仕返しをしてもしかたがないんですけどね。

神田　信頼を裏切られて、仕返しをしたい、と腹が立つお気持ちもおありなんでしょうか？

古宮　ありますね。わたしが辛かったから支えてもらうためにカウンセリングに行ったのに、カウンセラーの欲求を満たすためにわたしが使われたと思うんですよ。（怒りが込み上げている）

神田　利用されて腹が立つ。

277　第Ⅲ章　精神分析的傾聴カウンセリングの実際

神田　プロのカウンセラーでありながら、ひどいと思うんです。

古宮　傷つけられたし、腹が立つ。

神田　ええ。（語りが続く）

■解説

●前カウンセラーからの転移反応 ● ● ●

来談者が、以前にカウンセリングもしくは、それに類する援助を受けたことがある場合、前のカウンセラーが受容的で共感的だった場合には、新しいカウンセリングのことを信頼しやすくなります。しかし反対に、来談者が前カウンセラーのことを非共感的だとか、さらには傷つけられた、裏切られた、などと感じている場合には、その思いが現カウンセラーに向けられ、「このカウンセラーに対してこころを開いたら、また傷つくんじゃないか」と不安になります。そのため、現カウンセラーを信頼することが難しくなります。

その場合は、前カウンセラーに対する怒り、傷つき、嫌悪感などの気持ちを来談者が十分に語り、それを共感的に受け止められ理解される過程が必要です。それが不十分だと、前カウンセラーからの陰性転移によってカウンセリングが妨げられます。とは言っても、来談者にカウンセラーのことをどんな気持ちですか？」と質問したりして話させても意味はありません。あくまで来談者が自発的に語りたくなって語る、その過程を通して変化が生まれます。そのためには、カウンセラーが来談者の怒り、傷つき、嫌悪感、およびそれらの感情に対する罪悪感を共感的に理解し、その理解をていねいに言葉で返すことが大切です。

●主訴の苦しみについての共感 ● ● ●

神田さんとのカウンセリングにおいてまず大切なことは、前カウンセラーへの不信感と主訴の苦しみを理解する

伝えしますが、来談者が自分では気づかないうちに、前カウンセラーの愛情を求めて誘惑的に振る舞っていた可能性も、現カウンセラーは頭に置いておく必要があります。そして、もし来談者がそうしていたとすれば、おそらくその来談者は他の異性に対しても同様に振る舞っている可能性があります。もしそうなら、そのことは遅かれ早かれカウンセリングにおいて探求する必要のあることがらです。

ただ、その事実にカウンセリングで直面するのは、時間がかかるかもしれません。なぜなら、来談者にとって自分が誘惑的な言動をしているという事実に直面することは、そうしていることにまつわる罪悪感や、性的充足を求める慢性的な愛情飢餓感に直面することになるからです。しかし、それでも来談者の深いレベルでの癒しと変容が起きるには、彼・彼女が罪悪感と慢性的な愛情飢餓感に直面し、それをありありと感じる過程が必要でしょう。

また、前カウンセラーに対する来談者の怒りは、彼女が親など他の重要な他者に対して抱えている怒りが源になっているかもしれません。親から裏切られたとか、利用されたとか、性的に求められた、などと感じて、ひどく傷ついた経験からくる怒りです。

カウンセラーが、来談者の怒りに触れたときに同じように怒り出したのでは、来談者のこころにもともと存在していた痛みと怒りを、共感的に明らかにしていくことはできません。来談者を単に哀れな犠牲者と見なし、前カウンセラーを糾弾するだけでは、来談者に最善の援助を提供しているとは言えないと思います。

● 来談者の話しづらさについて●●●

さらに、カウンセラー、親、教師など、影響力のある人物から受けた性的なアプローチや性的虐待について、お伝えしたいことがあります。それは、性的なことがらはわたしたちの文化では語りづらいことがらなので、来談者は実際に起きた出来事を控えめにしか語れないことが多い、ということです。

たとえば神田さんの場合、彼女がこのセッションで語っているよりも、前カウンセラーに対して、彼女が語っているよりも性的に許容に及んでいた可能性があります。また、神田さんが前カウンセラーに対して、彼女が語っているよりもずっと進んだ性的行為

283 第Ⅲ章 精神分析的傾聴カウンセリングの実際

的、もしくは誘惑的な行動をしていた可能性もあります。それゆえ、神田さんは強い羞恥心や罪悪感に、秘かに苦しんでいるかもしれません。

同じことは、子どものころ大人から性的虐待を受けた来談者にも言えます。そんな来談者は、カウンセラーに語っているよりもずっとひどい虐待行為をカウンセラーに向けて表現しているよりもずっと深いこころの痛みに苦しんでいる可能性があります。カウンセラーはその可能性を頭に置いておくことが大切です。そうしなければ、来談者の苦しみを軽くとらえてしまい、その共感不足が来談者に伝わってしまいます。そのため来談者は、本当は何があったのか、そのことで本当はどれほど苦しんでいるかを、語ることが難しくなります。

さらに、性的虐待が人のこころに深い傷つきと不安をもたらす原因として、お伝えしたいことがあります。それは、性的虐待を受けた人のこころにしばしば、大人からの性的な行為に対して、苦しみと同時にそれを喜ぶ気持ちも存在する、ということです。そのため、虐待を受けた人はしばしば大きな罪悪感と自己嫌悪に苦しみ、虐待を受けたこころの痛みがいっそう深いものになります。たとえば、父親から幼少期に性的な行為をされた女児は、父親と特別に親密な関係を持てることに、苦痛と同時に喜びも感じた可能性もあります。さらに、性的な行為による肉体的な快感も感じたかもしれません。それらの可能性に思いをはせることが、女児の抱く深い罪悪感と自己嫌悪に共感するために大切なことでしょう。同じことは、学校の先生、カウンセラー、親戚、近所の人などから性的行為を受けた来談者にも言えます。

284

文　献

第Ⅰ章

(1) Rogers, C. R. (1959). A theory of therapy, personality, and interpersonal relationships, as developed in the client-centered framework. In S. Koch (Ed.), *Psychology: A study of science*. vol.3. McGraw-Hill, pp. 184-256.
(2) Rogers, 前掲書（1）, pp. 184-256.
(3) Rogers, C. R. (1961). *On becoming a person: A therapist's view of psychotherapy*. Houghton Mifflin.（諸富祥彦・末武康弘・保坂亨訳『ロジャーズが語る自己実現の道』「ロジャーズ主要著作集3」岩崎学術出版社、二〇〇五年）
(4) Heppner, P. P., Rogers, M. E., & Lee, L. A. (1990). Carl Rogers: Reflections on his life. In P. P. Heppner (Ed.), *Pioneers in counseling & development: Personal and professional perspectives*. American Association for Counseling and Development, pp. 54-59.
(5) Rogers, 前掲書（1）, p. 205.
(6) Rogers, 前掲書（1）, p. 227.
(7) Rogers, 前掲書（1）, p. 226.
(8) Rogers, 前掲書（1）, pp. 203-204.
(9) Rogers, 前掲書（1）, p. 228.
(10) Rogers, 前掲書（1）, p. 227.
(11) Rogers, C. R. (1951). *Client-centered therapy*. Houghton Mifflin, pp. 40-41.
(12) 土居健郎『精神分析』講談社、一九八八年、二四五頁。
(13) Rogers, 前掲書（3）, p. 269.
(14) Rogers, 前掲書（1）, p. 221.
(15) Freud, S. (1916-1917). Introductory lectures on psycho-analysis, rev. ed. In J. Strachey (Trans.) (1929). *The Standard edition of the complete works of Sigmund Freud*. XV-XVI. The Hogarth Press, pp. 325-331.（高橋義孝・下坂幸三訳『精

285

(16) 『神分析入門（下）』新潮社、一九七七年、二二六頁
(17) Rogers, 前掲書（3）、pp. 11-12.
(18) Frend, 前掲書（15）
(19) Freud, S. (1912). The dynamics of transference. In J. Strachey (Trans.) (2001). *The standard edition of the complete psychological works of Sigmund Freud XII*. The Hogarth Press.
(20) Greenson, R.R. (1967). *The technique and practice of psychoanalysis*.
(21) Rogers, 前掲書（1）、p. 489.
(22) Sullivan, H.S. (1940). *Conceptions of modern psychiatry: The first William Alanson White memorial lectures*. The William Alanson White Psychiatric Foundasions, p. 48.
(23) Horney, K. (1942). *Self-analysis*. W. W. Norton, p. 175. (霜田静志・國分康孝訳『自己分析――精神分析は自分でできる』誠信書房、一九六一年）(邦訳は著者による)
(24) Horney, 前掲書（22）、p. 22 (邦訳は著者による)
(25) Freud, 前掲書（15）、p. 325.
(26) Freud, 前掲書（15）、pp. 328-331.
(27) Freud, 前掲書（15）、p. 53.
(28) Freud, 前掲書（15）、pp. 329-330.
(29) Freud, 前掲書（15）、p. 158.
(30) Rogers, C.R. (1951). *Client-centered therapy: Its current practice, implications, and theory*. Houghton Mifflin, pp. 48-49.
(31) Freud, S. (1912). Recommendations to physicians practicing psycho-analysis. In J. Strachey (Trans.) (2001). *The standard edition of the complete psychological works of Sigmund Freud XII*. The Hogarth Press, p. 115.
(32) Greenson, 前掲書（19）、p. 329.
(33) Freud, A. (1954). The widening scope of indications for psychoanalysis. *Journal of the American Psychoanalytic Association, 2* (4), 607-620, pp. 618-619.
(34) Greenson, 前掲書（19）、p. 391.
(35) Greenson, 前掲書（19）、p. 394.
(36) Aragno, A. (2008). The language of empathy: An analysis of its constitution, development, and role in psychoanalytic

286

(37) Orange, D.M. (2002). There is no outside: Empathy and authenticity in psychoanalytic process. *Psychoanalytic Psychology,* **19** (4), 686-700. p. 686.
(38) Loewald, H.W. (1960). On the therapeutic action of psycho-analysis. *The International Journal of Psycho-Analysis,* **41**, 16-33. p. 20.
(39) Strozier, C.B. (2001). *Heinz Kohut: The making of a psychoanalyst.* Other Press, p. 186. (羽下大信・富樫公一・富樫真子訳『ハインツ・コフート――その生涯と自己心理学』金剛出版、二〇一一年)
(40) Freud, S. (1921a). Group psychology and the analysis of the ego. In J. Strachey (Trans.). (2001). *The standard edition of the complete psychological works of Sigmund Freud. XVIII.* p. 110.
(41) Grant, D. & Harari, E. (2011). Empathy in psychoanalytic theory and practice. *Psychoanalytic Inquiry,* **31**, 3-16. p. 4.
(42) Shaughnessy, P. (1995). Empathy and the working alliance: The mistranslation of Freud's Einfühlung. *Psychoanalytic Psychology,* **12**(2), 221-231. p. 225.
(43) Freud, S. (1913). On beginning the treatment: Further recommendations on the technique of psychoanalysis. In J. Strachey (Trans.) (2001) *The standard edition of the complete psychological works of Sigmund Freud. XII.* The Hogarth Press, pp. 139-140.
(44) Titchener, E.B. (1909). *Lectures on the experimental psychology of thought processes.* Macmillan.
(45) Aragno, 前掲書 (36)、p. 714.
(46) Gallese, V. (2003). The roots of empathy: The shared manifold hypothesis and the neural basis of intersubjectivity. *Psychopathology,* **36**, 171-180. p. 175.
(47) Montag, C., Gallinat, J., & Heinz, A. (2008). Theodor Lipps and the concept of empathy: 1851-1914. *American Journal of Psychiatry,* **165**, 1261.
(48) Breul, K. (1906). *Cassell's new German dictionary.* Funk and Wagnalls.
(49) Shaughnessy, 前掲書 (42)、p. 225.
(50) Shaughnessy, 前掲書 (42)、p. 225.
(51) Rogers, 前掲書 (1)、pp. 210-211.
(52) Rogers, 前掲書 (3)、pp. 62-63. (邦訳は著者による)
(53) Schafer, R. (1959). Generative empathy in the treatment situation. *The Psychoanalytic Quarterly,* **28**(3), 342-373.

（54）p. 345.
（55）Aragno, 前掲書（36）、pp. 720-721.
（56）Grant & Harari, 前掲書（41）、p. 4.
（57）Aragno, 前掲書（36）、p. 721.
（58）Sharpe, E.F. (1950). The technique of psycho-analysis: Seven lectures. In M. Brierly (Ed.), Collected papers on psycho-analysis. Hogarth Press, p. 11.（邦訳は著者による）
（59）Fosshage, J.L. (2011). The use and impact of the analyst's subjectivity with empathic and other listening/ experiencing perspectives. The Psychoanalytic Quarterly; 80(1), 139-160. p. 157.
（60）Aragno, 前掲書（36）、p. 735.
（61）Bolognini, S. (2001). Empathy and the unconscious. The Psychoanalytic Quarterly, 70, 447-471. p. 455.
（62）Greenson, 前掲書（19）、p. 382.
（63）Fosshage, 前掲書（58）、p. 157.
（64）Fosshage, 前掲書（58）、p. 157.
（65）Fosshage, 前掲書（58）、p. 147.
（66）Aragno, 前掲書（36）、p. 734.
（67）Greenson, R.R. (1960). Empathy and its vicissitudes. The International Journal of Psycho-analysis, 41, 418-424. p. 421.
（68）Fliess, R. (1954). Countertransference and counteridentification. Journal of the American Psychoanalytic Association, 1, 268-284.
（69）Greenson, 前掲書（19）、p. 382.
（70）Schafer, 前掲書（53）、p. 343.
（71）Zanocco, G., De Marchi, A. & Pozzi, F. (2006). Sensory empathy and enactment. The International Journal of Psychoanalysis, 87, 145-158.
（72）Greenson, 前掲書（19）、p. 370.
（73）Kohut, H. (1984). How does analysis cure? The University of Chicago Press.（本城秀次・笠原嘉監訳『自己の治癒』みすず書房、一九九五年、一二四三頁）
（74）Grant & Harari, 前掲書（41）、p. 4.
（74）Kitron, D. (2011). Empathy: The indispensable ingredient in the impossible profession. Psychoanalytic Inquiry, 31,

288

(75) 17-27. p.19.
(76) Kohut, 前掲書 (72)、p.368.
(77) Rogers, C.R. & Russell, D. (2002). *Carl Rogers: The quiet revolutionary——an oral history*. Penmarin Books. (畠瀬直子訳『カール・ロジャーズ——静かなる革命』誠信書房、二〇〇六年、二七〇頁)
(78) Greenson, 前掲書 (19)、p.393.
(79) Greenson, 前掲書 (66)、pp.420-421.
(80) Schafer, 前掲書 (53)、p.351.
(81) Strozier, 前掲書 (39)、p.11.
(82) 山本昌輝「24 コフート」氏原寛ら共編『心理臨床大事典』培風館、二〇〇四年、一三八二-一三八三頁。
(83) Rogers & Russell, 前掲書 (77)、P.233.
(84) Rogers, 前掲書 (77)、p.233.
(85) 川畑直人「フロイトとその学説の展開」日本心理臨床学会編『心理臨床学事典』丸善出版、二〇一一年、一六-一七頁。
(86) Ornstein, P.H. (2011). The centrality of empathy in psychoanalysis. *Psychoanalytic Inquiry*, **31**, 437-447. p.446.
(87) Loewald, 前掲書 (38)、p.20.
(88) Ornstein, 前掲書 (86)、p.439.
(89) Strozier, 前掲書 (39)、p.420.
(90) Strozier, 前掲書 (39)、p.420.
(91) Strozier, 前掲書 (39)、p.419.
(92) Kohut, 前掲書 (72)、p.243.
(93) Kohut, H. (1977a). *The restoration of the self*. International Universities Press. (本城秀次・笠原嘉監訳『自己の修復』みすず書房、一九九五年、一二四一頁)
(94) Strozier, 前掲書 (39)、p.419.
(95) Strozier, 前掲書 (39)、p.419.
(96) Kohut, 前掲書 (72)、p.243.
(97) Kohut, H. (1977b). The role of empathy in psychoanalytic cure. In R.J.Langs (Ed.), *Classics in psychoanalytic technique*. Jason Aronson. 463-474. p.173.

(98) Kohut, 前掲書（72）、pp. 241-242.
(99) Carter, R. (2010). *Mapping the mind*. Phoenix.（藤井留美訳・養老孟司監修『新・脳と心の地形図 ビジュアル版』原書房、二〇一二年、二二八頁）
(100) Gallese, V. (2001). The 'Shared manifold' hypothesis. From mirror neurons to empathy. *Journal of Consciousness Studies*, 8, 33-50. p. 39.
(101) Gallese, V. (2003). The roots of empathy: The shared manifold hypothesis and the neural basis of intersubjectivity. *Psychopathology*, 36, 171-180. p. 173.
(102) Gallese, V., Eagle, M.N., & Migone, P. (2007). Intentional attunement: Mirror neurons and the neural underpinnings of interpersonal relations. *Journal of the American Psychoanalytic Association*, 55 (1), 131-176. p. 133.
(103) Gallese, 前掲書（100）、p. 38.
(104) Aragno, 前掲書（36）、p. 731.
(105) Carter, 前掲書（99）、p. 227.
(106) Adolphs, R., Damasio, H., Tranel, D., Cooper, G., & Damasio, A. R. (2000). A role for somatosensory cortices in the visual recognition of emotion as revealed by three-dimensional lesion mapping. *The Journal of Neuroscience*, 20 (7), 2683-2690.
(107) Preis, M. A., Schmit-Samoa, C., Dechent, P., & Kroener-Hwewig, B. (2013). The effects of prior pain experience on neural correlates of empathy for pain: An fMRI study. *Pain*, 154, 411-418. p. 411.
(108) Gallese et al., 前掲書（102）、p. 142.
(109) Gallese et al., 前掲書（102）、p. 141.
(110) Gallese et al., 前掲書（102）、p. 132.
(111) Aragno, 前掲書（36）、pp. 730-731.
(112) Gallese, 前掲書（100）、p. 46.
(113) Gallese, 前掲書（101）、p. 174.
(114) 岡野憲一郎『脳から見える心――臨床心理に生かす脳科学』岩崎学術出版社、二〇一三年、五頁。
(115) Aragno, 前掲書（36）、p. 731.
(116) Gallese et al., 前掲書（102）、p. 155.
(117) Gallese et al., 前掲書（102）、p. 155.

(118) Gallese et al., 前掲書 (102)、p.132.
(119) Carter, 前掲書 (99) p.133.
(120) Zanocco, G., De Marchi, A., & Pozzi, F. (2006). Sensory empathy and enactment. *The International Journal of Psychoanalysis*, **87**, 145-158.
(121) Freud, S. (1921b). Psychoanalysis and telepathy. *The standard edition of the complete psychological works of Sigmund Freud, XVIII*, 177-193.（須藤訓任訳「精神分析とテレパシー」須藤訓任責任編集『フロイト全集 第17巻』岩波書店、二〇〇六年、二八九—三一〇頁、一一五頁）（邦訳は著者による）
(122) Gallesse, et al., 前掲書 (102)、p.146.
(123) Gallesse, et al., 前掲書 (102)、p.149.
(124) Bolognini, S. (2001). Empathy and the unconscious. *The Psychoanalytic Quarterly*, **70**, 447-471.
(125) Freud, 前掲書 (121)、p.298.
(126) Gallese et al., 前掲書 (102)、pp.160-162.
(127) Weng, H.Y., Fox, A.S., Shackman, A.J., Stodola, D.E., Caldwell, J.Z.K., Olson, M.C., Rogers, G.M., & Davidson, R.J. (2013). Compassion training alters altruism and neural responses to suffering. *Psychological Science*, **24**(7), 1171-1180.
(128) Klimecki, O.M. Leiberg, S., Lamm, C., & Singer, T. (2012). Functional neural plasticity and associated changes in positive affect after compassion training. *Cerebral Cortex*. (http://cercor.oxfordjournals.org/content/early/2012/05/31/cercor.bhs142.full).
(129) Maguire, E.A. Woollett, K., & Spiers, H.J. (2006). London taxi drivers and bus drivers: A structural MRI and neuropsychological analysis. *Hippocampus*, **16**, 1091-1101.
(130) Scholz, J. Klein, M.C., Behrens, T.E.J., & Johansen-Berg, H. (2009). Training induces changes in white-matter architecture. *Nature Neuroscience*, **12**(11), 1367-1368.
(131) Mutschler, L. Reinbold, C. Wankerl, J., Seifritz, E., & Ball, T. (2013). Structural basis of empathy and the domain general region in the anterior insular cortex. *Frontiers in Human Neuroscience*, **7**, 1-7.
(132) Grant, D. & Harari, E. (2011). Empathy in psychoanalytic theory and practice. *Psychoanalytic Inquiry*, **31**, 3-16. p.8.
(133) Preis et al. 前掲書 (107)、p.411.
(134) Gallese et al., 前掲書 (102)、p.159.
(135) Aragno, 前掲書 (36)、p.733.

第Ⅱ章

(1) Freud, S. (1916-1917). Introductory lectures on psycho-analysis. rev. ed. In J. Strachey (Trans.) (1929). *The Standard edition of the complete works of Sigmund Freud. XV-XVI*. The Hogarth Press, pp. 325-331. (高橋義孝・下坂幸三訳『精神分析入門（下）』新潮社、一九七七年）

(2) 土居健郎『精神分析』講談社、一九八八年。

(3) Freud, 前掲書 (1)、p.24.

(4) Freud, 前掲書 (3)、pp.345-346.

(5) Freud, 前掲書 (3)、p.25.

(6) 古宮昇『こころの症状はどう生まれるのか――共感と効果的な心理療法のポイント』岩崎学術出版社、二〇一二年。

(7) 古宮昇、前掲書 (6)。

(8) Freud, 前掲書 (3)、p.168.

(9) Freud, 前掲書 (3)、p.170.

(10) Freud, 前掲書 (3)、p.280.

(11) Greenson, R.R. (1967). *The technique and practice of psychoanalysis*. The International Universities Press. pp. 59-60.

(12) Greenson, 前掲書 (11)、p.91.

(13) Iwakabe, S., Rogan, K., & Stalikas, A. (2000). The relationship between client emotional expressions, therapist interventions, and the working alliance: An exploration of eight emotional expression events. *Journal of Psychotherapy Integration*, 10, 375-401.

(14) 古宮昇「精神分析、非指示療法、アドラー派の治療関係の比較」『臨床心理学』六巻二号、二〇〇六年、二八四-二八六頁。

(15) 倉光修『心理臨床の技能と研究』『心理臨床の基礎3』岩波書店、二〇〇三年、四四頁。

(16) Greenson, 前掲書 (11)、pp.151-152.

(17) 中島勇一「Essay Vol.47：執着は手放せるのか」『Therapy』六二巻、二〇〇五年、一三〇-一三三頁、一三一-一三三頁。

(18) Tolle, E. (1999). *The power of now: A guide to spiritual enlightenment*. Hodder and Stoughton, pp. 126-127. 邦訳は古宮による。

(19) 舩岡三郎『教師のための人間の「こころ」の科学』一九八七年、京都市私立中高協会カウンセリング研究会（未公刊）。

(136) Schafer, 前掲書 (53)、p.347.

(20) 舩岡三郎、前掲書 (19)。
(21) Greenson, 前掲書 (11)、pp.151-152.
(22) Demartini, J.F. (2002). *The breakthrough experience: A revolutionary new approach to personal transformation.* Hay House.（本田健訳『正負の法則――一瞬で人生の答えが見つかる』東洋経済新報社、二〇一一年）
(23) Demartini, J.F. (2007). *The heart of love.* Hay House.（岩元貴久訳『心を知る技術――最高の「人間関係」にする2つの視点』フォレスト出版、二〇一二年）
(24) 古宮昇『心理療法入門――理論統合による基礎と実践』創元社、二〇〇一年。
(25) Greenson, 前掲書 (11)、p.248.
(26) Sharpe, E.F. (1950). The technique of psycho-analysis: Seven lectures. In M. Brierley. (Ed.), *Collected papers on psychoanalysis.* Hogarth Press and Institute of Psycho-Analysis.
(27) Freud, S. (1905). *Bruchstück einer Hysterieanalyse.*（懸田克躬・高橋義孝他訳「あるヒステリー患者の分析の断片」『性欲論・症例研究』人文書院、一九八二年）
(28) Fenichel, O. (1946). *The psychoanalytic theory of neurosis.* Routledge. p.29.
(29) Rogers, C.R. (1961). *On becoming a person: A therapist's view of psychotherapy.* Houghton Mifflin, p.205.（諸富祥彦・末武康弘・保坂亨共訳『ロジャーズが語る自己実現の道』『ロジャーズ主要著作集3』岩崎学術出版社、二〇〇五年）（邦訳は著者による）
(30) 中島勇一、前掲書 (17)、三三頁。
(31) Komiya, N. Good, E.G., & Sherrod, B.N. (2000). Emotional openness as a predictor of college students' attitudes toward seeking professional psychological help. *Journal of Counseling Psychology.* 47, 138-143.
(32) 古宮昇「人はなぜカウンセリングを受けたがらないか」水野治久・谷口弘一・福岡欣治・古宮昇編著『カウンセリングとソーシャルサポート――つながり支え合う心理学』ナカニシヤ出版、二〇〇七年、一六二-一八六頁。
(33) Rogers, C.R. (1951). *Client-centered therapy: Its current practice, implications, and theory.* Houghton Mifflin, p.161.
(34) Shostrom, E. (1965). *Three approaches to psychotherapy.* Psychological & Educational Films.（佐治守夫・平木典子・都留春夫監修・翻訳『グローリアと三人のセラピスト』日本・精神技術研究所、一九八〇年）
(35) Rogers, C.R. (1953-1955). *Miss. Mun.*（畠瀬稔監修『ロジャーズのカウンセリング（個人セラピー）の実際』コスモス・ライブラリー、二〇〇七年）
(36) Rogers, C.R. (1963). The concept of the fully functioning person. *Psychotherapy: Theory, Research and Practice,* 1,

(37) 古宮昇『やさしいカウンセリング講義――もっと自分らしくなれる、純粋な癒しの関係を育むために』創元社、二〇〇七年、一四四-一六五頁。

第Ⅲ章
(1) Rogers, C. R. (1951). *Client-centered therapy: Its current practice, implications, and theory.* Houghton Mifflin. p. 172.
(2) 前田泰宏「クライエントの可能性を広げる見立て――共通要因の立場から」東斉彰・加藤敬・前田泰宏編著『統合・折衷的心理療法の実践――見立て・治療関係・介入と技法』金剛出版、二〇一四年、五二-六六頁。

17-26.

あとがき──カウンセリングは幸せのためではなく成長のため

ある日の瞑想で、こんな思いが浮かびました。
「カウンセリングは、来談者を幸せにするためのものではない。来談者の成長をアシストするためのものである」
わたしは来談者に幸せになってほしいと願っています。しかし本当は、少なくともスピリチュアルな大局に立って眺めると、カウンセラーの努力は来談者の幸せのためではなく成長を助けるためのものなのでしょう。もちろん人として成長すると幸せや安らぎが増えますが、それは成長の副産物であって、それ自体を目指すのはきっと違うんだろう、そう思うようになりました。

正解は一つではない

心理療法・カウンセリングには多くの流派があります。わたしも他の多くの人たちも、えてして「自分のやり方こそが正しい」「自分のやり方は他より優れている」と思いがちです。わたしは学びの場で、そういう意図の発言を多くしてきました。また、人々が「わたしたちのやり方こそが正しい（優れている）」と言うのを聞いたこともたくさんあります。「あなたはわたしたちのグループを抜けて他に行こうとしているけど、わたしたちのほうが優れているからそっちに行くとソンよ」という意味のことを言われたこともあります。

同じことはカウンセリングに限らず、健康法、宗教、教育、自己啓発、スピリチュアルなトレーニングなど、多くの分野で起きています。しかし本当は、あらゆる流派、学派、宗派、方法は、それが必要だから存在しているのだと思うのです。わたしは本書を通じ、人々が心の苦しみから解放され成長するための援助法として、受容と共感

295

を主とする対話カウンセリングについてお伝えしました。その方法は、ある人たちにとってある時期においては役立つ方法ですが、決してそれだけが正しいとか最も優れている、というわけではありません。

もちろん、援助能力の高い援助者と低い援助者はいるし、ある側面についてより有効な援助法とそうではない援助法はあります。だからわたしは、来談者のために自分ができる援助法として、本書でお伝えした方法に関していっそうの援助力向上のための努力を続けるでしょう。

しかし同時に、自分の今の考え方、やり方が必ずしもすべての人たちに最善だというわけではない、ということは分かりながら研鑽を続けていきたいと思っています。それは、世界に調和と平和を増やしたいと願う一個人として、独善による戦いをこころのなかに生まない、ということです。

最後に

きっと、あなたはわたしと同じように、こころの領域で人々に貢献したい、と願っているのでしょう。それが人々の成長のためであれ幸せのためであれ、またどういう方法であれ、わたしたちがそれぞれの持ち場でそれぞれの役割で努力することが、世界への貢献になります。わたしはそこに、自分が生まれ存在している意味の一つを見出したいと思うのです。

わたしは、世界への貢献を願って努力する同志として、あなたとともに歩んでいきたいと願っています。たとえあなたと個人的にお会いすることはないかもしれませんが、それでも、共に成長しながら世界に貢献していきたいと思っています。

今日も来談者のみなさまと世界のために祈りつつ。

謝辞

わたしのミッションである「世界を調和と幸せあふれる場所にする」ことの一環として、本書を世に出させていただくことができました。誠信書房編集部の中澤美穂さんのおかげです。

わたしの成長を多くのみなさまが助けてくださっています。

わたしの講演、セミナー、大学授業に来てくださったみなさま。わたしのカウンセリングをしてくださったカウンセラーのみなさま。一指李承憲博士。若月佑輝朗先生。ジョン・ディマティーニ博士とファシリテーターのみなさま。父と母。尾崎千恵子および良輔と友哉。あまさ。大國義弘さん。本書を読んでくださる読者のみなさま。そして、舩岡三郎先生およびわたしのカウンセリングを受けてくださった来談者のみなさま。深く感謝いたします。

合掌　古宮 昇

■著者紹介

古宮 昇（こみや のぼる）

アメリカ合衆国州立ミズーリ大学コロンビア校心理学部より博士号を取得。米国ノースダコタ州立こども家庭センター常勤心理士、パイングローブ精神科病棟インターン心理士、州立ミズーリ大学コロンビア校心理学部非常勤講師、ニュージーランド国立オークランド工科大学大学院心理療法学客員教授、大阪経済大学人間科学部教授を経て、現在、（神戸市）カウンセリング・ルーム輝（かがやき）室長。心理学博士（PhD. in Psychology）、臨床心理士。

■主著書

『やさしいカウンセリング講義──もっと自分らしくなれる、純粋な癒しの関係を育むために』創元社、2007年
『傾聴術──ひとりで磨ける"聴く"技術』誠信書房、2008年
『こころの症状はどう生まれるのか──共感と効果的な心理療法のポイント』岩崎学術出版社、2011年
ほか多数

■研修、ケース研究会、講演等のお申し込みは、下記へファックスか郵便でお願いします。
〒533-8533　大阪市東淀川区大隅2-2-8
大阪経済大学　心理臨床センター
古宮昇
ファックス：06-4809-0558

共感的傾聴術
──精神分析的に"聴く"力を高める

2014年8月20日　第1刷発行
2020年1月25日　第5刷発行

著　者　古　宮　　　昇
発行者　柴　田　敏　樹
印刷者　田　中　雅　博

発行所　株式会社　誠信書房
〒112-0012　東京都文京区大塚3-20-6
電話 03(3946) 5666
http://www.seishinshobo.co.jp/

© Noboru Komiya, 2014　　印刷所／創栄図書印刷　製本所／協栄製本
検印省略　落丁・乱丁本はお取り替えいたします
ISBN978-4-414-40088-5 C3011　　Printed in Japan

JCOPY 〈(社)出版者著作権管理機構 委託出版物〉
本書の無断複写は著作権法上での例外を除き禁じられています。
複写される場合は、そのつど事前に、(社)出版者著作権管理機構
(電話03-3513-6969、FAX 03-3513-6979、e-mail：info@jcopy.or.jp)
の許諾を得てください。

傾聴術
ひとりで磨ける"聴く"技術

古宮 昇著

傾聴の基礎にある来談者中心療法の真髄を，9つの実際的な場面設定の練習問題で分かりやすく解説。面接者の応答は話し手にどう伝わるか，どの応答なら話し手は本音を語ることができるのか，また，傾聴の無駄のない学び方も紹介した，今までにない傾聴技法の独学用テキスト。

主要目次
第1章 「傾聴」という援助法について
　◆悩んでいる人を支える方法について
　◆傾聴がなぜ支えになるのか
第2章 傾聴トレーニングの実践
　　　——応答の仕方
　◆不登校で苦しむ女子中学生
　◆自殺をしたいという元会社員の男性
　◆離婚したいという主婦
　◆就職面接が不安だと訴えるニートの青年
第3章 傾聴の実際
　◆とにかく話し手を理解し，その理解を返そうと努めること
　◆「間違えた！」と思ったとき
第4章 傾聴力をつけるために
　◆傾聴力がつく学び方，つかない学び方
　◆傾聴のコツ

　　　　四六判並製　定価(本体1400円＋税)

傾聴カウンセリング
学校臨床編

古宮 昇・福岡明子著

スクールカウンセラーが直面する様々な対応場面を，学校組織との関わり方を中心にQ&Aで解説する第Ⅰ部。転移・逆転移，投影，分離，抵抗など，精神分析的視点を踏まえた傾聴の本質を，7つの実際的な練習問題を用いて解説する第Ⅱ部で構成。カウンセリングの力量を高めるヒントが得られるとともに，学校臨床の現場を理解できる。

主要目次
第Ⅰ部　スクールカウンセラーへの実践アドヴァイス
　◆スクールカウンセラーの心がまえについて
　◆学校とのかかわり方
　◆コンサルテーションを頼まれたら
　◆守秘義務の範囲はどの程度？
　◆暴力的な生徒の面接を頼まれたら
第Ⅱ部　傾聴カウンセリングの実践
　◆視線恐怖・対人恐怖を訴える高1の男子
　◆中3の娘が大量服薬で病院に搬送された母親
　◆担任の男の先生が好きという高1の女子
　◆彼からの大量メールで夜も寝られないという高2の女子
　◆不登校の小6男児の担任である五十代の男性教諭

　　　　四六判並製　定価(本体1800円＋税)

SNSカウンセリング・ハンドブック

杉原保史・宮田智基 編著

SNS相談実績のある執筆陣がSNSカウンセリングに必要な知識・技法を紹介。需要がますます増える相談員の研修に最適なテキスト。

目 次
第Ⅰ部　SNSカウンセリングの社会的意義と相談員のミッション
第1章　SNSカウンセリングとその社会的意義
第2章　SNS相談員のミッション――役割と職業倫理
第Ⅱ部　SNSカウンセリングに必要な知識とスキル
第3章　SNSカウンセリングの進め方と基本スキル
第4章　危機介入カウンセリングと危機管理
第5章　いじめに関わるカウンセリングと対応
第6章　さまざまな支援リソースにつなぐ――リファーの技術
第7章　心の健康教育
第Ⅲ部　SNSカウンセリングの事例研究
第8章　3つの架空事例
第9章　現代の若者心性と若者文化
第10章　現代の若年者を取り巻く社会的問題
第11章　若者支援に必要な法律の知識
第12章　情報通信技術と情報セキュリティの基礎

A5判並製　定価(本体2600円＋税)

プロが教える共感的カウンセリングの面接術

古宮昇 著

面接の枠組み、応答法、トレーニング法など、初心者が悩む点を重点的に解説。押さえておきたいカウンセリングの勘どころがつかめる。

目 次
第1章　悩み相談とプロのカウンセリングの違い
第2章　共感的カウンセリングにおける倫理
第3章　人間の心の成り立ち
第4章　共感
第5章　無条件の受容
第6章　防衛と抵抗
第7章　転移とは何か
第8章　共感的カウンセリングの実際1
第9章　共感的カウンセリングの実際2
第10章　来談者の質問にはどう対応すればいいか
第11章　インテーク面接
第12章　カウンセリングの終結
第13章　共感的カウンセリングの実践に関わる諸問題
第14章　力のつくトレーニング

A5判並製　定価(本体2700円＋税)

子どもの精神分析的心理療法の基本 [改訂版]

鵜飼 奈津子 著

タビストック・クリニックのトレーニング内容を紹介し定評ある書籍をリニューアル。改訂では英国と日本での新たな効果研究を加えた。

主要目次
第Ⅰ部　子どもの精神分析的心理療法の基本
第1章　枠組み
第2章　相談の受付から心理療法に至るまで、そして終結までのプロセス／他
第Ⅱ部　子どもの精神分析的心理療法の実際
第4章　精神分析的心理療法のためのアセスメントの実際／他
第Ⅲ部　英国における公的医療制度と子ども・青年心理療法士のトレーニング
第7章　子ども・青年心理療法士のトレーニング／他
第Ⅳ部　英国における子どもの精神分析的心理療法の展開
第9章　英国における子どもの精神分析的心理療法の調査・研究の展開
　　　　――GBOMの導入／他

A5判並製　定価(本体2700円＋税)

子どものこころの発達を支えるもの
アタッチメントと神経科学、そして精神分析の出会うところ

グレイアム・ミュージック 著
鵜飼奈津子 監訳

タビストック・クリニックの指導的心理療法士が、子どもの心理・社会的発達に関する重要な問題について、解決に導く論点を提示する。

主要目次
第1章　序論：群盲象を評す
Part 1　情緒的・社会的発達の始まり
第2章　命の始まり：受精から誕生まで
第3章　関係性の中に生まれてくる／他
Part 2　さまざまな観点から
第5章　共感、自己、そして他者のこころ／他
Part 3　発達の力とその諸段階
第7章　言語、言葉、そして象徴／他
Part 4　早期の体験の結末
第11章　トラウマ、ネグレクト、そしてその影響
第12章　遺伝子、素質と養育
第13章　本書のまとめ：早期の体験とその長期的な結末

A5判並製　定価(本体3200円＋税)